内蒙古自治区高等学校科学研究项目"基于STEM
力素质发展研究"研究成果，项目编号：NJSZ22276.
呼伦贝尔学院学科专项"基于STEM理念的教师教学能力现状分析"研究成果，
项目编号：2022JSZXZD03.

基于核心素养的
STEM教育模式与案例研究

王晓莉　张雅娴　郭　姣　著

哈尔滨出版社
HARBIN PUBLISHING HOUSE

图书在版编目(CIP)数据

基于核心素养的STEM教育模式与案例研究 / 王晓莉，
张雅娴，郭姣著. — 哈尔滨：哈尔滨出版社，2022.10

ISBN 978-7-5484-6834-9

Ⅰ.①基… Ⅱ.①王… ②张… ③郭… Ⅲ.①科学知
识—教育模式—研究—中小学 Ⅳ.①G633.72

中国版本图书馆CIP数据核字（2022）第197020号

书　　名：**基于核心素养的STEM教育模式与案例研究**
JIYU HEXIN SUYANG DE STEM JIAOYU MOSHI YU ANLI YANJIU

作　　者：王晓莉　张雅娴　郭　姣　著
责任编辑：杨洎新
装帧设计：皓　月

出版发行：哈尔滨出版社(Harbin Publishing House)
社　　址：哈尔滨市香坊区泰山路 82-9 号　　　邮编：150090
经　　销：全国新华书店
印　　刷：廊坊市海涛印刷有限公司
网　　址：www. hrbcbs. com
E – mail: hrbcbs@ yeah. net
编辑版权热线：(0451) 87900271　87900272

开　　本：710 mm×1000 mm　1/16　　印张：16.5　　字数：295 千字
版　　次：2022 年 10 月第 1 版
印　　次：2023 年 4 月第 1 次印刷
书　　号：ISBN 978-7-5484-6834-9
定　　价：86.00 元

凡购本社图书发现印装错误，请与本社印制部联系调换。

服务热线：(0451) 87900279

前 言
Preface

    21 世纪是政治、经济、社会发展多样化的时期，人们的生产方式和生活方式发生了巨大变化。教育作为国家综合国力的重要组成部分，在全球得到重视，世界各国及众多组织开始研究适应未来社会人才需求的必备品质和关键能力。2014 年，我国教育部印发《关于全面深化课程改革落实立德树人根本任务的意见》中，提出了"核心素养"的概念，而 STEM 教育作为培养 21 世纪人才技能以及核心素养的重要手段，成为世界各国的主要教育教学理念和未来教育发展的方向。

    目前，我国 STEM 教学案例既有从国外引进的，也有企业自行开发的，但案例仍不够丰富多样。本著作立足团队成员前期的研究成果，基于中小学科学课程核心素养，系统阐述了 STEM 教学模式及教学设计方法，依据理论设计了具有地域特色的教学案例，以期为 STEM 教育教学整体水平的提高提供参考。

    本著作共分三部分。第一部分对核心素养和 STEM 教育理念进行了概述，第二部分对 STEM 教学模式及教学设计的基本方法进行系统阐述，第三部分依据相关理论设计了案例。案例依据中小学科学课程标准，充分考虑物质科学领域、生命科学领域、地球与宇宙科学领域、技术与工程领域在各个学段的不同要求，以项目为载体，合理融合 S、T、E、M，将科学知识、技术水平、工程思想、数学思维与地域特色结合，以传承和弘扬优秀地方文化为依托，将建构主义学习理论、"做中学"理论、基于项目的学习等理论和教学模式应用到教学活动设计中，设计了体现教师"主导"、学生"主体"，具有地域特色的案例。

    全书由王晓莉、张雅娴、郭姣三位教师合作完成，每人完成 10 万余字。

　　本书在撰写过程中参考和借鉴了有关专家、教研人员的研究成果，在此对他们表示诚挚的感谢。由于时间紧促，加之对相关研究深度有限，书中难免存在疏漏和不足之处，诚望各位同仁批评指正。

目 录
Contents

第一篇 概述

第一章 STEM 教育概述

第一节 STEM教育的内涵

近年来，STEM教育在世界各国受到了高度重视。一些国家已将STEM教育提升到国家行动的战略高度，并将其构建为核心竞争力。因此，了解STEM教育兴起的原因和国际背景，明确STEM教育的内涵及发展，借鉴世界各国STEM教育的已有经验，对我们来说非常重要。本章重点介绍STEM教育的内涵和发展背景，以及美国、英国、德国等发达国家在STEM教育教育方面所采取的措施。

一、什么是 STEM 教育

尽管STEM是近年来讨论得非常热烈的教育词汇，但关于什么是STEM教育，很多教育界人士都不能很准确地说出其含义。有一些教师仍对STEM教育的界定感到困惑。那么什么是STEM教育呢？

STEM教育最早在2001年由美国国家科学基金会提出。现有文献将STEM界定为科学（Science，包括计算机科学）、技术（Technology）、工程（Engineering）和数学（Mathematics）四个学科或领域。

有学者认为，STEM教育是整合科学（Science）、技术（Technology）、工程（Engineering）和数学（Mathematics）四门学科的跨学科教育（integrated-discipline）。他们认为，STEM教育的本质是在众多孤立的学科之间架起一座新的桥梁，为学生提供全面了解世界的机会，并将四门学科整合成一个教学案例，学生将所学的零碎知识转换成相互关联和统一的整体，以消除四门学科的传统学习弊端，是一种跨学科的学习方法。①

也有学者认为，STEM教育是科学、技术、工程和数学相结合形成的一个新的整体，又称元学科。STEM学科将原来分散的四个学科融合为一个整体。STEM课堂的特点是在表面"杂乱无章"的学习情境中培养学生的分析问题和解决问题的能力。②

美国学者安妮·乔利认为，STEM教育的核心是科学与数学跨学科的融合与应用，它通过工程设计方法，融合科学与数学知识，产生能够处理真实世界问题的技术。同时，她还提出了判别一个STEM项目是否达标的标准：具有整合科学、数学和技术的工程设计过程；科学和数学内容是基于标准逐级深入的；学生主要解决真实世界的问题或工程方面的具有挑战性的问题；学生以小组合作的方式设计、制造模型或产品，之后对模型或产品进行测试、评估、改进；学生应用各种交流手段表述问题与结构；学习活动的特点是以学生为中心，基于探究的动手实践类学习；设计过程中的失败被认为是正常现象，也是学生通往成功之路的必不可少的阶段。

安妮·乔利认为，目前有许多学校的STEM教育并没有满足以上标准，属于"STEM−"阶段。例如，在数字化与计算机技术课程中，如果编程教学不与数学、科学以及工程融合的话，可能仅教授了支持STEM教学的部分组件而已。还有一些教学被安妮·乔利认为属于"STEM+"阶段。例如，把艺术及人文与科学、数学、工程和技术整合的STEAM，还有整合了阅读的STREAM，整合了社会学的STEMSS等。无论哪种阶段，她认为整个STEM教学过程都离不开阅读、艺术和人文等因素，但最终的价值都是支持STEM教学的。

通过以上文献梳理工作，我们不难发现，美国学界对STEM的定义相对简单，即科学、技术、工程和数学教育，包括计算机科学。然而，教育工作者赋予STEM教育更多的内涵，更强调其跨学科的性质。他们认为STEM教育是一种融合科学、技术、工程和数学的教育方法。学生应该在解决现实问题的过程中，学习知识，发

---

① 叶兆宁，杨元魁.集成式STEM教育：破解综合能力培养难题[J].人民教育，2015（17）.

② 阿尔帕斯兰·沙欣.基于实践的STEM教学模式：STEM学生登台秀[M].9页.侯奕杰，朱玉冰，殷杰等，译.上海：上海科技教育出版社，2016.

展能力，培养创新精神。

一线教师则更关注如何实现跨学科教学。举例来说，综合性的STEM课程是否要取代原有的学科教学？如果保持原有的学科教学不变，再设置综合性的STEM课程，那么这门课程的内容从何而来？STEM课程是否是综合实践活动课程的一部分？

有学者说，STEM教育不是以传授知识为目的，而是以培养学生解决问题的能力和创新能力为主要任务，STEM教育采用的是跨学科的方法教授科学、技术、工程、艺术和数学方面的知识，主要是为了引导学生适应快速发展的社会生活及不断更新的专业知识。教师往往存在这样的疑问：学科基础知识是以跨学科的方式教授的吗？

在对STEM教学培训的一线教师进行调查时，我们发现，他们对STEM教育的最初理解是跨学科的。因此，他们认为STEM课程是一门综合课程，而他们教授的都是学科课程，所以STEM教学与他们无关。

另一部分教师认为，STEM教学与科技生产、3D打印技术、创客空间等密切相关，应该让学生设计和制造产品，要为STEM教育的开展创造配套条件，如果没有条件，将无法开展教学活动。

第二节　对STEM教育的认识

一、STEM教育的界定

综上所述，如果从仅从跨学科教育方法定义STEM教育，在操作层面上很容易缩小对其的理解。本书认为，STEM教育首先是一种教育策略。它强调学科融合和解决实际问题，而基础科学和分学科教育只是STEM教育的组成部分。因此，本书将其定义为：

STEM教育是系统的培养人的科学、技术、工程和数学素养的综合教育。其目标是帮助学生理解科学、技术、工程和数学的价值，掌握学科知识和方法，培养学生进行深入学习的动机和兴趣，以及学生的系统思维、批判性思维和创新思维、问题解决能力、创新能力和合作能力。

从以上定义可以看出，STEM教育不是一个新概念。在高等教育中，在教育过程中，既有理科专业，又有工科专业，如电气工程、机械工程、化工、土木工程、建筑等。复合型人才是我国长期存在的人才培养需求。

与高等教育不同的是，基础教育很少涉猎工程方面的教育。可喜的是，教育部在2017年发布的《义务教育小学科学课程标准》增加了技术与工程方面的课程。不过，目前为止，初中和高中课程标准中并没有明确工程教育要求。从这个角度看，对基础教育来说，STEM教育是一个新生事物。

无论是高等教育阶段，还是基础教育阶段，如何结合人才需求，改革STEM教育的课程和教学方法，提高教育的质量，都是一个急需解决的问题。

目前的教学方法大多是让学生获得大量知识，并不能帮学生很好地将知识转化为解决实际问题的能力。因此，我们期望通过引入工程技术教育，将理论与实践紧密结合，让学生在真实的问题环境中学习，注重对知识之间的联系的学习，以促使学生对本领域学科知识能够达到深入理解的程度。最重要的是，我们期望培养学生的自主学习能力、创新能力、团队合作精神和解决问题的能力。

有些人可能会提出质疑，STEM教育是否会出现泛化现象？比如说，一个数学老师如果只教数学，他是否也在进行STEM教育？如果从系统的角度来分析，学生只学习数学概念和推理，不接触其他学科，其他学科的教学不能与数学学科建立联系，那么就不是我们所说的STEM教育。因为学生并未获得系统的科学素养、技术素养、工程素养和数学素养。

STEM教育之所以被定义为系统的培养人的科学素养、技术素养、工程素养和数学素养的综合教育，是因为我们希望教师能认识到STEM教育是对未来科学家、工程师和创新人才培养的必要素养。国家课程、地方课程和校本课程都肩负着重要使命，所有理工科教师都应该思考如何改进教学，以培养学生的STEM综合素养。

二、STEM 教育是面向学生的

目前，我国开展STEM课程的中学大多以校本选修课、课外科技兴趣课或综合实践活动课的形式进行。受师资和硬件条件的限制，并不是所有学生都能参加这些课程。例如，北京一所中学开设的STEM教育选修课，一学期只能容纳20名学生参加学习，一些课外STEM教育兴趣课程也只面向那些有科技兴趣和特长的学生，与学校里的大多数学生无关。

教师需要认识到STEM教育应面向所有学生，数学、物理、化学等学科都是STEM教育的组成部分，为了改变目前STEM课程受众少、上课时间无法保证的现

状，学科教师需要思考如何优化课程和教学方法，以便更好地培养学生的STEM
素养。

三、学科融合和开展跨学科教学

学科融合和开展跨学科教学是STEM教育的教学理念与方法，也是培养STEM素
养的途径。

（一）科学、技术、工程和数学之间存在着天然的联系

科学是反映客观事物及其规律，为探索客观事物及其规律服务的知识和知识
体系。包括物理、化学、生物学等。在科学学习中，学生通过科学探究掌握事实、
原理、概念和应用，从而提高分析、解释和处理现实世界中的现象和问题的能力。

技术是人类利用科学知识改造自然的所有手段的总和。科学技术扩大了人们
的触觉、听觉和感觉，增强了人们改变世界的能力。大多数现代技术是科学和工程
的产物。解决技术问题往往需要新的科学知识，而新技术的应用将促进科学和工程
的进步。

工程包括许多关于设计和创造人工产品的知识，以及解决问题的程序。工程
活动是人类最基本的社会实践活动。工程师将科学原理、数学和技术应用于实践以
解决问题。他们设计仪器、结构和系统以实现某些特殊目的。同时，必须考虑到时
间、财力、法律、道德和信息的缺乏。该工程在科学发现、技术发明和工业发展之
间架起了一座桥梁。

数学抽象严谨地研究客观世界中的数与形关系、空间形式及其变化。由于数
与形的关系、空间形态及其变化是许多学科研究对象的基本内容，数学已成为许多
学科的基础。

教学应该让学生了解科学、技术、未来和数学的价值，帮助学生建立科学的
学习环境。

技术、工程和数学的联系是必然的，它们的价值也体现在科学、技术、工程
和数学的联系和相互促进上。

科学为技术和工程的发展奠定了必要的知识和理论基础。科学的进步也孕育
着新的技术。

技术拓宽了人们认识和改造世界的能力，如利用技术测量、观察、收集和处
理数据等。科学和工程的发展离不开技术的支持，新技术将促进科学和工程的发展
和突破。

数学为科学、技术和工程提供了精确的语言。它可以帮助科学家进行精确的科学研究，发现、分析和应用规律。没有数学，工程师的工作是不可能的。科学和技术的发展也将促进数学的创新，特别是计算机技术的发展，促进数学在运算方法上的发展。

科学应用和技术产品的出现取决于工程师的设计和制造。

（二）各学科的融合有利于有意义学习的发生

如果学科教学缺乏与其他学科的联系、与现实问题的联系，学生在书本上学习到的就只能是孤立、零散的知识，学生因而无法解决实际问题。通过融合科学、数学、技术和工程的教学，学生可以在真实的问题情境中学习和实践。知识与生产、生活的实际相联系，更有利于学生理解和促进知识的意义建构。STEM学科整合可以让学生了解为什么要学习这些知识，所学知识的意义和价值，并激发学生的学习兴趣，促进学生主动学习。

STEM教育强调跨学科融合。有三种较好的学习方法：基于问题的学习、基于项目的学习和基于设计的学习。这些方法都有助于培养学生跨学科的问题解决能力和21世纪的基本技能，其中沟通与合作能力、批判性思维能力、创造力和创新能力发挥着重要作用。STEM教育不是单个学科的简单线性叠加。与此相反，它不仅不同领域原有的独立、分散的学科知识和技能的融合，还是基于解决问题和多样化学习的教育活动，其学习活动形式支持学生实现融合，因此在解决相互间的问题的过程中，学生可以应用和转移不同学科在不同情况下的知识和方法，从而进一步产生新思想、新方法、新技术和新产品。

（三）学科融合有利于培养问题解决能力

现实世界中，问题的解决通常涉及多个学科，因为这些问题常常是一些非结构化或创造性问题。要想提高学生的问题解决能力，就需要为学生创造接近真实问题的学习机会，让学生利用多学科知识解决问题，从而提高其能力。面对真实复杂的问题，学生需要主动寻找相关信息，调动原有知识和经验，与团队积极配合，共同探索和实践；为了使问题得到解决，学生将积极学习所需的各种知识，学习如何定义问题、分解问题以及如何进行系统分析和设计；面对挫折和失败，学生将学会如何在失败中成长。只有当学生获得解决问题的经验，当他们再次面对陌生和复杂的问题时，学生才能敢于尝试并创造性地解决问题。因此，学科融合势在必行，它是培养学生分析问题和解决问题能力的重要途径。

四、STEM 教学是分科教学与跨学科教学的结合

对STEM融合，有文献提出将科–数融合、科–技融合、科–工融合，以及以项目为"珠"穿起数学、技术、科学与工程设计理念的珠—线融合模式。

那么，是用以上融合模式的课程取代分科课程吗？比如，用科–数融合的课程取代目前的分科的科学和数学教学。我们认为，学生需要融合数学、科学、技术和工程于一体的系列化课程，但用其取代分科的数学和科学教学并不现实。

第一，高度集成的课程对教师的要求极高，现有教师很难胜任教学。

我们曾进行过一次生物和数学学科的跨学科融合实践，尽管数学教师和生物教师已共同备课数次，但由数学教师带领学生研讨用统计方法探究花生果实大小的变异时，学生提出了很多教师备课时没有预想到的生物学科的问题，数学教师无法给学生提供恰当的反馈。

研究表明，具有丰富学科知识且能把它们很好地呈现给学生的教师一般会采用有利于学生学习的学习活动，如有目的地引导学生对学科知识进行主动加工和自由讨论。相反，如果教师的学科知识缺乏，或完全依赖课本，在课堂活动过程中扮演控制者或支配者的身份，那他们常采用讲述和背诵的教学方式，而不是进行课堂讨论，往往会尽量减少学生讨论的机会，以避免暴露自己在学科知识上的不足。

一项关于美国得克萨斯州的研究显示，数学教学和阅读教学中，教师的专业知识对学生成绩的影响远远大于任何其他单个因素的影响。教师的数学知识和数学能力与学生的数学成绩是正相关的。

美国教育家舒尔曼通过研究发现，物理教师会运用一整套如例证、类比、隐喻等教学方式来教授物理学知识。而如果让生物教师来教授物理，他们可能就只会用一种例子来讲授。在一些非专业教师的课堂中观察到的现象是，一些教师仅把书本上的文字进行一番解释，很少有师生互动。对学生提出的超出教材的内容，他们也不能给予正确解答。

因此，如果不考虑目前教师学科知识的现状而全面采用跨学科教学，大概会不利于STEM教育的实施和发展。

第二，不同学科有不同的学科知识结构、学科实践内容和学科思维方式，学生需要掌握这些特有的学科知识结构、学科实践内容和学科思维方式。因此，我们需要很好地把握学科结构和跨学科融合之间的平衡。

STEM教育需分科教学与跨学科教学相结合。但是，分科教学并不意味着只教

授自己学科的知识和方法，而是在本学科教学的主线下与其他学科进行关联和跨学科教学。例如，在化学学科教学中，让学生学习化学学科的核心概念、知识结构，进行化学学科实践的同时，要联系数学、物理、生物、技术、工程等学科，让学生认识化学与其他学科之间的联系，培养学生综合分析问题、解决问题的能力、辩证思维和创新思维。

另外，还要通过综合的基于主题和项目式的跨学科教学，为学生提供更充分、更深入的发展STEM素养的机会。

需要说明的是，尽管大多STEM教学是科学、技术、工程和数学这四个学科的跨学科教学，但在实际教学中，教学内容会根据学生发展的整体规划融入一定的艺术、历史、社会、阅读与写作等，以达到学科真正的融合、提高整体教学效果的目的。

需要注意的是，学科联系和跨学科教学要避免简单的拼接教学。例如，某项带领学生参观地质公园的学习活动中，为了与英语教学联系，教师给学生一份英文的公园介绍资料让学生阅读，在地理教学中简单地拼接了英文阅读，这种教学活动对地理知识的学习没有太大帮助，对英语阅读能力的提高也有限，学生不明白为什么他们在可以阅读中文介绍材料的情况下还要去读公园英文的介绍，这样的活动既没有激发学生的英语阅读兴趣，也没有对地理知识的学习起到帮助。

如果教师在英语阅读教学中，遇到一篇有关地质、地貌的文章，其中的一些科学术语是他们不理解的，可能会导致学生看不懂这篇文章；而这些科学术语又恰好与地理学科要求学生学习的重要概念相联系，这时就可以请地理教师为学生教授地理的相关内容，再让学生阅读和分析该英文文章，并用英文做演示文稿（PPT）来讲解其中的科学术语，或者写一篇介绍关于当地特色地质地貌的英文说明文，这才能真正达到了学科联动、互相促进的作用。

五、基于实践的教学、模拟与体验式学习、探究式教学

除项目式教学、基于问题的教学外，基于实践的教学、模拟与体验式学习、探究式教学等方式都是STEM教学常用的方式。STEM教育强调培养学生解决真实问题的能力，因此项目式教学、基于问题的教学等成为STEM教学的重要方式。此外，基于实践的教学、模拟与体验式学习、探究式教学等方式也是STEM教学可采用的方式。STEM课程的教学方式是多样的，需要多种方式的组合。下面以美国一所中学所开展的名为"STEM学生登台秀"的教学模式为例，介绍STEM教学的

流程。

（一）教师讲解

首先讲解概念。目的是为学生后续的学习打下基础。教师通过观看视频、做实验、师生讨论等形式开展此项教学。

（二）动手实践

通过让学生参加动手实践活动，深入理解概念和理论，并促进学生积极参与到学习中。

（三）学生授课

教师在介绍每章内容前，先布置学生授课任务，要求学生以小组为单位讲课，并通过实验来解释课本知识或者概念。学生扮演小教师的角色，授课学生和听课学生都能学到知识，而且学生会更加自信，对科学的态度会更加积极。

（四）学生项目

学生项目分两种，一种是每章一个的项目，项目内容为学生个人或以小组形式准备一个与所学知识相关的实验或动手活动，并对其进行展示；另一种为持续一学年的项目。学年初，学生从学校网站上提供的项目清单中选择一个项目进行研究。有的教师要求学生做一个视频展示其项目，视频可包括实验中用到的材料、实验花絮、相关图表、实验得出的结论等，并要求学生将他们所做的视频上传到网络上，并编写说明手册。还有的教师要求学生设计一个网站，以便他们随时展示项目的进度。

通过上述教学模式，我们可以看出，它包含讲授、演示、实践、探究、项目式学习等多种教学方式。

六、采用表现性和过程性评价评估、促进学习

STEM教学评价不能仅依靠笔试，还要采取表现性评价和过程性评价等，如通过对学生问题分析过程、探究设计过程、研究过程、作品展示过程等的评价来促进学生学习。

在教学实施过程中要融入表现性评价，教学实施后，教师可通过笔试、访谈以及撰写反思等多种形式评价学习，促进反思。例如，上完"探究黄土高原水土流失"一课后，要求学生写一篇反思性作文。下文是一位同学写的反思性作文《学完探究黄土高原水土流失我所想到的》：

其实上完这节课，我感受还是挺深的，尤其是在做实验时，我们组铺的沙子不到半分钟，就被我们模拟的大雨冲刷得一干二净。这时，我才知道水土流失并不是说笑，而是一件十分严重的事。

造成水土流失最根本的原因，就是人类对绿植的破坏。植被没有了，土质也就沙化了。所以，治理黄土高原水土流失的方法就是种植植物，进一步又可以拓展出更有效的网格状种植和在陡坡修梯田等。

"绿水青山就是金山银山"这句话真不是说着玩的。世界上有许多正在沙化的土地。土地沙化就不能用作耕地，耕地少了，人们的口粮就少了。当所有土地都沙化了，人类就快要灭绝了。这么一想，后果还是挺可怕的。所以我们应该多种一些植物，仅仅靠一两个人的话，那一定不可能完成，而大家都来的话，那可以说是手到擒来了。

事实上，造成黄土高原严重的水土流失的原因还有另一个，那就是地表有许多纵横交错的沟，每当下雨时，两侧的沙就会顺着侧壁流下去，可它不会停在最底下，而是沿着沟向前流，一直流到黄河中，并顺着黄河最终流入大海。这种损失是无法挽回的。所以，我们可以在黄河中下游建一个大坝，将顺流而下的泥沙打捞装车，再运回到黄土高原，因为泥沙中含有充足的水分，还富含植物生长必备的多种营养物质，可以有效地培育植物。

我认为，黄土高原终有一天会在大家的努力下充满绿色与生机。

通过以上文字，可以看到他对课堂教学内容的理解，看到他对"绿水青山就是金山银山"的理解与感悟。他为解决黄土高原水土流失问题提出了方案（尽管方案的可行性需要论证），反映出他应用所学知识去分析问题的能力，也体现了他强烈的社会责任感。

这样的评价方式，既考查了学生对核心知识的理解，又考查了学生的审辨思维，锻炼了学生反思、表达与写作的能力。从中，我们还可以看到学生在写作方面存在的不足。

第三节　我国STEM教育的发展情况

一、发展历程

STEM教育是一个从国外引入的概念，从2001年起，科技教育领域就已经开始陆续对STEM教育进行介绍。2012年以后，对STEM教育的研究迅速增多。中国STEM教育的兴起有两个重要因素。一是国家"大众创业、万众创新"的政策。二是信息技术的发展。2016年，STEM和创客教育被写入教育部教育信息化文件。此后，STEM教育在中国进入蓬勃发展阶段，在教育研究、教育政策和教育实践方面取得了显著发展。

在教育研究方面，从2014年以来，国内关于STEM教育的研究文献数量不断增长，自2016年开始增长尤为迅速，近年来始终是教育研究的一个热点。分析已有文献的关键词，与STEM教育同时出现的关键词有STEAM、创客教育、跨学科、创新、课程、科学教育等，研究的内容主要涉及STEM教育的内涵和特征、STEM教育的比较研究、STEM教育的实施方式及策略。另外，近年来关于STEM教育理论和实践的成果也陆续问世。中国教育科学研究院STEM教育研究中心主要推动我国STEM教育研究和实践进入系统的、科学的协调发展，组织多方力量对我国STEM教育的整体发展进行系统研究。中国教育科学研究院在2017年发布了《中国STEM教育白皮书》。在2018年发布了"中国STEM教育2029行动计划"和《STEM教师能力等级标准（试行）》。这些具有顶层设计和前瞻性的研究，对我国STEM教育的整体发展起到了巨大的推动作用。

在实践方面，STEM教育传播发展，具体表现在以下三个方面。

第一，STEM教育进入部分省市的教育发展规划。

近年来，STEM教育在实践中的影响迅速扩大，一些地区已将STEM教育列入地方教育重点工作。如《深圳市中小学科技创新教育三年行动计划（2015—2017年）》在2015年开始大力推进STEM课程，通过择优引进与自主开发，探索形成适合深圳市学生需求和中小学衔接的STEM课程体系。江苏省在2016年的《关于开展科学、技术、工程、数学教育项目试点工作的通知》中，要求全省开展试点学校申报和STEM教师培训工作，在2017年发布了《江苏省STEM教育项目学校建设指导意见（试行）》。2016年的《中共成都市委教育工委成都市教育局2016年工作要点》提出，引导中小学开展STEM教育。浙江省在2017年启动了中小学STEM教育项目种子学校推荐工作，在全省范围内确定开展STEM教育的项目种子学校和培育学校各15所。在《山西省基础教育信息化"十三五"推进意见》和《陕西省教育信息化建设三年行动计划（2018—2020年）》中均提出积极探索、推进STEAM教育。2019年年初，陕西省教育科学研究院公布了《陕西STEM教育2029行动计划》，制定了具体工作目标和出台一套政策建议，建立了两个专家库，构建了三个平台，形成了四项成果、聚焦一个大会等具体工作内容以及相应保障措施。

第二，部分学校将STEM教育作为办学特色，深入推进实施。

STEM教育思想契合深化课程改革理念，符合时代发展需求，在教育研究部门和地方教育行政部门的推动下，STEM教育在学校的影响迅速扩大。据报道，仅2016年，上海已有近百所学校引进"STEM+"课程。江苏省在2017年有STEM教育项目试点学校269所。北京、深圳、成都等地，将STEM教育作为办学特色的学校数很多。2018年，全国范围内有79所学校成为STEM教育首批领航学校，228所学校成为首批种子学校。各学校在引进STEM教育的过程中，与学校课程融合的方式、程度也各不相同。有的学校在实施国家课程的过程中渗透STEM教育，有的学校引进或自主开发STEM校本课程，有的学校形成了STEM课程群，有的学校将STEM教育融入了学校课程体系之中。

第三，社会机构开展STEM教育。

社会机构成了推动STEM教育发展的重要力量，形成了一些较有影响的STEM教育机构。而社会上推动STEM教育实践的小型公司机构更是数不胜数。

二、相关政策

（一）科技战略政策

我国已将STEM教育理念融入国家科技战略政策中。在2006年颁布的《国务院关于印发实施〈国家中长期科学和技术发展规划纲要（2006—2020）若干配套政策的通知〉》中指出："大力倡导启发式教学，注重培养学生动手能力，从小养成独立思考、追求新知、敢于创新、敢于实践的习惯。切实加强科技教育。"

在2016年国务院发布的《全民科学素质行动计划纲要实施方案（2016—2020年）》中强调："科学素质决定公民的思维方式和行为方式是实现美好生活的前提，是实施创新驱动发展战略的基础，是国家综合国力的体现。"文件指出，在义务教育阶段要基于学生发展核心素养框架，完善中小学科学课程体系，研究提出中小学科学学科素养，更新中小学科技教育内容，加强对探究性学习的指导。在高中阶段要鼓励开展科学创新与技术实践的跨学科探究活动。同时，文件规范了综合素质评价机制，以促进创新精神和实践能力的发展。

（二）综合课程政策

我国STEM教育早期是利用综合课程实施的。从相关的政策文本来看，早期的STEM教育更多体现在对综合课程的倡导上。在1999年颁布的《中共中央国务院关于深化教育改革，全面推进素质教育的决定》的文件中提出，要改变课程过分强调学科体系，脱离时代和社会发展以及实际的情况，加强课程的综合性和实践性，重视实验课教学，加强对学生实际操作能力的培养。2001年颁布的《国务院关于基础教育改革与发展的决定》更是明确提出"小学加强综合课程，初中分科课程与综合课程相结合，高中以分科课程为主"的改革思路。这两个文件虽然都没有直接提及STEM教育，但它们提出的课程改革的理念与STEM教育是一致的。

（三）教育信息化政策

STEM教育是教育信息化内涵式发展的一种重要形式，明确STEM教育发展任务是教育信息化新战略的重要内容。从目前的国家政策来看，STEM（或STEAM）的概念均已出现在信息化的相关的文本中。教育部在2015年的《关于"十三五"期间全面深入推进教育信息化工作的指导意见（征求意见稿）》中，首次提出要"探索STEAM教育、创客教育等新教育模式"。2016年，教育部在《教育信息化"十三五"规划》中进一步要求："有条件的地区要积极探索信息技术在众创空间、跨学科学习（STEAM教育）、创客教育等新的教育模式中的应用，着力提升学生的信息素养、创新意识和创新能力，养成数字化学习习惯，促进学生的全面发展，发挥信息化面向未来培养高素质人才的支撑引领作用。"这些政策反映出，我国目前STEM教育政策是与信息技术密切联系在一起的，利用信息技术手段推进STEM教育是我国的一个重要政策主张。

（四）国家课程标准

教育部在2017年颁布的《义务教育小学科学课程标准》中，倡导STEM教育和跨学科学习的方式。科学、技术、工程与数学，即STEM，课程组织方式是一种以项目学习空间问题解决为导向的，将科学、技术、工程、数学有机地融为一体，重点培养学生创新能力的课程。科学教师可以将它尝试运用于自己的教学实践中。

在教育部2018年颁布的普通高中各学科课程标准中，STEAM、STEM及STEM+

教育等词出现在多个学科课程标准中。《普通高中信息技术课程标准（2017年版）》，要求以SEAM教育理念为指导，充分发挥信息技术课程特有的教学环境优势，利用开源硬件开展项目学习，让学生体验研究和创造的乐趣，培养学生利用信息技术解决问题和创新设计的意识和能力。《普通高中通用技术课程标准（2017年版）》选择性必修课程"技术与创造"模块下"科技人文融合创新专题"提出："科技人文融合创新主要是指基于真实的问题情境，综合运用科学、技术、工程、艺术、数学、社会（简称STEAMS）等学科的知识、方法和技能，以专题学习或项目学习的方式，进行问题解决与科技创新。本模块主要是帮助学生形成学科融合的视野，让学生综合运用多学科的知识、方法，系统地分析和解决现实中的科学、技术与工程问题，发展工程思维，提高创新能力，培养综合素养。"《普通高中生物学课程标准（2017年版）》要求"注意学科间的联系"，强调"生物学和数学、技术、工程学、信息科学是相互作用，共同发展的"。STEM（STEAM）及STEM+教育出现在我国国家课程标准中，说明STEM教育已正式融入我国国家课程体系。

三、基础教育阶段开展 STEM 教育的必要性

尽管我国的大学没有理工科人数急剧下降的问题，但还是有一些令人担忧的趋势。目前很多青少年不羡慕和追求科学家或工程师职业，他们觉得理工科难学，今后工作艰苦，收入也不高，因此很多学生，特别是女学生，不愿选择理工科。调查显示，近些年很多优秀学生更热衷于学习经济、金融等专业，还有一些工科专业毕业生放弃了本专业的工作，选择了收入更高的IT业或者金融业，甚至去制造业从事销售工作。从以上情况看，我国也或多或少存在工科人才流失的问题。

统计显示，2010年本科阶段招生人数比1998年增加近6倍，工学门类本科招生人数同比增长仅为4.4倍。工程类人才正呈现下降趋势，2013年根据麦可思测算，我国市场对工程师的需求迅猛增长，预计2020年，工程技术人才缺口将达2200万，其中大部分为高端人才。

未来，科技创新将影响着每一个人的生活和社会发展，它将成为推动经济发展的关键力量。国家创新驱动发展战略需要大量的高素质人才，加强STEM教育是培养和推动未来社会发展的高素质人才、提升国家竞争力的关键。

科技兴则民族兴，科技强则国家强。我国正处于经济发展方式转变、产业结构转型升级的阶段。为主动应对新一轮科技革命与产业变革，支撑服务创新驱动发展、"中国制造2025"等一系列国家战略相继推出，2017年以来，教育部在高等教

育中积极推进新工科建设，要求设置和建设服务国家战略、满足产业需求、面向未来发展的工程学科与专业，培养造就一批具有创新创业能力、跨界整合能力、高素质的各类交叉复合型卓越工程科技人才。

基础教育肩负着为学生继续深造和发展奠定必要的知识基础、能力基础和素养基础的责任，在基础教育阶段重视培养学生的科学、技术、工程和数学素养，才有可能吸引他们继续到STEM领域学习，未来才能够有更多学生选择从事STEM领域的职业。

在基础教育阶段开展STEM教育具有以下优点：

第一，培养学生的系统思维、创新思维、批判思维，提高学生分析问题和解决问题的能力。

在STEM课程中，学生要学习科学探究和工程设计的方法。在此过程中，学生要学习基于证据的推理，培养批判性思维，学习在各种条件下的系统设计，同时提高自己分析、解决复杂问题的能力。

第二，发展学生的团队合作精神与交流表达的能力。

STEM课程中的项目大多需要学生以小组的形式完成。在小组合作中，学生将学会如何分工与协作。课程还会给学生提供展示成果和作品的机会，以锻炼他们的表达与交流能力。

第三，增强社会责任感。

在STEM课程中，学生将了解真实社会中的环境、安全、健康、经济等各方面的问题，他们会感受科学、技术、工程和数学对解决问题的贡献，有责任运用自己的所学去解决社会中的问题，以增强其社会责任感。

第四，增加学生对社会职业的了解。

很多高中生对社会上真实的职业信息了解甚少，他们也不知如何选择大学的专业，他们不知道这些不同于中学的数学、物理、化学的专业名称对应未来的什么职业，以及这些职业在社会中有哪些价值。而基础教育阶段的STEM教育给学生提供了了解不同行业的专业人员的机会，学生在进行STEM学习的过程中，有机会接触各类专业人员，如建筑设计师、科学家、包装设计师、给排水工程师等。STEM教育增进了学生对社会职业的了解。了解这些后，也会有更多的学生愿意选择STEM专业。

第五，激发学生学习理工科的兴趣。

STEM教育为学生奠定了继续学习和发展所需的必要知识、能力和素养基础。

STEM课程会为学生提供更多动手实践的机会。它有利于改变目前我国学生缺乏动手实践、死记硬背、刷题等应试学习现状，能够让更多学生在真实的问题解决中深入理解重要的科学原理，认识到解决现实问题需要科学、数学以及技术的结合，理解学这些知识的意义与价值，从而激发学习理工科的兴趣。当他们面对深度和广度都远高于中学的大学学习内容，以及快节奏、要求自主及自我管理的大学学习方式时，他们能够从容地找到自信心和成就感。

四、基础教育阶段开展 STEM 教育所需条件

（一）国家课程标准的支持

目前，我国基础教育阶段缺乏工程教育。虽然2017年教育部印发的《义务教育小学科学课程标准》增加了技术与工程领域的课程内容，但初、高中学段的课程标准里还没有明确的工程教育要求。要在基础教育阶段深入开展STEM教育，需要确立相关国家课程标准。国家课程标准是基础教育课程的基本规范和质量要求，是教材编写、教学活动、评估和考试命题的依据，是国家管理和评价课程的基础。有国家课程标准的支持，相关STEM课程、教材和教学建设才会有目标和依据。

（二）配套教材与教学资源的支持

目前，国内STEM课程、教材以及教学资源多由教师个人或公司开发，在科学性、系统系、适用性等方面还存在着或多或少的问题。一些学校和公司开发的STEM教材实际上只是多个活动项目的操作手册，有的只是制作集锦或趣味实验，设计者在活动设计时没有考虑它与国家课程标准的联系，在学生的知识学习和能力发展方面缺乏系统的设计。

我国各地师资水平差异较大，教师日常教学任务也比较繁重，把开发课程与教材的任务完全交给一线教师是不现实的。因此，需要组建包括科学家、工程师、教育工作者等在内的团队，开发高质量的STEM教育课程、教学资源和教材等，这种方式开发出来的资源，才能有力地支持基础教育阶段的STEM教育发展。

（三）具有STEM教学能力的教师

无论STEM课程是否会作为一个全新的整合学科，加强基础教育阶段STEM教育，都会对教师提出更高要求。教师不仅要具有本学科精深的专业知识和教学法知识，还要有更广泛的跨学科知识。要掌握STEM教育理念与方法，既要有工程设计的知识、经验与能力，还要有指导学生分析和处理复杂问题的教学能力。有时候，还要求教师能开发活动或实验教具、开发相应的实践活动课程，具有指导学生开展

项目式学习等方面的经验和能力。

然而，在实际教学中，许多中小学教师并不具备STEM教学能力，因为他们缺少工程实践的经验，对科学和工程实践方法缺乏深入的研究。举例来说，有教师不知道什么是模型，认为模型就是实物模型，也不知道构建模型的实际意义。

再如，有的教师认为STEM课程必须要学科融合，因此，物理教师想方设法加点化学知识，生物教师又绞尽脑汁地想加一些物理知识，而不考虑添加的内容的价值。还有的教师机械地认为只有让学生动手做出产品来，才算是STEM教学，而没有考虑活动的设计与学科教学的关系。例如，教师在进行摩擦力概念教学时，为了让学生探究小车在不同表面的滑动情况，给了学生一些小电动车的零件，让学生按照图纸组装出一辆小车，再用组装成的小车来测试小车在不同表面的运行情况。学生在组装小车过程中遇到很多问题，如看图纸、寻找零件、连接电路、组装调试等，这些活动花费了学生较多的时间和精力。实际上，这个动手组装车辆的活动，与本节的科学概念教学并没有联系。这些活动反而分散了学生的学习注意力，占用了宝贵的时间，导致学生在课堂上对概念的探究并不充分。

因此，加强对基础教育阶段理科教师的STEM教学能力培养，是关系基础教育阶段STEM教育教学质量的又一关键因素，需要制订沉浸式、研究式的STEM教师培训项目，指导教师提升STEM教学能力。

（四）STEM教学实验室

STEM教育关注学生的动手实践，关注科学、技术、工程、数学素养的培养，关注创新能力，这些都离不开相关的实验室。STEM教学实验室的建设并不是一定要引入激光雕刻机器、3D打印技术装备、创客空间、机器人设备等，而是要为学科课程和跨学科课程实施提供必要的工具、器材、场地。一些知名的科技企业就诞生在车库里。车库不仅是一个可以自己动手做东西的场所，还有众多触手可及的工具，让人一走进这里，就会有拿起工具动手的念头。现在的学生缺少这样的环境，他们每天从书房到教室，面对的都是书本，能够充分探究和实践的机会极少。学生们缺少体验和感悟科学、技术、工程和数学相关应用的课程及资源，没有发展其创新、创造能力的"车库"。他们即使有了灵感或想法，也因没有尝试或实验的条件而放弃。因此，学校应加强实验室建设，为学生提供可以一展身手的环境。

第二章 核心素养概述

第一节 核心素养概述

一、核心素养

（一）核心素养的内涵

教育部在《关于全面深化课程改革落实立德树人根本任务的意见》中，将核心素养的内涵定义为"学生应具备的适应终身发展和社会发展需要的必备品格和关键能力"。为什么是品格和能力？这是因为品格（必备品格）是一个人做人的根基，是幸福人生（道德人生）的基石；能力（关键能力）是一个人做事的根基，是成功人生（智慧人生）的基石。品格是人作为主体最富有人性的一种本质力量，内蕴着人的道德性、精神性与利他性；能力则是人作为主体最引以为傲的一种本质力量，内蕴着人的创造性、能动性与内发性。

哲学家罗素认为，智慧不足和道德缺陷是人类灾难的两大根源。无论是对个人的发展，还是对社会的进步，智慧（能力）和道德（品格）都是具有决定性的两种力量，缺一不可。一个人有多大的能量，能走多远，能成就多大的事业，甚至能拥有多强的幸福感，都取决于他的实力——硬实力和软实力。从心理学的角度讲，能力是人的智力因素（智商，其中核心的因素是创造力），品格是人的非智力因素（情商，其中最核心的因素是坚毅力），智力因素（智商）和非智力因素（情商）的结合才构成一个人完整的精神世界。从文化的角度讲，能力指的是人在科学维度上的素质（科学精神），品格指的是人在人文维度上的素质（人文情怀），一个健全的人必须同时具备科学精神和人文情怀。

总之，能力与品格是人的两种最宝贵的精神财富，一方面，它们具有相对的独立性，表现为它们有各自的内涵、特点和形成机制。另一方面，它们又具有内在的关联性，表现为彼此在内涵上有交叉，在形成上相互促进。在核心素养的形成上，我们强调两者的互动和融合。

就实际表现而言，核心素养指的是个体在面对复杂的、不确定的现实生活情境时，能够综合运用特定学习方式所孕育出来的（跨）学科观念、思维模式和探究技能，结构化的（跨）学科知识和技能，以及世界观、人生观和价值观在内的动力系统，进行分析情境、提出问题、解决问题、交流结果的综合性品质。举例来说，科学探究能力，就是个体在各种情境下持之以恒地观察现象，研究问题，形成猜想、假设或解释，通过一系列方法获取数据，对猜想或假设进行反复论证的过程中所表现出来的一种品质。

（二）核心素养的能力和品格

1. 关键能力

我们从学习过程（认知加工）的角度，把学生的学习能力分为阅读能力（输入）、思考能力（加工）和表达能力（输出）三种。这三种能力是学生学习的基本能力、核心能力，具有基础性、生长性、共同性、关键性特征，其他能力，如创新能力、研究能力、设计能力、策划能力等，都是建立在其上的。这三种能力是人生走向成功的基石。

（1）阅读能力

不会阅读的学生是潜在的差生。阅读是看书，但并不是简单的浏览，看后领会其内容才是阅读，领会意味着把看到的东西纳入已有的认知结构中去，使其形成完整的知识体系。

阅读是学生获得新知识的主要手段，是发展学生智力的重要途径。苏霍姆林斯基在《给教师的建议》一书中说："必须教会少年阅读！凡是没有学会流利地、有理解地阅读的人，就不可能顺利地掌握知识。在小学中就应该使阅读达到完善的程度，否则就谈不上让学生自觉地掌握知识。"[①]为什么有些学生在童年时期聪明伶俐、理解力强、勤学好问，而到了少年时期，却变得智力下降、对待知识的态度冷淡、头脑不灵活了呢？因为他们不会阅读。总之，阅读对学生的发展是至关重要的。不会阅读的学生是潜在的差生，阅读能力是最基础、最关键的学习能力，它直接决定着学生学习效果的好坏和学习效率的高低。

从教学角度讲，所谓的阅读能力也就是叶圣陶先生所讲的"自主读书"——

---

① 苏霍姆林斯基.给教师的建议 [M].杜殿坤，编译.北京：教育科学出版社，1984：52.

自己能够读懂教材。当然了，阅读可能是反复多次的过程，这要依学生的阅读水平和教材的难度而定。课堂教学必须从以听讲为基础，走向以阅读为基础。从教师角度讲，凡是学生自己能读懂的内容，坚决不讲、不教，教师讲的、教的必须是学生读不懂的知识。知识是学生自己学会的还是教师教会的，对学生的发展具有截然不同的价值和意义。

（2）思考能力

不会思考的学生是没有潜力的学生。思考无疑是一种思维活动，但什么样的思维活动才称得上思考？美国教育家约翰·杜威在《我们如何思维》一书中指出，思维具有这样几个层次："首先是一种广泛的甚至可以说是不严谨的说法——凡是脑子里想到的，都可以说是思维。其次，是指我们对自己并未直接见到、听到、嗅到、接触到的事物的想法。再有，则是更窄一点，指人们根据某种现象或某种证据而得出的自己的信念。这一种含义又可以再区分为两种：在某些情况下，人们并没有多想，甚至完全没有去想根据何在，就得出自己的信念。在另一些情况下，人们则是用心搜寻证据，确信证据充足，才形成信念。这一思维过程就叫思考、思索。"[①]杜威强调，只有这种思维才有教育意义。《现代汉语词典》是这样表述的："思考是比较深刻、周到的思维活动。"

爱因斯坦强调，应当始终将发展独立思考和独立判断的能力放在首位，而不应当把获得专业知识放在首位。在学习中，思考能力主要表现为提问能力，包括发现问题、提出问题、分析问题、解决问题的能力。张楚廷教授强调："能够带上满口袋问题走进课堂的课，是好课；能够在课堂上唤起学生也生问、发问、提问的课，是更好的课；能够唤起学生提问，居然被学生的问题问倒了（教师一时答不出来了）的课，是最好的课。"[②]他进一步指出："教学，从根本上说，是思考着的教学引导着学生思考，又让思考着的学生促动教师思考。在这一过程中，问题是最好的营养剂；在这一过程中，教师的思考和问题意识起着主导的作用。"[③]联合国教科文组织国际教育发展委员会指出："教师的职责已经是越来越少地传授知识，而越来越多地激励思考。"[④]

① 约翰·杜威.我们如何思维[M].伍中友，译.北京：新华出版社，2010：3.

② 张楚廷.大学里，什么是一堂好课[J].高等教育研究，2007（3）

③ 张楚廷.教师的四重奏：教学·学教·教问·问教[J].课程.教材.教法，2008（7）

④ 联合国教科文组织国际教育发展委员会.学会生存——教育世界的今天和阴天[M].华东师范大学比较教育研究所，译.北京：教育科学出版社，1996：108.

（3）表达能力

不会表达的学生是没有影响力的学生。所谓"表达"是指，把自己内化了的知识以能够传递给他人的形式来表现的过程，或是由于外化而得以表现的内容。[①]表达首先意味着学生要有自己的想法、观点或思想、感情；其次，意味着学生能够准确、清晰地用自己的语言将其表示出来；最后，意味着有人倾听并进行互动和反馈（赞扬、补充、纠正等）。简而言之，表达就是用自己的语言说出对问题的认识。学生能用自己的语言从不同角度、不同侧面来阐述看法或发表意见，这既是理解的重要标志，也是从理解到创新的关键一步。教师在教学中常常发现，学生虽然听得懂，却不能用自己的话说出来，这说明他们没有真正理解，没有想透彻。因此，教师一定要鼓励学生大胆地用自己的语言阐述自己的认识和想法，这样才能促进他们独立思考，把书本的知识转化为自己的知识，同时也能暴露他们在理解过程中的认知错误，便于及时纠正。

表达能力是学习能力的最高体现和综合反映。只有通过表达，知识才能被激活，才能真正被转化、升华为能力，否则学生吸收的可能只是惰性的知识，而不是活性的知识。从学生个体角度讲，每个学生都有表现欲，教学要满足、培养学生的表现欲，给他们展示的机会，这是推动学生学习的内在永恒动力；从学生团体角度讲，表达的过程同时也是倾听的过程，它体现的是共同体的学习理念，即学习过程是同伴分享彼此的思考、经验和见解，交流彼此的情感、体验和观念，从而达到共享、共进的过程。这是儿童共同发展的秘诀。

阅读、思考、表达能力是学生学习的一般能力，是所有学科学习的通用能力。它们与学科能力的关系是一般与特殊、工具与内容的关系。

2. 必备品格

从基础教育的角度讲，必备品格就是具有基础性、生长性、公共性、关键性特征的品格。就其本质而言，品格处理的是人的关系。这种关系包括人与自我的关系、人与他人的关系、人与事情（工作、学习）的关系。据此，人必备的三种核心品格是：表现在人与自我关系上的自律（自制）、表现在人与他人关系上的尊重（公德）、表现在人与事情关系上的认真（责任）。

---

① 钟启泉. 重视儿童的表达活动［J］. 基础教育课程，2014（1）.

（1）人与自我关系上的自律（自制）

道德从根本上说是个人的事，道德的最高境界，自然是自觉的自我支配，即所谓的"自律"。按照柏拉图的说法，人的灵魂有三个方面：欲望、激情和理智。欲望在灵魂中占有最大比例，人充满欲望，欲望总是自私的、冲突的，而且无法得到充分满足的。欲望的放纵能够导致一切罪恶和错误的发生。因此，欲望必须被控制、被克制和被指导。当然了，控制、克制和指导的主体既可以是外在的，也可以是内在的。一个人如果能够对自己的欲望进行自我控制、克制和指导，他就具备了自律的德性了，这是优秀公民必须具备的品格。自律最突出的表现就是良心（良知）。弗洛伊德认为，良心是一种内心的感觉，是对躁动于我们体内的某种异常欲望的抵制。良心（良知）对人的约束是当下的、即时的，这种约束使得非道德、无良知的意念在刚出现时就被过滤掉了；而法律对人的制裁却是滞后的，是典型的"秋后算账"。正如梁晓声所说："人类有无良心，决定每一个人活得像人还是像兽。有无良心的前提是有无良知，良知其实便是一些人应该秉持的良好的道理、道德。这样的一个人，即使平凡，也是可敬的。即使贫穷，也有愉快。"

（2）人与他人关系上的尊重（公德）

道德的主要价值在于处理人与人的关系，它是处理人际关系的内在准则（法律是外在的准则）。尊重意味着尊敬和重视，在处理人与人的关系时，尊敬别人、重视别人是一切道德的根源和本质。尊敬别人，不影响、不妨碍、不伤害别人，推己及人，己所不欲勿施于人；重视别人，做到心中有他人，把别人看得和自己一样重要。尊重别人的本质是尊重自己，为他人着想的品格是人有教养的突出表现。因为别人也是一个与你一样的"自我"，凡是你想"自我保护"的，别人也一定想"自我保护"，所以你希望别人尊重你，你就先要尊重别人。[①]从社会的角度讲，尊重是公德的精神意蕴和本质体现，"公德需要把人抽象"对待，要求平等地、无条件地尊重所有人的权利[②]。公德贵在一个"公"字，这体现在：第一，要心中装着他人，具有"别人优先"的意识，做到时时处处以别人为先，先人后己；第二，要心中有"公共和规则"的意识，尊重规则、服从规则，它决定一个人在公共场合中的良好形象。规则意识有助于学生形成法治观念，树立法治信仰，养成自觉守法、遇事找法、解决问题靠法的思维习惯和行为方式。

---

① 陈家琪.再谈公德与私德 [J]. 人民教育，2014（4）.

② 刘次林.公德及其教育 [J]. 教育研究，2008（11）.

（3）人与事情关系上的认真（责任）

如果说自律和尊重关乎做人的态度，那么认真则关乎做事的态度。我们不仅要培养学生学会做人，也要培养学生学会做事。人有"人德"，事有"事德"。我们现在提倡的"工匠精神"就是强调以认真负责的精神和态度对待万事万物，对待所有的工作。从学生的角度讲，就是要认真学习。正如1992年《九年义务教育全日制初级中学语文教学大纲（试用）》所指出的："字要规规矩矩地写，话要清清楚楚地说，课文要仔仔细细地读，练习要踏踏实实地做，作文要认认真真地完成。"这种返璞归真的实教实学看似不难，做好不易。实际上，各科学习和各种活动都必须秉承这样的态度和精神。

有了自律就遏制了恶的源头，有了尊重就有了善的开端，有了认真就有了进步的动力。这是最基本、最重要的品格，从根本上保证了人性的方向和内涵。其他良好的品格都是基于它们而形成和发展起来的。

然而，多年来，我们的学校教育忽略了对学生必备品格的培养，使学生在人格、道德、情感等方面出现了各种偏差和失误，以致有些学生对生命、对他人、对世事愈来愈冷淡、冷漠甚至冷酷，最终酿成了很多悲剧。因为我们的社会和教育过分关注能力和才华，而忽视了品德，所以我们应将立德树人摆在学校教育的首要位置。要知道，教育的终极使命是引导学生成为好人，成为具有人类美德的人。

二、学科核心素养

学科核心素养=学科+核心素养。学科核心素养是核心素养在特定学科（或学习领域）的具体化，是学生学习一门学科（或特定学习领域）之后所形成的、具有学科特点的成就（包括必备品格和关键能力），是学科育人价值的集中体现。

学科核心素养是各门学科对核心素养的独特贡献，准确把握学科本质和学科特性是构建学科核心素养的前提。

（一）学科核心素养是核心素养落地的抓手

中小学是按学科进行教育教学的，学科是学校教育教学的根本依托，可以说是学校教育之本。所有改革的理念和目标都必须落实到学科层面。相应地，核心素养也要分解和体现到学科核心素养之中，否则就无法落地。如果核心素养是培养目标（全面发展的教育目的）的具体化，那么学科核心素养就是核心素养的具体化。具体化就是把理想转化为现实的唯一通道和路径。研究学科核心素养也是本次课程标准修订和课程改革的亮点和特色。

（二）学科核心素养是学科教育的灵魂

学科教育的内容和依据是学科知识，但目的和落脚点是人。换句话说，学科是学科教育的手段，人才是学科教育的目的。怎么实现由学科向人的转变是学科教育重建的关键。学科核心素养指的就是受过这门学科教育的人所展现出的形象、气质、行为、习惯、能力、素质，这些素养构成了与没受过这门学科教育的人的差别。传统的学科教育过度地在学科上做文章，教师往往纠结于学科知识的容量（内容的多和少）和难度（内容的深和浅），虽然对所教学科的知识点和训练点烂熟于心，对学科的本质和教育价值却知之甚少，对学生通过本门学科的学习要形成哪些核心素养以及怎样形成这些素养也不甚了解。高中学科教育更是被高考绑架，学科和学科教育严重工具化，而学科核心素养正是破解这个问题的一把钥匙。可以说，学科核心素养是学科教育的灵魂，只有抓住学科核心素养，才能正确引领学科教育的深化改革，全面发挥学科的育人功能。

实际上，学科核心素养是与该学科相关的所有学科和活动的教育产物，学科教育只是主渠道。也就是说，学科核心素养体现了超越学科的特性，这就要求我们学科教师要跳出学科看学科，让学科教育不再局限于学科，从而实现学科与学科的贯通、学科与生活的贯通、学科与活动的贯通、学科与大教育的贯通。从教学的角度讲，就是要实现课内外和校内外的贯通。

三、学科核心素养与核心素养的关系

核心素养是指学生应具备的适应终身发展和社会发展需要的必备品格和关键能力。学科核心素养是指学生在学习一门学科之后必须形成的重要品格和关键能力。两者在方向和性质上是统一的。

（一）两者的联系

1. 两者是上位与下位、整体与部分、抽象与具体的关系

学科核心素养是核心素养在学科上的具体体现，是核心素养的一个有机组成部分。核心素养是各学科核心素养的提炼和抽象，是学科素养的总括和综合。如果说核心素养是作为新时代期的新人形象所勾勒的一幅蓝图，那么各门学科则是支撑这幅蓝图得以实现的构件。[①]

---

① 钟启泉. 基于核心素养的课程发展：挑战与课题 [J]. 全球教育展望，2016（1）.

2. 两者是目的、方向与手段、途径的关系

核心素养是整个基础教育的总目的和总方向，相对而言，学科核心素养是实现这个总目的、总方向的手段和途径。手段和途径是为目的和方向服务的，因此学科核心素养的研制和提炼必须以核心素养为依据，学科核心素养的落实要有利于核心素养的达成。但是，在实施过程中，它们又是互为目的和手段的，核心养的形成要有利于促进学科核心素养的形成（核心素养为学科核心素养打基础），即一般为特殊服务。

3. 两者是相互包含、融合和有机转化、相互促进的关系

核心素养与学科核心素养是一般与特殊、共性与个性的关系，两者在内容上（内涵和外延的界定上）存在着相互包含、融合的关系，在形成过程中存在着相互促进、转化的关系，核心素养的发展有利于学科核心素养的形成，而学科核心素养的形成又有助于丰富、充实核心素养。

（二）两者的不同

1. 核心素养不是各学科核心素养简单机械的总和

尽管各学科核心素养是核心素养最关键的组成部分，但核心素养在内涵和外延上都存在着超学科的东西。学生核心素养的培育也不是单靠学科教育就能完成的，而要依托很多非学科的教育和活动共同完成。学科核心素养也不是核心素养在学科上的简单演绎、体现或反映，它有着独特的内涵和外延，任何一门学科都有其不可取代的学科价值和育人价值。因此，各学科核心素养应该既包括本学科能够落实的核心素养，也包括各学科独特的核心素养。

2. 两者研制的出发点不同

核心素养的研制一般是从学生发展的角度出发的，即从学生终身发展、可持续发展的要求出发，来分析和定位某一阶段学生应具备的素质。这是纵向的角度，它体现的是核心素养的时代性、未来性。横向的角度则从学生身心全面健康发展的要求出发，来分析和界定学生应具备的素质，它体现的是核心素养的人本性、和谐性。而学科核心素养的研制一般是从学科的本质、功能、价值、作用出发的，即挖掘和分析本学科对学生发展的独特的内涵和意义。

第二节　学科核心素养的形成机制

一、学科知识是学科核心素养形成的主要载体

俗话说："巧妇难为无米之炊。"学科知识是学科核心素养形成的主要载体。那么，什么样的学科知识，或者说怎么选择、组织、设计学科知识，才有利于学科核心素养的形成？

（一）学科知识的分类

现代认知心理学把知识分为三类：陈述性知识、程序性知识和策略性知识。

陈述性知识是关于"是什么"的知识，包括事实性知识、概念性知识和原理性知识。程序性知识是关于"为什么"或"怎么做"的知识，包括方法性知识、过程性知识和操作性知识。策略性知识是关于"怎么思维和认知"的知识，即元认知，它是以认知过程与结果为对象，是调节认知过程的认知活动，所以是对认知的认知。如果说，陈述性知识、程序性知识是知识，那么，策略性知识则是知识的知识。元认知对内进行认知的调节、控制、监测、协调，是促进认知活动的正确有效运行和高水平的，揭示知识背后所蕴含的逻辑、根据、标准与价值，即学科思维方式、学科思想观念、学科精神文化等，实现对学科的深度学习。值得强调的是，认知心理学的这一分类更适合于科学领域，而不完全适合于人文领域。虽然在人文学科知识中也有陈述性知识、程序性知识和策略性知识，但是，人文学科知识中所包含的丰富的情感性和价值性的知识因素，特别是只可意会不可言传的知识，却很难划归这三类。因此，知识的分类还要结合学科的特点和性质。

（二）学科知识的相关要素

1. 学科结构

所谓结构，是事物的联系，表现为组织形式和构成秩序。知识间的这种内在联系是客观存在的，体现在科学知识本身的逻辑关系以及人类认识科学知识的序列之中，教学内容再现这种联系时，要以有利于学生学习的方式。从静态和动态两个方面理解。静态方面，学科知识应该形成经纬交织、融会贯通的网络，这能够帮助学生在大脑中将知识"竖成线，横成片"，或"由点构成线，由线构成面"，从而形成由点、线、面构成的整体知识结构网络。这不但有利于记忆，而且使学习变得

容易。动态方面，应形成一个自我再生力强的开放系统，以发挥学科知识结构区别于科学知识结构的特有功能。因此，教材教法必须合理地设置关系，使前后内容互相蕴含、自然推演，提供一个由已知到未知的通路。这有利于帮助学生形成一个具有生命力的、处于运动中的思维网络，使他们深刻领会概念的实质，掌握蕴含在概念关系中的各种思维模式。

传统的教学关注"知识点"，称之为"细节教育"或"细节教学"。教学中常现这样的问题：教学者或指导者常常不由分说地将整个"细节"引入烦琐的讲解、讨论中，或者进入填空、简答、名词解释、多项选择等形式的频繁的练习或考试中。"细节"一旦被不恰当地突出为"焦点"之后，学生常常会因此陷入"怯场""焦虑"等低迷的情绪中。①

俄国教育家乌申斯基说过，智慧是一种组织得很好的知识体系。碎片化的孤立的知识是没有价值的。学者鲍鹏山曾指出，当知识不成体系时，它是无用的，只是碎片。现在，人们已经习惯了通过微信、QQ、微博等网络信息交流平台进行阅读，碎片化阅读已经成为人们获取信息的主要方式。对此，有位知乎网友的观点值得借鉴：碎片化知识通过连续的新鲜内容，不断刺激你的大脑，让你始终处于"啊！又知道了新的东西"的喜悦中，从而难以自拔，这也就是我们难以抑制刷微博、刷朋友圈的缘故，因为我们只需要付出很少，就可以沉浸在"获得了新东西"的刺激里面。但是，这些获得的信息，因缺少与其他信息的联系，难以被我们再次提取，而提取得少的内容，会被提取得多的内容挤压在记忆的底部，这些碎片化的信息极容易被我们遗忘。你以为你得到很多，其实你什么都没有得到。②

长期接受碎片化信息，容易使人们养成用孤立的眼光去看问题的习惯，最终会弱化人们对复杂事物的思考能力。即使你拿回无数粒知识的沙粒，也只能聚成一片沙漠而已，而人们爱看的，是沙砾集合成的金字塔。教育心理学把学习定位为认知结构的组织和重新组织，也是这个道理。没经过学生组织的知识，没有纳入学生认知结构的知识，都不能被学生真正地理解和吸收。

---

① 林秋玉，刘良华. 立足于自然法的教学改革及其行动研究 [J]. 全球教育展望，2015（2）.

② Lachel. 长期通过微博、微信、知乎等平台接收碎片化的知识有什么弊端？ [EB/OL].[2015–06–16].https：//www.zhihu.com/question/30489442.

2. 学科本质

从狭义上讲，学科知识包括学科事实、学科术语、学科符号、学科概念、学科命题、学科原理等"可视的内容"（学科的表层结构）；从广义上讲，学科知识还包括学科方法、学科思想、学科观念、学科精神等"隐性的内容"（学科的深层结构），也即学科本质。它不仅是学科知识的重要组成部分，而且是学科核心素养最重要的源泉和基础。以物理学科为例：

一棵大树的树叶好比物理知识，树枝好比物理方法，树干好比物理思想，树根就好比物理观念，物理精神教育如同一棵大树生长所需要的水分和养料，它不构成大树本身，却是大树生长不可或缺的营养。甚至可以说，缺少了物理精神的物理教育，这棵树苗是断然不能长成参天大树的。

基于以上观点，物理教育内容既相互关联又相互依存，呈现出层层递进、逐步升华的样态。从物理教育之树的营养（物理精神），到物理教育之树的树根（物理观念），再到物理教育之树的树干（物理思想），借助物理教育之树的树枝（物理方法），最终抵达物理教育之树的树叶（物理知识），既形象又符合逻辑地展现了物理教育的全貌，使我们对物理教育的应有内容有了全新的认识。[①]

学科本质要求我们：

超越简单的具体知识，去理解和把握具体知识背后的学科方法、学科思想与学科价值；

超越表层的符号形式，去理解和把握符号形式背后的逻辑根据、思想方法与价值意义；

超越庞杂的知识点本身，去理解和把握同类知识的组织结构和属性特征。

3. 学科情境

学科情境指的是学科知识产生、提出、发展的条件、背景、过程或故事。从教学的角度讲，它是对促进学生学习、理解、消化、建构学科知识的具有社会化色彩的学习环境的概括。例如，一张纸折叠多少次之后会比珠穆朗玛峰还要高？这是乘方概念的一个情境；国际象棋棋盘有64个方格，如果在第一个方格里放1颗麦粒，第二个放2颗，第三个放4颗，以此类推，每次都放前一格数盘的2，那么把64格放满需要多少颗麦粒？这是一个有关指数运算之和概念的情境。如果说学科知识是形成学科素养的载体，学科情境则是学习学科知识的载体。从广义的角度讲，学

---

① 邢红军，张抗抗.论物理思想的教育价值及其启示 [J].教育科学研究，2016（8）.

科情境也是学科知识的一个组成部分。学科知识要转化为学科素养，离不开学科情境的介入和参与。

综上所述，学科最本质、最有价值，也是最能促进学科核心素养形成的知识。它包括以下几种：

核心概念与命题。任何一门学科都是由若干基本的核心概念与命题组成的知识体系，它们是学科最基本的结构。

本质与规律。学科本质是能判断该学科能够成为"学科"的最根本的属性；规律是事物、现象及过程内在的、本质的、必然的联系，是学科的主要研究对象。

思想与方法。学科专家提出的对尔后学科发展和学科学习最具影响力的那些观念、思想和见解，是"知识"背后的"知识"，是学科的精髓与灵魂。

产生与来源。学生的学习不能仅仅局限于了解学科及学科知识是什么、怎么应用，在建构主义背景下，通过对学科及学科知识的追本溯源，让学生掌握学科及学科知识的产生与来源对学生整体把握学科乃至发展学科尤为重要。

关系与结构。学科之所以为"学科"，不在于它是简单概念与知识要点的堆砌，而在于在于各学科有着自己独特的结构，学科知识之间存在着不可割裂的内在联系。掌握了学科的关系与结构，学生才能从整体上把握学科及学科知识。

价值与精神。学科的价值追求、学科所蕴含的精神虽然难以体味，也难以捉摸，但对学生后续的学习发展非常重要。

二、学科活动是学科核心素养形成的主要路径

完整的学科活动应包括实践活动（动手，感性）和认识活动（动脑，理性）。实践是认识的基础，实践决定着认识的产生、发展，是认识的检验标准和最终目的。同时，认识对实践又具有能动的反作用，即指导作用。学生在学科学习活动中的实践和认识的关系也是如此。不同的是，学生在学习活动中的实践和认识具有自身的特殊性，最终目的也不只是为了认识世界和改造世界，也是为了自身的发展，即学科核心素养的形成。

学科活动具有以下几个特性：

（一）实践性

学科活动中的实践，本质上是一种学习，即实践型的学习或学习型的实践。从学科学习的角度讲，实践性包含以下几个方面：

1. 凸显直接经验

学科知识即间接经验。与此对应的是直接经验。应该承认，强调书本知识的学习是符合教学过程的规律和特点的，它能快速而有效地促进学生认知的发展。但我们不能因此忽视直接经验的作用。

2. 强调身体参与

现代脑科学研究表明：大脑本身并不能独立完成高级认知活动，大脑是通过身体与外部世界的互动……它对理解高级认知过程起着关键的作用……对心智的理解必须放到它与身体的关系背景中，而这个身体是与外部世界互动的身体。[①]现代认知科学强调自身认知，自身认知的核心内涵即是身体的参与。杜威的"做中学"理论全面深刻地阐述了动手的价值和意义。他认为，个体要获得真知，就必须在活动中主动体验、尝试、改造，必须去"做"，因为经验都是从"做"中得来的。

3. 重视感性因素的作用

从心理学的角度讲，感性和理性是指人的两种不同的心理机制与功能。感性是指人的感知、想象、情感、灵感、直觉等心理机制与功能；理性是指人运用概念进行推理、判断的心理机制与功能。从人类学的角度讲，感性和理性是指同时存在于现实生活中的人身上的两种因素。教育心理学研究表明，学生掌握知识的过程是一个感性认识和理性认识相结合的过程。如果学生的感性认识丰富、表象清晰、想象生动，形成理性认识及理解书本知识就比较容易。反之，要掌握书本上的概念、公式、原理等就比较困难。教学不仅要关注和发展人的理性因素，同时也要关注和发展人的感性因素。传统课堂教学缺乏人情味，缺乏对人的感性因素的刺激和满足，也就丧失了应有的感染力和召唤力。

4. 倡导"用中学"

学习与应用是相辅相成、相互促进的关系。传统教学以学为本，导致重学轻用；现代教学强调以用为本。有学者将"用中学"的归纳为以下三个方面：

（1）着眼于目的，将"用"知识作为"学"知识的重要目的，强调学习知识的目的在于运用知识于社会实践，即"因用而学""学以致用"。

（2）着眼于功能或作用，将"用"知识作为"学"知识的手段和方法，强调知识的运用可以促进知识的学习，可以发挥"以用促学"的功效。

---

① NVIT.Editorial: Experimental Approach to Embodied Cognition[J]. Japanese Psychological Research，2008，48（3）.

（3）着眼于过程，将"用"知识的过程看作"学"知识的过程，认为知识的运用过程也包含着知识的学习过程，或者知识运用本身就是一种知识学习过程。

（二）思维性

思维主要指抽象概括与逻辑分析的一种认知过程、方法或能力，是学生接受知识、发现知识和建构知识的基本前提。学科认识活动的核心是学科思维，认知过程本质上是一种学科学习的思维过程，是学科特有的理解问题和分析问题的思维方式，让学生像学科专家一样深入思考问题。

1. 就学科知识本身而言，是思维的产物、智慧的结晶

学科知识在内容上包含着深刻的思维和丰富的智慧，在形式上却简单、呆板，是现成的结论和论证。学科教学应重在揭示隐含在其中的精彩而又独特的思维过程，引导学生深入到学科知识的发现或再发现中去。

2. 就学生认知活动而言，是学生自主阅读、独立思考的过程

苏霍姆林斯基认为，真正地拥有知识，就是对知识有深刻的理解，并经过多次反复思考。孔子也说过，"学而不思则罔。"因此，学习过程一定是一个思考的过程。现代教育心理学研究认为，从本质上来说，学生的学习过程与科学家的探索过程是一样的，都是发现问题、分析问题和解决问题的过程。这一过程，既是发现学生存在的各种疑问、困难、障碍和矛盾的过程，也是展示学生聪明才智、创造成果、独特个性的过程。

3. 学科思维体现学科性质和特点

它既不是静态的学科知识与技能，也不是某剂解决问题的简单处方，而是探索、思考、解决和评价学科问题的有效方法的思维方式或模式。它植根于学科内容之中，是学科的灵魂。

（三）自主性

学科活动，无论是实践过程，还是实践认识，都是一种"有我"的活动，而非"无我"的活动。这种"有我"的活动具有以下几个特征：

1. 主动性

喜欢活动是人的天性之一，要想更有效地利用好学生的这一天性，要把它转化为富有理性、持之以恒的学习热情和自觉的学习行为。对此，可以从以下四个方面进行衡量：

（1）对实践活动有特别的爱好和追求。

（2）有强烈的实践主体意识，并能迅速转化为发起和积极参与实践活动的外

显行为。

（3）能充分体验实践活动成功的喜悦。

（4）对实践活动中遇到困难的问题，具有克服和解决的兴趣。

2. 完整性

完整的活动，指的是以活动为主线、为主体的完整学习过程。学科活动作为学科核心素养形成的主要路径，教师教学强调其完整性和整体性,要让学生经历从感性到理性、从现象到本质、从猜测到验证的过程，经历从片面到全面、从易到难的过程。

3. 独立性

学生的独立性包含以下四层意思：

（1）每个学生都是一个独立的人，真正的学习都要基于学生自身的独立活动，任何人都不能替代。

（2）每个学生都是独立于教师的头脑之外、不以教师的意志为转移的客观存在。

（3）每个学生都有强烈的独立倾向和独立要求。

（4）每个学生都有相当强的独立能力（包括学习能力）。无论是认知过程，还是实践过程，都要强调学生的独立参与，不能一切按照教师的意志来安排和设计行动；无论是活动的过程，还是活动的组织、设计以及总结、评价，学生都是主角、主体。

（四）教育性

学科活动的价值最终归宿是学生的发展，即学科核心素养的形成。一般的实践活动都是以认识或改造客观世界为主要目的，而中小学生的学科活动是以发展和完善素养为目的的。学科活动是一种学习活动，活动具有研究性，但又不是一种研究活动，它最终指向不是学科问题的解决，而是学科教育价值的实现。

三、学科教师是学科核心素养形成的主要条件

有好的教师，才有好的教育。教师拥有什么，才能够给予学生什么。学科教师是学科核心素养形成的主要条件，教师要从知识教学走向素养教学，必须从知识型教师转变为素养型教师。

（一）教师的学科素养

加拿大教育学家马克斯·范梅南说过："老师就是他所教授的知识。一个数

学教师不仅仅是碰巧教授数学的某个人。一个真正的数学教师是一位体现了数学、生活在数学中的教师，从一个很强意义上说，他就是数学的某个人。"①从学科知识角度看，素养表现在以下几个方面：

1. 深刻

深刻即一针见血、入木三分。赞科夫认为，为了顺利地完成教学任务，教师应当掌握深刻的知识。教师要能够独立钻研和分析教材，挖掘出教材的精髓内涵。教材钻得深，悟出来的道理就透彻，教师的一句精辟的话，常能久久萦绕于学生的脑海中，令他们终生难忘。

2. 独到

独到即独具慧眼。教师要对教材有真知灼见，能够于平凡中见新奇，发人之所未发，见人之所未见。从心理学角度说，独到的见解是一种创造性思维，这种思维的特点就是首创性、独创性。教师的创造性教学正是源自教师的独创性思维。

3. 广博

广博即知识广阔博大。苏霍姆林斯基在《给教师的建议》中说："教师所知道的东西，就应当比他在课堂上要讲的东西多十倍，以便能够应付自如地掌握教材，到了课堂上，能从大抵的事实中选出最重要的来讲……在你的科学知识的海洋里，你所教给学生的教科书里的那点基础知识应当是沧海一粟。"②教师不仅应是他那一门学科领域的专家，也应是博览群书的饱学之士。这样的课堂教学活动是教师在汲取人类文明史的丰富营养后，厚积薄发的艺术精品，能达到让学生获得"听君一席话，胜读十年书"的奇效。

（二）教师的教育素养

教育素养来自教师对教育教学规律的把握，特别是对学生学习规律的尊重、敬畏以及深刻的理解、掌握和自觉而成熟的应用与贯彻；来自对学生学习潜能的信赖与开发，对学生独立学习能力的爱护与保护，对学生人格和个性的尊重与欣赏；来自对教育、对学生的责任感。在时代背景下，教师的素养应强调以下几个方面：

---

① 蔡金法. 小学数学教师的专业素养：以如何上好一堂课的视角来探讨 [J]. 小学教学（数学版），2014（7）.

② 苏霍姆林斯基. 给教师的建议 [M]. 杜殿坤，编译. 北京：教育科学出版社，1984：86-87.

1. 信息素养

从教师专业发展的角度来看，信息素养表现为以下内容：有获取新信息的意愿，能够主动地从生活实践中不断地查找、探究新信息；能够较为自如地对获得的信息进行辨别和分析，正确地加以评估；可灵活地支配信息，较好地掌握选择信息、拒绝信息的技能；能够有效地利用信息表达个人的思想和观念，并乐意与他人分享不同的见解或信息。

2. 创新素养

教师的创新素养主要表现为：对教育教学具有挑战心、好奇心、想象力；鼓励的创新，把学生当作创新主体，促进其在学习中张扬创新的主体性；宽容学生的失败，鼓励学生适当冒险，营造教学中激励创新的氛围；把教育教学看作学生主动学习、探反思、变化更新的创新过程；在教学中为学生提供创新的时间和空间，形成激活学生创新欲望、培育学生创新潜能的作用力；自己在教学中持续不断创新，把每次教学都当作创意设计和实施的过程等。

3. 跨学科素养

跨学科素养，要求教师不仅要系统掌握本学科本专业知识，而且要有意识地提高自身跨语文、数学等方面的素养，要对生活的各个层面（如时事政治、经济发展、科技动态、乡土人情等）所涉及的各种知识有所把握，要细心研究如何从学科相联系、相交叉、相渗透之中提出探究问题。

4. 媒体素养

教师媒体素养指的是教师认识、评判、运用传媒的态度与能力，既指教师面对媒体各种信息时的选择能力、理解能力、质疑能力、运用能力、评估能力等。

5. 社会参与和贡献素养

这一素养要求教师参与到政府事务中去，参与到社会事务中去，在社会参与中体现自己的价值。同时，也希望教师主动承担社会责任，参与学校周边环境建设，通过发挥自身的教学资源优势，服务社区居民，为社会做贡献。

6. 自我管理素养

自我管理注重的是教师的自我教导及约束的力量，亦即行为的制约是通过内控的力量（自己），而非传统的外控力量（校长、专家）。教师的自我管理素养包括：目标管理、时间管理、沟通管理、情绪管理、健康管理等。

四、学科考核是学科核心素养形成的主要保障

考试评价是教育教学的指挥棒，直接决定教师学科教学的方向和内容。考试评价改革是让核心素养落地最直接、最重要的保障。只有建立以学科核心素养为导向的考试评价体系，学科核心素养的培养才能真正落地。

（一）理念和目标

1. 建立学业质量标准，实现教学与考评的一致性

考评在方向、内容上应与教学一致，教、学、考、评需要保持一致。

基于核心素养的学业质量标准包括：基础教育阶段的学生在完成各学段教育，或者结束基础教育阶段教育时，应该具备的各种核心素养以及在这些素养上应该达到的具体水平的明确界定和描述。

基于学科核心素养的学业质量标准则指：学生在完成某个学科的学习或某学科的某些模块的学习之后，应该具备的学科核心素养以及在这些素养上应该达到的具体水平的明确界定和描述。

各学科的学业质量标准实际上是学科核心素养与学科具体内容的结合，或者说是学科核心素养在学科各个模块上的体现。学业质量标准既是考评的标准和依据，也是教学的标准和依据，从而使学科核心素养通过学业质量标准进入考评，使两者在方向和内容上保持一致。

2. 整合过程性评价与终结性考试，建立促进学生核心素养发展的评价体系

整合过程性评价与总结性考试，建立促进学生核心素养发展的综合评价体系非常重要。考试评价按照功能和时间的不同可以分为过程性评价与终结性评价。过程性评价是在日常教学中对学生学习状况的评价，主要用于了解学生学习的表现，目的在于诊断、反馈、纠正和督促。核心素养形成的关键在于过程，因此，要强化过程性评价的反馈与纠正功能，并让评价服从且服务于教师的教学和学生的学习，以及学科核心素养的形成。总结性评价指的是当一个模块或一门课程学完之后对学生达到的学业质量水平的评价。在高中阶段，主要用于学分认定、学业水平认定以及高校招生录取。

教学要以核心素养发展为主轴，以学业质量标准为纽带，设计不同学习阶段或表现水平的评价任务，综合多种形式的过程性评价和总结性考试，构建考查学生素养发展的完整的评价体系，将评价体系和学科教学过程相整合，构建促进学生核心素养发展的评价、反馈、反思、改进和提升的持续改进机制。

（二）改革的重点

1. 提升基于核心素养的命题改革

试题的命制包括立意、情境和设问三个方面。立意是试题的考查目的，情境是实现立意的材料和介质，设问是试题的呈现形式。

（1）立意

2014年，《国务院关于深化考试招生制度改革的实施意见》中明确要求："依据高校人才选拔要求和国家课程标准，科学设计命题内容，增强基础性、综合性，着重考查学生独立思考和运用所学知识分析问题、解决问题的能力。"

那么我们究竟要考什么？是知识、技能，还是能力、素养，这是命题工作的方向和灵魂。要确立以核心素养为本的命题理念，致力于考查学生学科核心素养的发展水平，即有价值的学业成就；要改变强调碎片化知识和孤立技能的习得，改变过分关注确定性解题过程和标准答案的现状；要重点关注学生综合运用（跨）学科思想方法和探究能力，运用结构化的知识、技能及价值观念，创造性地解决复杂的、不确定性的现实问题的能力。

（2）情境

核心素养的形成离不开情境，核心素养的考查也离不开情境。应对各种复杂的、开放的现实情境，不仅是学生核心素养形成和培养的途径和方式，也是评价的重要依托。教师和命题人员要深刻认识到复杂的、开放性的真实生活情境在评价核心素养中的重要价值。核心素养的考试和评价题目应来自真实生活，而不是凭空想象。真情境是问题的真正来源，假情境只是问题的外套。好的试题情境在形式上应该是语言简洁、表述有趣、结构新颖的。

（3）设问

问题不仅是素养形成的载体，也是测评的载体。人的能力特别是思维能力只能在解决问题中表现出来。近年来，我国高考命题在设问上出现了这样的走向：增强试题的开放性和探究性，注重考查思辨能力；放宽试题条件或提高结论开放程度；给予独立思考和个性表达的空间，鼓励多角度思考、多层次阐释，充分展现考生在解决问题过程中的思维品质。

立意的方向性和层次性、情境的真实性和学科性、设问的思维性和开放性，是命题走向核心素养的三个基本要求。学科教研组应花大气力研究命题，以确保教学行为有正确的价值指向；应该抓住考查立意（取向偏差无法实现测试价值）、材料情境（陈旧情境只会鼓励多做成题）、设问方式（设问失范无法培养缜密思维）

三个基本点，把磨题作为教研的经常性内容，研究探索学生核心素养的学科表现形态、培养路径以及检测方法，以期通过命题改进促进学生终身发展必备品格、关键能力的形成。[①]"

2. 大力推进综合素质评价

2014年《国务院关于深化考试招生制度改革的实施意见》中明确提出要规范高中学生综合素质评价。综合素质评价主要反映学生德、智、体、美全面发展情况，是学生毕业和升学的重要参考。综合素质评价常采用表现性评价和成长记录评价两个手段。

（1）表现性评价

表现性评价是指，通过观察学生在完成实际任务时的表现，来评价学生已经取得的发展成就。它不仅能够评价学生"知道什么"，还能评价学生"能做什么"；不仅能评价行为表现的"结果"，还能评价行为表现的"过程"；不仅能评价在课堂中的表现，还能评价在模拟真实或完全真实的情境下的表现。它有以下几种方式：

①口头测验

口头测验主要用于考查：学生使用特定语言回答问题的能力；综合有关信息提出问题的能力；阐述观点并为自己的观点做解释与辩护的能力；口头表达时的逻辑思维及概括能力；知识理解的广度与深度；态度、气质与情感方面的特殊表现。

②论辩或辩论

它不仅可以评估和考查学生的表达能力，还能反映学生的随机应变能力、论证的逻辑性、思维的敏锐性、言语的深刻性、回答问题的针对性以及知识储备等能力品质。

③短文题考试

通常所说的论述、问答、概述等题型的考试，可以有效地评价学生对某个问题或某门学科的理解程度。

④写作测验

主要用于评价学生的写作技能，如语言文字表达力、想象创造力、描述事实与整理资料的能力以及根据写作要求清晰表达思想观点的能力等。

---

① 唐江彰.专业地组织校本教研[N].中国教育报，2016-11-23（7）.

⑤过程反应题

过程反应题要求学生不仅给出问题的答案（这种答案可能不是唯一的），而且要把得出结论的过程有条不紊地加以叙述。它有利于记录及评价学生的思维过程和方法，对描述学生的学习特点以及诊断学生的学习困难起着重要的作用。过程反应题的类型较多，常见的有证明、作图、数量关系分析及计算等。

⑤实验技能教学考试评价

实验技能教学考试评价是结合教学过程，要求学生操作实验设备和材料，直接去感知事物的一种综合性考试评价方式。实验有助于发展学生的更高层次的认知技能，给学生提供了直接感知与体验事物的机会，促进了学生动作技能、心智技能的全面发展，可以帮助他们获取知识和发展积极的学习态度。

（2）成长记录评价

有人将"成长记录"称作"成长记录袋""档案袋""卷宗夹""学习档案录"。成长记录根据教育教学目标，有意识地将学生的相关作品及其他有关证据收集起来，通过合理的分析与解释，展现学生在学习与发展过程中的优势与不足，反映学生在达到目标过程中付出的努力与进步，并通过自我反思激励学生取得更高的成就。它具有以下特征：

①成长记录的基本成分是学生作品

成长记录主要收集学生在学习过程中生成的各种作品（如论文、手工、表演录像等），用以展现学生的努力、成就与进步。

学生作品收集是有目的的，不是随意的创建和使用的。成长记录的目的，在很大程度上影响着记录收集的内容、方式、渠道，以及这些内容的分析与应用。因此，应依据特定目的来收集成长记录中的材料。如果创建成长记录的目的是为了展示学生的最优成果，那么收集的内容应是学生认为最满意或最重要的作品；如果目的是为了描述学生在某一时期内学习与发展的过程，要把过程性的东西（如一篇文章的草稿）也装进去；如果目的是为了评估学生学习与发展的水平，那么收集的内容就要结构化或半结构化，以便在不同学生之间进行比较。

②成长记录给学生提供发表意见和对作品进行反思的机会

重视学生在创建和使用成长记录过程中的参与，尤其是学生的自我评价和反思，是成长记录的一个重要特色。在自我评价和反思的过程中，学生依据标准和要求评价自己的作品，反思自己的学习过程，发现自己的优势和不足，形成追求进步的愿望和信心，明确改进的目标和途径。

第三节　基于学科核心素养的课程教学

一、基于学科本质的教学

学科本质是学科核心素养的基因和内核，基于学科本质的教学是走向核心素养的必然要求。学科核心素养来自学科知识。基于学科本质的教学就是基于学科思想方法的教学，学科思想方法的核心是学科思维。因此，基于学科本质的教学也就是基于学科思维的教学。

（一）学科知识与学科思想方法的关系

学科方法是学习学科知识和应用学科知识的思维策略或模式，掌握了学科方法，才能快速有效地获取学科知识和求解学科问题。学科思想是人们通过学科活动对学科基本问题形成的基本看法，是在对学科知识和方法做更进一步地认识和概括的基础上形成的一般性观点，是人们在分析和解决学科问题过程中思维活动的导航器。学科方法是学科思维的"硬件"，学科思想是学科思维的"软件"。它们都是基于学科知识，又高于学科知识的，与学科知识具有不可分割的辩证统一性。学科知识蕴含思想方法，思想方法又产生学科知识，两者缺一不可。因此，在强调学科知识教学的同时，也要突出学科思想方法，使两者相互促进、协调发展。

学科教学必须贯彻落实学科思想方法的渗透和提炼原则：渗透，从教学内容的角度说，指的是学科思想方法进入相应的学科知识之中；从教学方法的角度说，指的是用学科思想方法指导学科知识的学习。提炼，从教学内容的角度说，指的是学科知识客观地隐含学科思想方法；从教学方法的角度说，指的是学科知识向学科思想方法的转化、升华和概括。渗透和提炼是同一过程中的两个不同方面。注重思想方法对知识教学的渗透和指导，使学生对知识进行自觉的、高层次的理解和掌握的同时，还要将学科知识隐含的学科思想方法进行及时提炼和概括，使学生对思想方法的掌握扎根在坚实的知识基础上。只有学科知识与学科思想方法并重，才有助于形成一个既有肉体又有灵魂的活的学科认知结构，真正形成学科的核心素养。

（二）学科知识与学科思维的关系

知识是人类从实践活动中得来的，是对客观事物及其运动和变化发展规律的正确反映。知识是人类智慧的结晶，是通过众多头脑长期的、反复的、曲折的、深入的思维，并最终通过人类最杰出头脑的悉心研究和思维才产生出来的。知识是思维的产物，没有思维就谈不上知识。

但是，教材呈现出来的往往只是学科知识（现成的结论和形成的说明），忽略了隐含的内涵丰富的学科思维过程，使学生误以为不经曲折的、反复的思维，也能径直获得知识。"学科知识本来应当运用思维方法合乎逻辑地推导出来，然而学生并未感受到这种逻辑力量。"[①]这种不经思维而获得的知识是"假知"，不能转化为学生的智慧。因此，在教学中必须强调：

第一，积极展示学科知识发生、形成的充分而丰富的历史和现实背景。

让学生了解本学科领域的一些重要的概念、法则、定理、命题在历史上是怎样被提出的，又是经过怎样曲折的、反复的认识才达到今天这一水平的，它的更高的水平或发展趋势又是怎样的。最重要的是，让学生的思维进入这一发现过程，而不是简单地重现历史。

第二，引导学生通过展开独立而充分的思维活动，来获得学科知识。

引导学生自己把书本上写的知识想清楚、想明白，以至想"活"。要给学生提出自己在思维过程中碰到的各种疑问、困难、障碍的机会，及时帮助他们解决问题，切不可贪图方便，以讲解乃至直接的灌输方式代替引导。

二、基于学生学习的教学

（一）重构教学关系

教学改革和研究要从学的角度推进。"深化课堂教学改革"是十多年来新课改一直强调的，但现在改革进入全面深化阶段以后，课堂教学改革的重点和核心在哪里？答案是教与学关系的根本性调整。从总体上来说，目前课堂教学还没有普遍实现根本性的转变，新型的课堂还没有建立起来，根本问题就在于还没有有效地调整好教与学的关系，没有从根本上实现由以教为主向以学为主的转变。

真正地建立起新型的课堂，要做到以下几点：

把学习的权利和责任还给学生，激发学习兴趣，培养学习能力。

引导学生学会自主学习和自我教育，是重建的前提与基础，也是教学改革深化发展的支点与标志。1972年，联合国教科文组织在《学会生存教育世界的今天和明天》报告中就明确指出："未来的学校必须把教育的对象变成自己教育自己的主

---

① 邢红军.中小学思维教学的深化研究 [J].课程.教材.教法，2016（7）.

体。受教育的人必须成为教育他自己的人；别人的教育必须成为这个人自己的教育，这种个人与他自己的关系的根本转变是今后几十年内科学与技术革命中教育所面临的最困难的一个问题……"

要致力于建立让学生的潜能得以充分发挥出来的教学文化和教学方式中。

学生的发展潜能是巨大的，教学的目的不是往学生头脑里填塞知识，而是去激发学生的学习潜能、创造潜能。要打造一种新型的课堂文化，让学生的人格得到充分的尊重，安全得到充分的保障，潜能得到充分的开发，能力得到充分的发挥，思维得到充分的展开，自信得到充分的培养。

要致力于构建以学为主线、以学为本的课堂教学体系和结构。

教学设计和教学活动要以学生的学习为主线，让学生文本阅读和个人解读的全过程，学生观察、操作的全过程，问题生成、提出、解决的全过程，由浅到深、由表及里、由片面到全面、由不知到知、由不会到会的认知思维发展的全过程，成为贯穿课堂的主线和明线。钟启泉教授强调："课堂教学应以学生的自主活动为中心展开。教学目标的设定、教材教法的选择、班级的其体交互作用等，所有的构成要素都应当为形成学生的自主活动而加以统整，都必须服从于学生自主活动的组织。"以学为主线的课堂也被称为"学习中心课堂"。"学习中心课堂"是指以学生学习活动作为整个课堂教学过程的中心或本体的课堂。相比于以讲授中心的课堂，课堂教学过程的组织要尽可能让学生能动、独立（自主）的学习成为学生学习的基本状态，并让学生能动、独立（自主）的学习占据主要的教学时空。教师以激发、引导学生能动、独立学习为最高追求和根本目的。[①]学习中心课堂在教学组织形式上，将学生个体学习（自学）、小组学习（互学）、全班学习（共学）等不同的教学组织形式结合起来，学生的学习不仅是积极的、主动的、快乐的、个性的、丰富的，而且是完整的、有结构的、系统的，真正实现了海德格尔的"让学"理念和大教学论专家夸美纽斯的"使教员可以少教、学生可以多学"的目标。[②]

（二）先学后教

如何实现从以教为主走向以学为主转变？我们认为，变先教后学为先学后教是关键的抓手。

---

① 陈佑清.建构学习中心课堂：我国中小学课堂教学转型的取向探析 [J].教育研究，2014（3）.

② 成尚荣.回到教学的基本问题上去 [J].课程.教材.教法，2015（1）.

1. 变"教师带着教材走向学生"为"学生带着教材走向教师"

教师、教材、学生是课堂教学的三大基本要素，如何处理三者的关系成了影响教学质量的根本。不同的教学观体现了对教师、学生、教材三要素及其关系的不同理解。传统教学过分强调教师的主导作用，把三者的关系定位为"教师带着教材走向学生"，而先学后教的教学模式凸显学生的主体作用，把三者的关系定位为"学生带着教材走向教师"。

学生与教材的对话（学生阅读、解读教材）是教学的根本。传统教学理论把教学过程更多地解释和定位为教师对教材（知识）的讲解与传递过程，教学是教师掌握教材，再把教材的内容传授给学生。教师就像知识的搬运工，作用就是将知识从教材搬到学生那里，把教材规定的内容讲授给学生。学生就像接受知识的容器，任务是接受教师传递的知识并内化为自己的知识。先学后教的模式则把教学过程更多地定位为学生的学习过程（对教材文本和知识的解读、建构过程），学生基于自己的独立学习，带着对教材的思考、疑惑和见解走向教师，使教学成为师生间真正的对话和互动。

2. 就教与学、教法与学法的关系而言，变"先教后学、以教定学、多教少学"为"先学后教、以学定教、少教多学"

以学定教是先学后教的必然逻辑。既然学生学习在先，那么教只能从这一前提和基础出发。以学定教，定出了教的本质属性——针对性和提高性。教师的教只能根据学生在先学过程中提出的问题和疑难来进行，这就是教学的针对性。当然了，学生的先学有可能是知其然，而不是知其所以然，所以，即使学生都"读懂"了，教师也要进行提高性教学，让学生知其所以然，掌握教材背后的思想方法和智慧内涵，使教学有深度、有高度。这也是一种针对性，即隐性的针对性。在针对问题进行教学时，也不能由教师包办，而是要继续发挥学生的学习能力。凡是学生自己能够解决的问题，要继续让他们去独立解决；凡是学生不能独立解决的问题，则启发、引导、组织全班同学共同解决。这是更深层的针对性，不仅针对学生的问题和能力，也针对学生的潜力。总之，以学定教，定出了教的内容，也定出了教的方式。

"先学后教、以学定教"使学生独立学习的能力不断得到培养和强化。随着学生的学习能力越来越强，教师越教越少，越教越精；学生越学越多，越学越会学，实现少教多学。少教多学表现在以下三个方面：

（1）在时间上，教师把学习的时间还给学生，先学后教的模式对教师教（讲）的时间往往有严格的控制，目的就是把时间还给学生，让学生自己支配时间，以保证学生有充分的时间独立自主地进行学习。

（2）在内容上，教师要把阅读和思考的权利还给学生，让学生通过自己的学习来理解和掌握教材内容。教师要遵循"三不教"原则：凡学生自己能看懂的，不教；学生看不懂但自己想想又能够弄懂的，不教；想想不懂，但经过同学之间讨论能懂的，不教。通过"三不教"，实现教学内容主要由自己掌握、教学问题主要由自己解决、教学目标主要由自己达成。

（3）在性质上，教师的"教"要在启发上下功夫，要通过引导、激励、鼓舞、点拨，将学生引向主动学习、深度学习、创新学习的境界。主动学习是就学习的状态而言的，它表现为学生在学习过程中有情感投入，有内在动力支持，并从学习中获得积极的情感体验。

深度学习是就学习的内容而言的，表现为学生的学习不是仅停留在知识的现成结论上，而是深入知识的形成过程；不是仅理解和掌握知识的内涵本身，而是掌握和领会知识所蕴含的思想和智慧。深度学习本质上是一种智慧学习。创新学习是就学习的主体而言的，它表现为学生在学习过程中不唯书、不唯师，不满足于现成的答案和说明，敢于和善于质疑、批判和超越书本和教师。创新学习是学生主体性和个性得到培养和张扬的过程

3. 就学与学、学生与学生的关系而言，变个体性学习为合作性学习

合作学习是针对班级授课制背景下，学生学习的组织形式而言的，主要有小组合作学习（对学、组学）和全班合作学习（群学）两种形式。"合作学习认为，生生互动是教学系统中尚待进一步开发的宝贵的人力资源，是教学活动成功的不可缺少的重要因素。"①大量的教育实践都证明，为了实现共同的目标而相互合作的学习方式，要比个体独自学习的方式能取得更高的成绩和更好的效果。先学后教的模式成功的一个重要原因在于，充分利用了合作学习的教学组织策略。通过先学，每个同学对教材的知识有了一定的认识和理解，彼此的交流和互动就有了基础和前提；通过先学，不同基础的同学彼此之间的差异和分化进一步扩大，互帮互助就有了必要和可能。

先学后教的模式使合作学习的功能得到了更充分的发挥：一方面，交流和互助能够促使知识增值，活跃学生的思维。学生通过交流和互动，分享彼此的理解、体验和观点，从而深化了学习认知，丰富了学习内容。学习过程因此成为课程内容

---

① 王坦. 论合作学习的基本理念 [J]. 教育研究，2002（2）.

持续生成与转化、课程意义不断建构与提升的过程。学习中的交流和互助还有助于激发学生的灵感，不同观点和思路的碰撞、交锋，最容易产生新颖的观点和奇特的思路，从而增加学生思维的灵活性和广阔性。另一方面，互帮互助（互学互教）还有助于解决班级授课制中集体教学与因材施教、一个教师与众多学生的矛盾。在合作学习中，学生在学习中遇到的许多具体问题和困难都能在其他同学的帮助下得到解决。那些能够帮助其他同学的优秀学生，发挥了任课教师所不能发挥的作用，使学生不同的学习需求能够得到及时和富有针对性的满足，在一定程度上解决了大班课堂上教师无法满足每一个学生的特殊需要的问题

实践证明，学生相互教学有四个优势："其一，学生是学习活动的主动参与者。学生相互教学使每一个学生都能深入学习过程，激发学生的学习愿望。其二，教学的针对性强。一些学生针对不会的问题发问，另一些学生针对提出的问题解答，是一对一的个别化教学，教与学的效率都很高。其三，学生的思维被激活。在课堂上学生的地位是平等的，这有助于形成争论的氛围，学生的思维在辩论中被激活，学生对问题的理解更深入。其四，能够减少学业水平的分化。"[①]合作学习过程还具有更丰富的心理意义和教育意义。它对培养学生的归属感、感恩心以及发展学生的团队精神和利他性品质都具有不可替代的作用。在先学后教的课堂教学中，学生不仅参与学，也参与教，教师和学生的身份和角色不再泾渭分明，这是先学后教课堂模式的一个亮点，也是提高课堂教学质量的一个秘密武器。

（三）完整的学习

1. 完整的学习是一种活动的、合作的、反思的学习

从学生与学习内容的关系看，学习是认知性、文化性的实践。在学习活动中，个体与学习内容之间不断进行着客体主体化、主体客体化的实践活动。从学生与他人的关系看，学习是交往性、社会性的实践。学生在学习活动中通过交流、沟通创造了师生关系、生生关系、朋友关系。这些关系既是学习关系，又是伙伴关系。从学生与自我的关系看，学习是伦理性、存在性的实践。在学习过程中，学习是一种以自身为对象的特殊实践，是一种"人性自我建构的实践活动"。

完整的学习包括主学习、副学习和附学习。主学习是教学所要直接达成的目的。副学习是指与功课有关的思想和观念，即学生由主学习引起的连带学习。附学习又称辅助学习，是指教学时所养成的态度、理想。

---

① 刘永春. 名校课堂教学的对比分析与启示 [J]. 当代教育科学，2010（16）.

完整的学习包含"情境、问题、假设、推理、验证"五个步骤。杜威将学习过程视为实际问题解决的过程。他将经验过程、思维过程、探究过程、问题解决过程统一起来，并认为这一过程包含五个基本步骤或环节。

情境。一开始，学生要接触一个真实的经验的情境，从事自己感兴趣的活动。

问题：在该情境和活动中，包含着需要学生探究、思考的问题，学生利用已有的知识、经验，进行观察或与别人交流，发现和确定问题。

假设：通过"设计、发明、创造和筹划"，提出解决问题的假设。

推理：通过对目前情境的仔细考察，或利用文献资料，对假设进行推理，以修正或调整假设。

验证：将假设和推论运用到实际情境中进行检验。杜威认为，问题解决具有探究的性质。对问题解决者而言，所有的问题解决都涉及未知和不确定的因素。因此，问题解决的过程必然包含探究和发现的成分。

2. 阅读、思考、表达——指向核心素养的"完整的学习"

从认知加工的角度来说，完整的认知过程包括信息输入、信息加工、信息输出三个环节。相应地，完整的学习过程也可划分为阅读、思考、表达三个环节。其中，阅读即信息输入，广义的阅读包括读书、读图、读"物"；思考即信息加工，广义的思考包括思维、想象、直觉等；表达即信息输出，广义的表达包括口头表达、书面表达，涉及知识的呈现、迁移、应用等。不同学科，阅读、思考、表达的内容和特点有所不同，但所有学科的学习过程都要经历阅读、思考、表达这三个基本环节或程序，学科学习才能形成学科核心素养。

（1）相对独立的三个教学环节

课堂教学中可呈现为三个基本环节：

①阅读环节

"作为阅读教学，在一节课里面，能让学生多少次与教科书的语言发生新鲜的接触，这是决定教学成败的事，很有必要返回阅读教科书去，一节课中若干次反复地阅读。"[①]在以听讲取代阅读的传统课堂教学中，学生与原生知识、真实现象之间直接会面、发生挑战的机会被取缔，久而久之，学生失去了对新知识的消化能力、对新现象的透视能力，教学活动沦为地地道道的授受与识记过程。因此，我们

---

① 佐藤学. 静悄悄的革命 [M]. 李季稻，译. 长春：长春出版社，2003：40.

把引导学生完整地、全面地、独立地阅读教材看成是课堂教学最具本质意义、最具基础性价值的教学环节。

②思考环节

学生要对在阅读中发现的问题进行思考，对文本知识不仅要知其然，还要知其所以然；不仅要弄明白疑难性（理解性）的问题，还要弄明白质疑性（批判性）的问题；不仅要得到问题的答案，还要对问题产生自己的看法和见解。传统课堂是回避问题也无须思考的课堂，学生不仅没有发现和提出问题的机会，就算真的碰到了所谓的问题，教师也会有意无意地强制学生接受教师的解释和看法，不给学生独立思考的机会，教学只剩下所谓的知识。为此，我们把引导学生提出有价值的问题并进行深度思考看成是影响和决定课堂教学质量和水平的核心的因素。

③表达环节

在阅读特别是思考的基础上，学生发表自己的看法和观点，并与同伴进行交流、互动、分享，可以使自己的看法和观点得到增值、完善、补充、更正，使自己学习和认识的水平不断提高。传统课堂是教师表演和唱独角戏的课堂，学生只能默默地配合教师的教学。教学是为完成教师的教学任务而服务的，至于学生是否真的学会了，是否有自己的看法和表达自己观点的欲望，是无关紧要的。为此，我们把表达（鼓励学生发表自己的见解和组织学生讨论）看成课堂的内在要素和不可缺少的构成环节。

阅读→思考→表达，三个环节构成了以素养为导向的课堂教学的基本结构或基本范式，又称"通用式"。但针对不同教师、不同学科、不同教学阶段和任务、不同课型和内容，这一基本范式会产生许多具体的变式。如简约式，以阅读、思考、表达的一两个要素为重点组织教学；灵活式，以阅读、思考、表达三个要素的随机组合展开教学，凸显教学的随机性、灵活性和创新性。

（2）相对独立的三个基本要素

把阅读、思考、表达视为教学的三个基本要素，意思就是说，课堂教学有这三个要素就行，至于这三个要素怎么呈现、在什么时候呈现，则没有具体的要求和规定。为保证学生能够进行独立阅读、深度思考和主动表达，我们要研究课堂上究竟哪些知识适合学生阅读？哪些问题适合学生思考？哪些内容适合学生表达？

究竟是把阅读、思考、表达作为教学的环节还是要素，由教师根据学科的性质特点学生的能力基础和实际的教学情况而定。相较而言，"环节说"的要求相对刚性，但易于操作；"要素说"相对开放，具有弹性和自由的空间，教师有更多发挥和创造的余地。

第二篇　STEM教学模式及教学设计

第三章　STEM 教学模式

第一节　STEM教学模式概述

一、STEM 教学模式的含义及特征

STEM教学模式一般强调学生中心，重视问题情境，强调在项目学习过程中通过小组协作探究的方式解决问题、掌握知识、锻炼技能。在整个教学过程中，学生是教学活动的主体，教师是教学的组织者、协助者。该模式强调多元化评价方式的运用。其模式构建时应具备以下一些基本特征：以学生为中心，学生是课堂教学的主体、知识的主动获得者；强调问题情境的创设；基于项目组织教学活动；学习方式以协作探究为主、教师辅导为辅；学生的学习以问题为导向；利用信息化、数字化环境进行学习；教师是教学的组织者、学生学习的辅助者；师生关系平等、学习气氛活跃。

二、构建 STEM 教学模式的方法

教学模式是连接教学理论和教学实践的桥梁，故STEM教学是连接STEM教学理论和STEM教学模式的桥梁。STEM教学模式的构建有两种方法：一种是自上而下的演绎法，主要是通过对STEM教学理论的分析与推演来构建教学模式，然后通过教学实践验证其有效性；另一种是自下而上的归纳法，主要通过对成功的STEM教学

案例进行分析和总结，通过归纳总结得出教学模式，然后再用STEM教学理论来证明其合理性、科学性。本书采用的STEM教学模式构建过程将上述两种方法综合使用，保证教学模式的构建有理论指导的同时又有实践来源，做到理论与实践相融合、统一。①

三、构建 STEM 教学模式的理论基础

构建STEM教学模式的理论基础主要有建构主义学习理论、"做中学"理论、素质教育和工程学思想。

（一）建构主义学习理论

建构主义强调学习的社会性、情境性和学习的主动性。它认为学习不是通过教师传授得到的，而是学生在一定的情境即社会背景下，借助他人的帮助，利用必要的学习资料，通过意义建构的方式而获得的。建构主义学习理论认为"情境""协作""会话""意义建构"是学习环境中的四大要素。建构主义学习理论的核心是：以学生为中心，强调学生对知识的主动探索、主动发现和对所学知识意义的主动建构，学习需要交流和合作，强调教学过程对情境的创设，强调资源对意义建构的重要性。②

STEM教学模式的理念与建构主义学习理论的观点不谋而合。STEM教学注重学习的情境性，强调学生的主体地位，提倡通过参与以项目、问题解决为基础的学习，实现STEM知识的掌握、技能的提升、情感的培养。因此，STEM教学模式与建构主义学习理论强调的情境、协作、发现、探究等基本要求相吻合，以建构主义学习理论作为STEM教学模式构建的理论基础，对STEM教学模式的构建将是强有力的支撑。

（二）"做中学"理论

杜威的"做中学"理论是近100年来教育改革的重要思想之一。在不同时期，人们对这一理论有着不同的解读和理解。它主要包括以下三个方面：做什么——活动的内容；怎么做——活动的过程和方式；学什么——学习的结果。"做中学"理想折射出两个原型活动，即手工艺活动和科学研究活动。

STEM中的T是英文technology首字母的缩写，代表"技术"，E是英文

---

① 蔡海云 .STEM 教学模式的设计与实践研究 [D]. 上海：华东师范大学，2017.

② 李芒，徐晓东 . 学与教的理论 [M]. 北京：高等教育出版社，2007.

engineering首字母的缩写，代表"工程"。STEM教育是一种典型的"做中学"的学习活动，强调通过给学生提供具有实际意义的真实任务，让学生"从科学探究与工程实践的过程中学习知识与技能"，这与"做中学"理论的核心内涵相吻合。因此，"做中学"理论能够为STEM教学模式的构建提供直接的理论指导。

（三）素质教育

素质教育是指以提高受教育者多方面素质为目标的教育模式。它重视学生的思想道德素质培养、能力培养、个性发展、身体健康和心理健康教育。因此，素质教育的目标是促进学生的全面发展。它不仅仅关注学生知识的获得和考试成绩，而且着眼于学生整体素质的提高。

STEM教育强调跨学科的学习，打破了分科教学的思想，强调基于项目的学习，综合运用科学、技术、工程和数学领域的知识解决真实问题，让学生在掌握和运用知识的同时，锻炼STEM技能，提升STEM思维，使学生在学习过程中认识到STEM教育对客观世界的影响，从而自觉运用相关知识解决社会生活中的实际问题，最终实现STEM素养的提升。STEM教育符合素质教育所提倡的促进学生全面发展、培养学生实践能力和创新精神等教育理念。在STEM教学模式构建中，素质教育引领着STEM教学目标的方向。

（四）工程学思想

工程（engineering）是STEM教育的组成之一，工程学思想对STEM教学的开展有着重要的指导意义。工程是指为实现主体的特定需求，在一定的约束条件下，综合运用科学理论和技术手段系统地解决复杂问题，设计建造一定规模的人工物品，以改造客观物质世界的活动和过程。一般来说，工程设计过程包含以下七个基本步骤：识别问题和制约因素、调查研究、形成概念、分析观点、建立模型、测试和优化、沟通和反思。需要注意的是，这个过程并非按照顺序线性开展，而是根据实际需求在不同的步骤之间进行转换。此外，在整个工程设计的过程中，工程师需要系统性地综合考虑各种因素（如时间、资源）对实际解决方案以及工程实践的影响，从而最大限度地确保工程设计的效率与效益。工程问题的解决一般会涉及多个领域的知识与技能，是STEM各学科的整合器。STEM项目学习将工程设计过程作为STEM教学活动的主线，通过让学生经历问题探究、设计方案以及建造优化等过程，培养学生的工程思维、实践能力以及对理工类知识的兴趣。工程学思想作为STEM教育的理念指导，可以为STEM教学程序的设计与开展提供理论指导与参考，从而确保STEM教学模式构建的科学性与实用性。

第二节 常见的STEM教学模式

在STEM教育实践中，一批可供参考的教学模式被广泛接受并应用，下面介绍几种比较常见的STEM教学模式。

一、PBL教学模式

PBL教学模式发源于加拿大麦克马斯特大学的医学教育，后来被广泛地应用于医学、工程以及商业领域。在过去很长的一段时间里，人们对PBL的应用仅仅局限于低层次的事实性知识以及一般技能的获得，学生很少有机会采用不同的方式表达自己所学的知识，因此学生往往缺乏接触和解决真实情境中实际问题的实践经验，这导致学生很难利用所学知识制作项目成品。现在，人们提到PBL教学模式，更多的是关注其中能反映复杂认知水平的项目：一方面，学生通过参与复杂项目问题解决过程来构建自身知识；另一方面，老师通过帮助学生完成任务提供支架的方式来促进PBL教学模式的开展。

PBL教学模式对STEM教学具有较强的适用性，能够支持STEM教学更好地开展，二者均在跨学科、体验性、情境性方面有较明显的体现。STEM教学大多数情况下以真实情境中的项目为出发点，整合多学科知识和多种学习途径，倡导学生个性化发展，综合培养学生的创造力、思维能力和问题解决能力等。

（一）PBL教学模式的特点

PBL教学模式强调围绕具体项目进行学习，其具有以下六个基本特点：

1. 提出具有引发性的问题

PBL教学模式最为显著的特征就是"问题导向"，问题是组织和驱动学生学习的手段。在项目中提出的引发性问题能够培养学生科学思维能力和深度思考能力，这两者是教育核心目标的重要组成部分，采用这种方法可以帮助学生解决学科问题并保持学生孩童时期的好奇心。

2. 完成一个作品

PBL教学模式要求学生完成一个作品或者一系列作品。这里的作品不仅仅包括成品，还包括成品完成过程中形成的设计图、产品草图等。作品的完成过程能够促进学生对作品的构建过程进行思考，而思考过程则可以促进学生对知识的再加工，这是传统教学模式经常忽略而且难以实现的。在整个项目完成的过程中，学生仍然需要老师的支持。实际上，作品的制作过程能够促进学生与学生之间、老师与学生之间保持持续的、面向任务的互动。老师的反馈不仅仅体现在课程进行中的正式评价之中，而是更多地体现在老师和项目小组间持续的、非正式的指导中。

3. 学生主导学习过程

在PBL教学模式中，学生具有控制实施其先行知识和已有经验的机会，因此它赋予了学生更多的可能和自由，使得学生能够按照自己的步调发挥主观能动性去解决问题，这不仅仅有助于学生去激活、应用和获得知识，更有助于学生表达解决后续问题的学习策略等信息。

4. 强调合作和效益

在PBL教学模式中，教师、学生以及项目活动中的其他人员通过相互合作形成了"学习共同体"。在"学习共同体"中，成员间是密切的合作关系。PBL教学模式能够促使教师、学生与社会中的不同群体去沟通、交流，学生在学习过程中所产生的文献资料及作品也能够与教师、家长及其他人员共享，学生制作出的成品甚至可以让商家去销售，从而体现一定的经济效益。

5. 强调真实情境化的学习

认知心理学家认为，真实情境的学习环境可以促进学生对已有知识的回忆。情境主义者认为，学习不单单是让学生接受知识，更重要的是要参与团体实践，理想的学习环境可以让学生体验在真实生活中的工作实践，从而促进知识迁移。

6. 有助于学生思维模式的发展

在实际生活中，大多数任务需要以不同的方式去解决并配以跨学科知识的运用。诸多研究亦表明，在不同学科间建立连接或者连接不同知识进行表达是比较困难的。原因有二：一是由学生缺乏多学科的表达模式，二是学生整合思考问题的能力较弱。PBL教学模式不但可以促进不同学科知识之间的整合，还能够将整合后的知识形成理论并且应用于实践，达到"融会贯通"的效果。此外，在PBL项目实施过程中，学生能够切身体会到在PBL教学模式的引导下，知识的原有难度被降低，学生的思维模式在经验性知识的帮助下不断丰富，进而形成较强的整合性思维模式。

（二）PBL教学流程

PBL教学流程主要包括以下六步：选定项目、制订计划、活动探究、作品制作、成果交流、活动评价，其流程如图3-1所示。

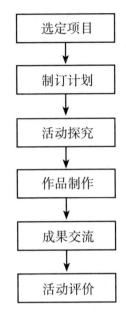

图3-1 PBL教学流程示意图

1. 选定项目

PBL教学模式的项目应具有一定的复杂性。首先，完成项目应该需要学生进行多学科知识的融合，项目内容的丰富程度应该可以为学生提供至少一周的时间探究；其次，项目应该与学生的生活或经历相关，符合学生的兴趣范围；最后，要充分考虑学校的现有条件，选择适合在学校进行项目效果检测的主题来开展活动。

2. 制订计划

在PBL中，计划的制订者应该发挥学生的主体地位，在教师的引导下，由学生制订计划，合理的计划不仅仅有利于学生调节活动进度，也有利于老师对学习过程进行引导、调节与评价。计划应包括时间安排和活动计划，通过时间安排对整个项目所需要的时间做总体规划，再进一步安排详细的活动流程；通过制订活动计划来对PBL中涉及的活动进行预先规划设计。

3. 活动探究

活动探究是PBL教学模式的核心，主要过程是：学生在活动过程中提出假设，借助合适的研究方法、技术工具来搜集信息、加工和处理信息，对假设进行验证，得出最终方案。

4. 作品制作

PBL教学模式典型的特点就是作品制作。学生通过综合运用之前学习过的知识和技能来制作作品。作品的形式可以是调查报告、数字模型、实物模型、图片、网页、音像、戏剧表演等形式。学生通过在PBL学习过程中制作作品，表现他们获得的知识以及掌握的技能。

5. 成果交流

作品制作完成后，PBL中的各小组可以进行成果交流，在分享制作成果的同时，互相学习并进行反思。

6. 活动评价

在PBL教学模式中，评价一般要求由专家、老师、学生共同完成。活动评价不仅仅是对学习结果的评价，也强调对学习过程的评价，强调将定性评价和定量评价、总结性评价和形成性评价、个人评价和小组评价、自我评价和他人评价结合起来。评价的具体内容可以包括课题的选择。学生在小组合作学习中的表现、计划和时间的安排、学习结果的表达、学习成果的展示等。对学习结果的评价主要强调学生对知识和技能的掌握情况，对过程的评价主要强调对实验过程的记录、原始数据的积累、活动过程的记录、学习体会等方面的评价。

PBL具有十分广泛的应用，将STEM与PBL进行整合，对开展STEM教学有重要作用，特别是它们都强调真实问题的解决、真实情境的体验。另外，它们制订的任务能够为学生对科学、技术、工程和数学领域中的研究提供支持。

二、工程设计教学模式

工程设计是指工程师解决问题的基本方法，它涉及许多不同的实践过程，如问题界定，模型开发与使用，数据研究、分析和解释，数学和计算思维运用，确定解决方案等。[①]工程设计教学模式是在充分吸收工程设计的内涵和特征之后与教学理论相融合而形成的新型教学模式，以弥补传统教学模式在工程教育方面所表现出的实践不足的劣势。

（一）工程设计的要素

美国颁布的《新一代科学教育标准》中，将"科学探究和工程实践"统整为科学实践，并进一步将其细分出：提出问题和界定问题，开发和使用模型，设计和实施调查研究，分析和解决数据，运用数学和计算思维，建构解释和设计解决方

---

① 张志. 基于工程设计的 STEM 教学模式构建研究 [J]. 教育现代化，2020（1）：48–50.

案，基于证据进行论证，获取、评估和设计解决方案，基于证据进行论证，获取、评估和交流信息等实践要素。在科学探究与工程实践中，这些要素的目的与做法不尽相同，如科学探究的问题往往发端于对某种自然现象的疑问，明确问题的标准是科学性、可探究、有意义；工程实践的问题源自需求与愿望，界定问题时要考虑标准、制约、技术、成本、安全、合法等条件。模型在科学探究中可以帮助我们去解释现象、展示成果；在工程实践中可以用来分析与测试系统。设计与实施调查研究对科学探究而言是获得数据以形成解释；对工程实践而言是获得数据以确定设计标准或参数选择。科学探究中，分析和解释数据旨在为建构解释提供证据支持；工程设计中，分析数据旨在为方案的取舍提供重要依据。科学探究与工程实践均需要运用数学和计算思维，前者旨在识别、表达与运用变量关系、数学模型；后者侧重设计系统结构、成本控制。科学探究指向建构解释，解释的合理性取决于证据与推理；工程实践着重设计解决方案，方案最佳化取决于需求与测试标准，两者均需要基于证据进行论证，均需要通过听说读写等途径获取、评估和交流信息。显然，准确地把握这些要素的应用意义与操作要义是学会科学探究与工程实践的关键基础。[1]

（二）工程设计的基本过程

一般而言，工程设计过程主要分为5个环节，分别是发现问题、研究可行性解决方案、决定最佳方案、设计原型和测试原型。

1. 发现问题

这一环节主要是让学生解析整个工程设计任务，去思考问题中已经具备的条件、资源和需要获取的相关知识。一般在解决问题的初始阶段，需要明确要解决的具体问题是什么，是得到最佳解决方案之前的一个特别重要的环节。学生如果对要解决的问题不明确或者理解不够充分，则会导致学生对任务要求产生误解，进而导致在后期工程设计过程中会出现偏离正确的轨道，设计的产品不能够满足用户需求的现象，导致学生浪费大量的实践。因此，明确问题是特别重要的一个环节。

2. 研究可行性解决方案

这一环节主要让学生运用所学的知识和技能，研究可行性解决方案。这是问题明确后的一个必经阶段，能够基于已有的方法去区别不同的可行性解决方案的优

---

① 黄晓东，俞如旺.STEM 工程教学模式：涵义、构建与应用 [J]. 教育科学研究，2020（7）：60-66.

劣，从而进行创新和优化。学生可以通过借助几种方法和技术来帮助自己确立最初的创意，如可以采用头脑风暴法，鼓励学生记录所产生的各种想法，包括合理的和不合理的想法，帮助学生产生更多的想法，鼓励学生将自己的想法建立在别人的想法之上。也可以采取列属性清单的方法，鼓励学生在分析问题的基础上，对应解决问题的每种需要，设计出相应的可行性解决方案。

在明确问题和研究可行性解决方案的过程中，学生需要结合自身的经验、知识或技术手段，搜集与解决问题所相关的信息和一些必要的数据。这些数据可能是物理的测量值、已有的设计成果、也可能是调查数据或者其他类型的信息。学生通过详细地分析问题解决的关键点，去区别不同可行性解决方案的优缺点。

3. 决定最佳方案

这一环节主要是思考如何整合相关的方案以形成解决任务的最佳方案。在形成的多种可行性解决方案的基础上，快速进行归类筛选，确定每个方案的可行性，或者整合某些方案，进而确定一个可执行的最佳方案，为进一步进行原型设计提供整体指导。可采用的方法是提供一个与解决问题相关的评价标准供学生参考，如果解决方案涉及的产品满足可靠性、坚固性等标准的要求，则可将其作为备选解决方案。

4. 设计原型

这一环节主要让学生分成小组，设计并构建出能够满足任务要求的作品原型。因此，设计原型是从问题分析到方案合成的一个验证过程，分析是对问题整体的拆解并研究每个部分的需求，方案合成则需要融合诸多实际需求，或者将方法技术进行有机运用，以解决实际问题。许多设计过程中可能会涉及对原型的测试，需要深入研究和探讨不同的可行性解决方案，不断消除不良的或者不恰当的解决方案。

5. 测试原型

这一环节主要让学生测试改进任务的解决方案，解释如何发挥整体效果，进行重构优化。设计原型过程中会涉及很多方面的问题，尽管涉及草图和最佳方案可以为设计实施阶段提供支持，但设计过程仍然可能会出现限制或者新的挑战，导致之前设计的最佳方案可能被证实是一个不太好的方案。因此，此环节需要通过对原型进行测试，不断进行迭代改进。

三、CIL 教学模式

CIL教学模式来自美国生物学课程的主要研究者之一贝比提出的5E教学模式。它是指以真实情境下综合性科学问题的深度探究为学习目标，以学生相互协作作为学习方式，体现出情境性、跨学科、体验性和协作性、趣味性。

（一）CIL教学模式的特征

CIL教学模式的本质是基于问题解决而进行协同知识建构，以协作解决问题为活动主线，并整合其他知识获取方式，这一模式具有以下四个基本特征。

1. 真实性

它强调以真实情境下的科学问题为出发点，因此注重创设情境的真实性。

2. 探究性

学习过程围绕"问题"开始，在学习过程中要保持高水平的思维活动，学习结果应该是获得深层次整合的、能够灵活迁移的知识，以及高级思维技能。

3. 整合性

整合性指以解决问题为主线，与其他学习方式互补。在问题的驱动下，学生主动查阅相关资料，进行现场考查，进行观测分析，咨询专家，并将从不同途径获得的信息综合运用到解决问题的活动中。

4. 协作互动性

学生能够分工协作，交流分享成果和经验，对观点进行交流和综合，以更好地完成探究任务。

（二）CIL教学模式过程

1. 初探阶段

初探阶段是学生初步接触课程内容并进行初步探索的阶段。在这一阶段，老师通过提出与课程主要内容有关的小任务，明确主题，引发学生对课程主题的思考，并对可能发生的问题进行探讨。初探阶段为学生提供必要的概念、程序和技巧。初探活动的目的旨在为学生在正式接触概念、程序或技巧前，通过与材料、教学情境以及老师的互动，让学生回忆起已经掌握的经验和知识。

2. 讲解阶段

讲解阶段是老师针对初探阶段学生出现的问题进行总结，并对与课程主题相关的主要知识点进行讲解。通过对主要知识点进行讲解，教师帮助学生学习与探究任务相关的关键知识，引导学生去整合所学知识、获取相关经验，促使学生深入思考，为下一阶段的学习做准备。

3. 深究阶段

深究阶段是CIL教学模式的中心环节。这一阶段是在初探阶段和讲解阶段的基础上，利用一项综合任务，促进学生综合运用所学知识，进行更为深入的探索。老师在这一探究过程中引导学生进行小组协作，进而促进学生协作能力的提升。

4. 分享阶段

分享阶段是让学生展示小组的成果。通过展示，每个小组的学生都可以分享自己组的思路的创意，组与组之间可以互相学习和借鉴，同时也可以将在完成任务过程中遇到的问题与大家进行讨论，从而解决问题。在展示过程中，学生的荣誉感和成就感得以提升，协作学习能力进一步提高。

5. 评价阶段

教师通过相应的评价工具，对学习过程中学生的探究过程、协作学习情况、小组成果等方面进行全面评价。它既可以帮助教师了解学生的学习是否达到了学习目标，进而改进教学，也可以帮助学生更好地了解自己的学习状况，为以后的学习做好准备。

6. 反思阶段

反思阶段主要是让老师和学生对学习过程进行深入的总结，促使学生更深刻地理解知识，对探究过程及协作过程进行反思，为以后学习的改进做好准备。教师可以更好地发现教学中的问题，从而更好地设计和改进教学方式。

我们对STEM教学模式从理论的角度进行了阐述，在实际开展教学活动时，必定要考虑教学模式的几个最基本的要素，即教学目标、教学内容、学生特征、教学活动设计、教学评价。

第四章　STEM 教学设计要素分析

第一节　STEM教学目标的确定

教学目标是教学模式的核心和导向，是教学活动的出发点和归宿。只有对学生完成学习活动后应该达到的效果做出明确的说明和界定，教学活动的开展才有明确的方向，对教学活动效果的评价也有了明确的依据。STEM教学目标的确定，既要考虑在知识领域的跨学科性，又要考虑其对学生能力的培养，因此，STEM教学目标的确定，既要遵循教学目标确定的一般规律，又要充分体现其自身特点。

一、教学目标的含义

在日常生活中，人们从事各种各样的活动往往带有一定的目的性。人们在进行活动之前或者在从事活动的过程当中，头脑中会思考活动将要产生的结果。教学活动是一种有目的、有计划、有步骤的活动，这种活动同样也具有目的。这种"目的"往往具有一定的笼统性和模糊性，尚不能作为教师和学生活动结果的具体要求，亦不能作为评价教学效果的精确依据。因此，教育界通常使用"教学目标"一词来具体、明确地表述学生通过教学/学习以后获得的结果。因此，教学目标往往是预先确定的、而且是通过教学可以达到的，能够用现有的技术手段去测量的教学结果。它具有客观性与主观性并存、动态性与稳定性并存、系统性、层次性和时限性等特点。

二、教学目标的作用

（一）对教师的作用

教学目标可以为教师选择教学材料、教学方法提供依据，以更好地实现教学目标。如果教学目标是让学生理解某一概念，那么教师则需要选择能够帮助学生形成正确概念、消除错误理解的材料和方法。如果教学目标是提升学生的辨别能力，那么教师就要为学生提供运用辨别能力的机会。如果教学目标是解决实际问题,那么教师需要为学生提供解决复杂问题的项目及支持条件。因此,教学目标可以为教师进行教学设计提供框架,让教学设计在有边界的框架内有针对性地实现目标。

同时,由于教师的教学和学生的学习具有统一性,而学生学习的效果则需要通过评价来进行,因此教学目标能够较好地协调教师的教、学生的学和对学习效果的评价。比如,教学目标是理解某一概念,那么教师设计教学活动和评价方式就应该与这一预期学习成果对应。它既可以帮助教师监控学生的学习过程并指导学生学习,也可以判断学习结束后学习成果是否达到了预期目标。在教师精心编写的"教学—学习—评价"三位一体的教学设计方案中,这三个阶段是统一指向相同的学习结果的,并具有共同的指向——促进学生的学习。

教学目标是为学生提供反馈的基础。如果教师对预期的学习结果描述得足够清楚、准确,那么教师就可以更为明确地指出学生学习的难点,为学生提供及时、明确、到位的指导。比如,在问题解决的学习中,可能会涉及很多概念、原理的知识,如果教师将目标划分得足够细致、准确,那么当学生在解决问题遇到困难时,教师就可以快速地判断学生是由于哪些知识未掌握而导致问题解决有困难,如果教师无法准确地判断,则可能说明教师对目标的确定需要重新调整。

(二)对学生的作用

首先,它有利于学生明确学习活动的目的。如果教师在教学伊始就能明确地告诉学生教学目标,学生的学习则会有明确的方向,学习活动也会具有更清晰的指向性。这样做有助于学生在学习过程中更加积极主动。如果学生清晰地知道学习不仅仅包含知识领域的学习结果,还包含问题解决、情感等结果,那么他们在学习过程中就不会仅仅运用记忆这一策略,而是会选择多种学习策略或方法,通过参与学习过程以达到预期的结果。

其次,它可以为学生的自评提供依据,为提升学生的自评技能提供依据。比如说,在写作训练中,学生被要求在提交作业之前要对作品进行检查和修改。这就要求学生要对优秀作品有清晰的认识,这可以通过表述恰当的写作目标来帮助学生实现。因此,在教学开始时就告诉学生预期的学习结果,不仅仅能为学生提供明确的学习方向,也可以帮助学生发展评价能力。同时,合理的评价有助于激励学生的学习。激励理论认为,激励力的效力取决于目标效价和目标达成度,如果制订出来的目标符合学生的学习需要,学生的学习动机便会加强。

（三）对与教学相关的其他人员的作用

明确的教学目标不仅有助于教师的教、学生的学，对与教学相关的其他人员也有作用。比如说，可以让教学管理者更好地了解教学效果的达成情况。如何评价老师教得好，学生学得好，很重要的一点便是教学目标的实现情况。因此，清晰而准确的教学目标有利于教学管理人员更明晰地评判教学效果。另外，明确的教学目标可以使家长清晰地知道学生学习后能做什么，方便教师与家长之间的沟通。

三、教学目标的分类

将教学目标进行分类，有助于教师在撰写教学目标时，教学目标更加有序，而且避免不必的疏漏与偏颇。

（一）教学目标分类的相关理论

教学目标分类理论是在20世纪50年代由美国心理学家布卢姆等人提出的。他们将教学活动所要实现的整体目标分为认知、动作技能、情感三大领域。布卢姆在1956年出版了《教学目标分类学》一书，并在同年率先发展了认知领域的教学目标分类理论。1964年，克拉斯沃尔等人发表了情感领域的教学目标分类系统。1965年和1972年，辛普森和哈罗分别提出了动作技能领域目标分类的提纲。

1. 认知领域教学目标分类

布卢姆将认知领域的学习目标分为识记、领会、运用、分析、综合和评价六个层次。

识记是指对先前学习过的知识材料的记忆，包括对具体事实、方法、过程、理论等的记忆，例如，记忆事实、专业名词、基本观念和原则等。识记的目标特别强调记忆的心理过程，但也会涉及其他心理过程。

领会是指把握知识材料意义的能力。可以通过以下三种行为表明：一是转化，它是指学生能够把原先的内容用另一种形式表述出来，这种转换应该不改变原材料的内容，只是形式变了。二是解释，解释是指对原先的内容加以说明或概述，这要求学生在头脑中对原材料进行重新排列、重新整理并提出新的观点。三是推断，推断是指根据最初内容进行推测，对事物做出估计或预测。

运用是指把学习到的知识应用到新的情境中解决识记问题的能力，如利用数学公式解决实际问题等。因此，它往往指在具体的情境下利用抽象概念的能力，这些抽象概念可能是一些观念、原理、程序、方法等。

分析是指把复杂的事物分解成部分或要素，并能够理解各部分或要素之间的关系，能区分出因果关系，能够识别出材料中作者的观点等。

综合是指把所学知识的各个部分或要素组成一个整体，形成新的知识的能力。例如，撰写一篇作文，制订一项计划等。它涉及对要素或组成部分进行加工的能力。

评价是指对材料做出价值判断的能力。例如，判断实验结果是否有充足的数据支持，判断一篇文章的学术价值等。因此，评价往往需要有一定的原则或标准，这种评价标准可以是学生自己制订的，也可以是别人制订的。

2. 动作技能领域教学目标分类理论

1965年，辛普森等人将动作技能领域的教学目标进行分类，分成感知、准备、有指导的反应、复杂的外显反应、适应和创新七个阶段。

感知是指运用感官获得外部信息，用以指导具体动作。其主要目的是了解某种动作技能的相关知识、性质、功能等，这是从事动作行为的第一步，是开始实质性动作之前的心理准备过程。

准备是指为某种特定的行为或者经验而做的预备性的调整或准备状态。它主要包括心理定向、生理定向和情绪准备。简单地说，就是指动作的准备状态或者预备姿势。

有指导的反应是指完成复杂动作技能的早期阶段，具体包括模仿和尝试错误。它是学生在教师指导下或者根据自我评价表现出的外显动作。

机械动作是指学生的反应已经成为习惯性的动作。在这一层次的学习阶段，学生往往对某种动作已经有一定的熟练程度，已经形成习惯动作，但动作并不复杂。

复杂的外显反应是指包含复杂动作模式的熟练操作，是学生在掌握了所需的动作基础上，进行相当复杂的动作行为。动作往往体现为准确、迅速、协调连贯等，复杂的动作具备条理化、自动化。

适应是指修正动作行为以适应新的设施或满足新的情境的要求。

创新是指在已有学习的基础上，创造出新的动作或操作材料的方式。

除此之外，哈罗在1972年提出了自己的动作技能分类系统。他把动作技能领域由低级到高级划分为反射动作、基础性动作、感知能力、体力、技能动作、有意交流。1981年，基布勒等人把动作技能领域分为四类，分别是全身动作、细微协调动作、非言语性表达、言语行为。

3. 情感类教学目标分类

1964年，克拉斯沃尔等人提出了情感领域的教学目标分类体系，并根据价值内化的程度将情感领域的教学目标分为接受或注意、反应、评价、组织、价值与价值体系的性格化五个阶段。

接受或注意是指学生愿意注意某些现象和刺激。例如，愿意听教师讲解，愿意参加班级组织的集体活动，能够意识到某些问题的重要性等。学习的结果包括从意识到某些事物存在的简单性的注意，到选择性注意，是低层级的价值内化。

反应是指学生主动参与、积极反应。换句话说，学生不仅仅表现为对现象愿意注意，还积极地注意并产生某种行为。这种行为往往包含着复杂的心理活动，主要是爱好、兴趣，同时也包含着动机和意志的成分。例如，学生按时完成教师布置的作业，积极参加小组讨论、遵守校规校纪。学习的结果体现为默认、愿意反应和满意的反应，强调对特定学习活动的选择和满足。

评价是指学生依据一定的价值标准对特定现象、行为或事物进行评判。学生除了主动参与，还要对这些事物的价值有所认识。例如，学生能够在讨论中说出自己的观点，能够刻苦学习某一门功课等。这一阶段的学习结果往往表现为一致性和稳定性。

组织是指学生在遇到由多种价值观念组成的复杂情境时，能够将价值观组成一个完整的体系，对比各种价值观，确定它们之间的相互关系以及它们的重要性，选择自己认为重要的价值观，从而形成个人的价值观体系。例如，学生形成先集体后个人的价值观，学生形成与自身能力、爱好、信仰等相协调统一的生活方式等。

价值与价值体系的性格化是指学生通过对价值观体系的组织，逐渐形成个人的品性。这使得各种价值观被置于一个内置的和谐的构架之中，并形成一定的体系。个人言行受到价值体系的支配。观念、信仰、态度等融为一体，表现为个人世界观的形成。这一层次上，学生的行为是一致的、可预测的。举例来说，一个人保持谦虚谨慎的态度。

（二）我国三维教学目标分类理论

我国第八次课程改革将"知识与技能、过程与方法、情感态度与价值观"这一三维目标作为国家课程的基本理念。这种目标导向不仅注重学生对知识的掌握，又且注重学生的知识的获得过程。它有助于体现人的全面发展的理念。

1. 知识与技能

知识与技能描述的是学生课程学习后在知识与技能方面应该达到的水准。例如，"学生会写'我'字""学生能够将分数转化成小数"等。

2. 过程与方法

过程是指教学时学生的学习过程、思维过程、探究过程以及解决问题的过程；方法是指课程教学时学生的学习方法、思维方法、探究方法以及解决问题的方法。过程与方法的目标一般包括三个层级：感受、认识、运用。

3. 情感、态度和价值观

它描述学生课程学习后在情感与态度方面应达到的水准，包括三个层级的教学目标：

（1）接受（或感受）：是指学生课程内容感兴趣，有积极向上的学习热情。

（2）反应（认同）：是指学生对课程内容或现象做出的相应的情绪反应，或在接受（感受）的基础上表达自己的感受、态度和价值判断。

（3）领悟（感悟）：是指具有相对稳定的态度，表现出持续的行为，形成的具有个性化的某种价值观或责任感。

四、教学目标的编写

在长期的教学实践中，人们逐渐认识到在编写教学目标时，教学目标应该尽可能做到明确、具体，应该能够清晰地说明学生学习后能够达到的水平和程度，应该使用具有精确性、可观察性、可测量性的表述方式。

（一）ABCD教学目标表述法

1962年，美国心理学家马杰出版了《程序教学目标的编写》一书。在这本书中，他系统地阐述了用行为术语来陈述教学目标的方法。他认为，规范的教学目标表述应该包括三个要素，即行为（behavior）、条件（condition）、标准（degree）。用马杰的教学目标表述方式来阐述教学目标，可以使教学目标具体且明确，具有较好的可观测性和可测量性。它可以明确指出学生通过学习后能够获得的具体能力是什么，以及如何观察和测量这种能力。

在后来的教学设计实践中，有的学者认为需要在马杰的三个要素的基础上，加上教学对象（audience）的描述。为方便起见，人们把教学目标表述方法简称为ABCD模式。

1. 教学对象（audience）的表述

教学目标的表述中，要明确表明教学对象，教学对象的主体一定是学生，而不是教师，如"小学二年级学生""参加集体劳动的全体学生""参加小组活动的学生"等。学生是教学设计的核心，教学目标的表述应该描述的是学生能够做什么，而不是教师要做什么。类似这样的描述便是错误的，如"组织学生阅读""培养学生的写作能力"，因为它们只对教师的行为或行为的目的做出了描述，而没有说明学生应该达到何种预期效果。因此，行为主体一定是学生，而不是教师。

由于在实际的教学设计时，教学对象往往是非常明确的。因此在编写教学目标时，教师通常会省略教学对象的表述。但要注意的是，即使是省略，省略的主体也应该是学生而不是教师。

2. 行为（behavior）的表述

在教学目标的表述中，行为的表述是最重要、最基本的成分，必须对其进行具体的描述且绝对不能省略。在描述时，应该说明学生通过学习活动后，能够做什么，也就是能够获得怎样的能力。行为的表述应该具有明确、具体、可观察等特点。类似这样的表述便是不具体的，如"了解信息技术的发展历史""理解信息的含义"，这里的"了解""理解"均是含义比较宽泛、不具体、不明确、不易观察的词汇。

如何在教学目标表述中合理表述行为目标呢？最基本的方法就是使用动宾结构来表述。其中，动词用来说明学习行为，宾语用来说明学习的内容。例如，"说出信息技术发展历史经历的主要阶段""列举生活中信息的具体实例"等。在这样的动宾结构中，行为动词都是具体的，具有可观察的特点，宾语部分是与学科内容相关的内容。

3. 条件（condition）的表述

条件是表示学生完成规定行为时所处的情境，包括在什么条件下完成教学目标所规定的行为，以及在怎样的情况下评价学生的学习结果。例如，"学生在教师的指导下，用word软件制作一份电子小报"，在这个表述中，条件就是"学生在教师的指导下"。一般而言，影响教学目标实现的条件因素有以下六个方面，学生可以根据具体目标在编写时进行参考：一是环境因素，包括空间、温度、光线、室内外、噪音等；二是人的因素，如学生独立完成、小组合作完成、全班集体完成、学生在教师指导下完成等；三是设备因素，如利用工具、设备、图纸、说明书等；四是信息因素，如查阅资料、参考教科书、查阅笔记、利用图表、词典等；五是时间因素，如速度限制、时间限制等；六是问题的确定，如为了让学生的行为产生，教师需要提供什么样的刺激以及需要提供刺激的数量等。

4. 标准（degree）的表述

标准是行为完成的质量可被接受的最低程度的衡量依据。教师可以通过标准来衡量学生达到教学目标的质量，学生也可以通过标准来判断自己达到教学目标的质量。标准一般可以从完成具体行为的速度（或时间）、完成行为的准确度和完成行为的质量三个方面来确定。例如，"学生可以用五笔输入法在1分钟内输入90个汉字"体现的是速度的标准，"学生测试题的正确率为90%"体现的是准确率的标准。

在教学目标表述中，标准和条件往往难以区分。例如，"在10分钟内输入8个汉字"，在这个目标表述中，"在10分钟内"既可能被理解为是条件的表述，也可能被理解为是标准的表述。马杰认为，这一问题不必争论，判断教学目标编写是否合理的主要依据在于它的表述是否清晰、准确、可观察。

综上所述，一个完整、明确的教学目标主要包括四个部分：一是教学对象，即是哪一个群体的学生；二是学生的行为，说明学生在学习以后，应能获得什么样的知识和能力，态度会发生怎样的变化，应该用可观测的术语来表述学生的行为；三是条件，条件是指为够影响学生的学习结果而规定的限制或范围；四是标准，即学生教学目标的最低衡量标准。在教学目标的实际编写过程中，行为的表述是不可以省略的，对象、条件、标准则可以根据实际情况省略，但需要以不影响教学目标的清晰为准则。

例如，"小学一年级学生，能够借助拼音正确、流利地朗读课文"，在这个目标表述中，对象是"小学一年级学生"，行为是"朗读课文"，条件是"借助拼音"，标准是"正确、流利"。在上述目标表述中，它完整地涵盖了教学目标表述的四个要素：对象、行为、条件、标准。而"能够从具体事例中找出路程、时间、速度这三个数量"这一教学目标，则省略了对象、条件、标准三个要素，只保留了行为这一要素，但这并不影响我们对教学目标清晰度的理解。因此这样的表述也是可以接受的。

（二）内外结合的表述方式

ABCD教学目标表述法的主要学习理论依据是行为主义学习理论，它最大的优点是使教学目标清晰可见，避免了教学目标表述的模糊性，但由于其只强调行为的结果，忽视学生的内在心理变化，后来有人提出了采取内外结合的表述方式来表述教学目标。

格朗伦于1978年在《课堂教学目标的表述》一书中，提出了先用描述学生内部心理过程的术语来反映学生内在的心理变化，然后列举反映学生内在心理变化的例子，从而使学习目标变得可观测，这就是内外结合的表述方式。

例如，领会"余弦定理"时，学生能够画图说明余弦定理的条件和与应用背景，能够借助平面直角坐标系推导出余弦定理，能够叙述出"余弦定理"和"正弦定理"的区别。在上述教学目标表述中，"领会"描述的是学生的内部心理过程，后面则是描述学生具体学习后能够显现的行为。这样的表述既可以避免因描述内部心理而导致教学目标抽象，又避免了因单纯使用行为目标而出现的机械性和局限性等问题。

五、STEM 教学目标确定与编写应注意的问题

由于STEM教育是跨学科、跨学段的连贯课程群，培养学生运用所学知识，创造性地解决问题的能力是STEM教育的主要目标，因此在确定与编写STEM教学目标时应注意以下一些问题。

（一）STEM教学目标的综合性

由于STEM教育具有跨学科性，因此在教学目标确定时，要将科学、技术、工程、数学所涉及的领域目标均明确地确定出来，并且按照规范的方式表述出来。同时，由于STEM教育倡导项目式学习，在确定教学目标时，由教学方式而产生的学习结果，如学生创新能力的培养、问题解决能力的培养等能力目标都要考虑在内。

（二）STEM教学目标的灵活性

由于STEM教育提倡以项目的形式开展教学，教学活动多以小组协作的形式完成，不同小组、小组内部成员之间的知识基础、学习能力等均存在着差异，因此STEM教学目标的制订要有灵活性。教师在确定目标时，应该区分哪些是要求所有学生均需达到的目标，哪些目标是部分学生应该达到的目标，然后制订出富有弹性且合理的教学目标。

（三）STEM教学目标的科学性

由于STEM教育不像学科教学那样有明确的课程标准，更多的是以校本课程的形式存在，在教学实施时更容易"走样"。因此，STEM教育要在宏观教育目的基础上，进一步细化具体的教学目标。最重要的是，要提升教师的STEM教学能力，确保STEM教学目标在制订时的科学性。

以上内容介绍了教学目标的内涵、作用、分类、编写方法，以及在确定和编写STEM教学目标时的注意事项，在实际确定与编写教学目标时，需要参考以上理

论依据，以发挥教学目标的作用。

第二节　STEM教学内容的分析

一、教学内容分析的作用

教学内容指的是，为实现教学目标，要求学生系统学习的知识、技能和思想、行为的总和。STEM教育强调的是将不同学科知识进行融合去解决问题，分析STEM教学内容对有效开展STEM教育具有以下作用。

（一）有利于明确跨学科知识及知识之间的关系

STEM教育通常以项目式教学的形式开展，项的完成需要不同学科知识的融合。分析STEM项目的教学内容，可以明确STEM项目在完成过程中需要哪些学科的哪些知识，以及技能、思想等。

（二）有利于教师为学生搭建更为合理的支架

STEM教育强调学生分析问题、解决问题的能力，在这一过程中常以学生自主探究为主。因此，教师在设计教学时，需要事先对学生的基本情况有充分的掌握。这些基本情况包括学生完成STEM任务所需的基本知识、基本技能、思想等。因此，分析完成STEM项目所需要的具体教学内容，有利于教师根据学生的基本情况为学生学习活动搭建更为合理的支架。

（三）有利于学生有的放矢地自主探究

在STEM教学中，事先将完成STEM项目任务所需的知识、能力明确地告知学生，会使学生在自主探究过程中遇到问题时，更快速地找到自己遇到困难的原因并克服困难，从而完成STEM教学任务。

二、STEM 教学内容分析的方法

对学科教学而言，分析教学内容一般以课程标准为依据，经过选择教学内容、划分教学单元、安排单元顺序、确定单元目标、对教学内容分类、分析教学内容以及评价等步骤，最后得出教学内容的知识和能力结构。但是，STEM教育没有明确的课程标准。不过，常用的教学内容分析方法有助于梳理STEM教学内容之间的关系。

（一）归类分析法

归类分析法主要用于对言语信息类的知识进行分类，通常采用图示的方式或者提纲的方式分门别类地列出教学内容以及它们之间的关系。对言语信息进行分析的最主要的手段是确定信息的主要类别。例如就计算机系统的组成而言，计算机系统由硬件系统和软件系统两部分组成，硬件系统又主要由控制器、运算器、存储器、输入设备、输出设备组成，软件系统主要由系统软件和应用软件组成。如果用图示的方式表示则如图4-1所示。

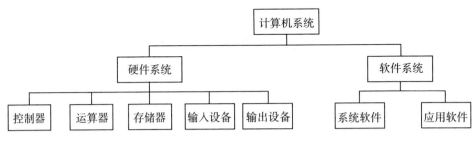

图4-1　计算机系统的归类分析示意图

在STEM教育中，归类分析法是分析教学内容常用的方法之一。因为STEM项目需要跨学科知识去解决问题，因此基本上STEM项目中所需要的每一个学科的知识都可以划分为一个类别。在STEM教育中分析教学内容最基本的方法便是归类分析法。在STEM项目中可对教学内容采取如下方式进行分类，如图4-2所示。

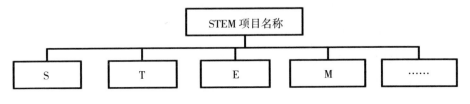

图4-2　STEM项目的归类分析示意图

（二）层级分析法

层级分析法主要是利用教学目标之间的层次关系，对教学内容进行分析的一种方法。在层级分析过程中，需要从最终教学目标中一级一级向下分析，直至分析到最基础的教学内容。在实际教学中，则一级一级向上教学，从下至上，实现最终教学目标。图4-3是"任何整数的减法"的教学目标。

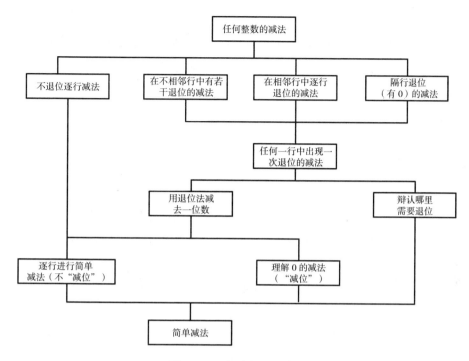

图4-3　层级分析法示意图

在STEM教育中，特别是S（科学）、M（数学）领域的知识，分析常有难度，因此在分析这两个领域所需的知识内容时，常常用到层级分析法，需要将完成STEM项目任务所需的知识及其下一级知识进行逐级分析。

（三）信息加工分析法

信息加工分析法主要是揭示教学目标要求的心理过程的一种内容分析方法。它不但能够将内隐的心理过程呈现出来，还能够将外显的动作反应呈现出来。

内隐的心理过程的呈现的例子很多。例如，三个数字相加，其心理过程是第一个数字与第二个数字相加的和，再与第三个数字相加。可以用下列步骤进行描述：

第一步，将第一个数字与第二个数字相加，计算出和。

第二步，将第一步计算出的数字与第三个数字相加，计算出和。

外显的动作反应的例子也很多。例如，计算机的开机顺序，可以用下列步骤进行描述：

第一步，接通电源。

第二步，打开显示器。

第三步，打开主机。

在STEM教学中，特别是E（工程）领域，往往涉及完成任务的基本步骤，在分析这一类型的教学内容时，常常用到信息加工分析法，将完成任务的步骤清晰地呈现出来。

（四）解释结构模型法

解释结构模型也称为ISM法，是使用较为广泛的一种系统科学方法，常被用于工程领域，是一种结构型化技术，通常将复杂的系统分解为若干个子系统（要素），从而把模糊不清的思想、观点转化为结构良好的模型。由于其有利于揭示复杂的关系，因此在教学内容分析时，常采用其作为揭示复杂教学内容关系的有效方法，将系统各要素间复杂、凌乱的关系分解成清晰的多递阶的结构形式。

用解释结构模型分析教学内容时，通常包括三个步骤：

第一步，抽取知识元素，确定教学的子目标。

第二步，确定各总目标之间的直接关系。

第三步，绘制出教学目标层次，画出教学目标形成关系图。

下面通过"不同分母分数的加减法"为例，进行举例说明。

第一步，抽取知识元素，确定教学子目标。

这一步往往需要经验丰富的教师或者学科专家，把需要实现的教学目标所需的教学内容分为若干个知识元素。这些知识元素均是实现最终教学目标所必须达到的子目标，如图表4-4所示。

表4-4 知识元素——教学子目标表

知识点编号	知识元素（教学子目标）	知识点编号	知识元素（教学子目标）
1	分数的概念（理解）	9	同分母真分数的加减（掌握）
2	真分数（了解）	10	同分母分数的加减（掌握）
3	分数线（了解）	11	约数（了解）
4	带分数（了解）	12	倍数（了解）
5	假分数（了解）	13	最大公约数最小公倍数（了解）
6	同分母分数的大小（理解）	14	通分（掌握）
7	大小相等的分数（理解）	15	约分（掌握）
8	约分和通分的概念（理解）	16	不同分母分数的加减（掌握）

第二步，确定各子目标之间的直接关系。

先将各子目标按顺序列出，1、2、3……，然后将与每个子目标对应的次一级子目标列出，画出其直接关系示意图，如图4-5所示。

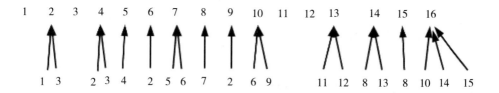

图4-5 各子目标之间的直接关系图

第三步，绘制出教学目标层次，画出教学目标形成关系图。

首先，先列出教学目标的层次表，设定位于教学目标最低层次为1，然后依次为2、3……，直至最后，第一层次的教学目标（教学内容）为没有任何次一级子目标的目标，位于第二层次的教学目标（教学内容）是由第一层次子目标支撑的目标，位于第三层次的目标是由第一、二层次支持的目标，如表4-6所示。

其次，根据"教学目标层次表"和"各子目标之间的直接关系图"，绘制出最终的教学目标关系图。绘制时，纵坐标为教学目标层级，由低到高依据教学目标层次表进行绘制，每一纵坐标对应的位置标记该层次对应的教学目标（此例中依据表4-6绘制），然后根据各个子目标之间的直接关系图用箭头将具有直接上下级关系的目标联系起来（此例中，箭头绘制依图4-5绘制），最终结果如图4-7所示。

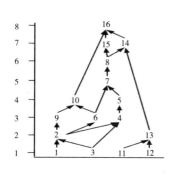

表4-6 教学目标层次表

层次	教学目标
1	131112
2	213
3	469
4	510
5	7
6	8
7	1415
8	16

图4-7 教学目标形成关系图

通过上述例子，我们可以看出，解释结构模型使用于分析复杂的教学内容，能够使复杂教学内容之间的关系清晰地展现出来。

STEM教育由于强调跨学科知识的整合，因此完成任何一个STEM项目均会涉及不同学科的知识，学科内部各知识点之间的关系，以及学科间知识的关系很多时候是以一种复杂的姿态呈现出来，因此当涉及复杂知识时，我们可以采取解释结构模型的方式来分析知识间的关系。

三、STEM 教学内容关系的表示

在分析教学内容时，教学内容分析的结果往往需要以一定的形式表现出来，以体现教学内容之间的关系。这些表现方法可以用文字（如上一节中信息加工法举例时，"计算机的开机顺序"便是以文字的形式来表述的）、图示（如"计算机系统的组成"归类分析）等形式来表示。对STEM教育而言，除采用上述常用的教学内容关系表示方法之外，概念图或思维导图也是非常重要的表示形式，这是因为STEM教育涉及多学科知识，通过多学科知识之间交叉、综合去解决实际问题，这些知识之间的关系以及如何用这些知识解决问题的思路需要合理的表示，因此概念图或思维导图的引入能够较好地表现STEM教学内容。

（一）概念图

概念图是由康奈尔大学的诺瓦克博士在奥苏贝尔的有意义学习理论基础上提出的一种技术，主要是用节点来表示概念、用连线来表示关系的一种图示法。是由诺瓦克博士根据奥苏贝尔的有意义学习理论中的概念同化和顺应关系而创立的，他将其首先应用在儿童对能量、细胞、进化等抽象概念的理解过程。诺瓦克博士认为，概念图是用来组织和表征知识的工具。它往往将某个主题的相关概念放于圆圈或者方框中，用线段将相关的概念或命题进行连接，连线上标明概念之间的关系。

概念图通常表现的是大脑的逻辑思维，逻辑思维是人们在认识世界的过程中借助于概念、判断、推理等活动反映现实的过程。逻辑思维作为人脑的理性活动，思维主体往往会通过将获得的感性材料得抽象成概念，然后运用概念进行逻辑判断和推理，进而形成对事物新的认识。逻辑思维往往具有规范性、严密性、确定性和可重复性等特点。作为抽象思维表达的概念图，在学习时通常由左半脑负责。

（二）思维导图

思维导图最初是在20世纪60年代由英国心理学家托尼·巴赞发明的一种记录笔记的方法。托尼·巴赞认为，思维导图是对发散思维和放射思维的一种显性表

达，是人类思维的自然功能。他把思维导图当作一种图形技术来拓展大脑的潜能，并将这种潜能应用于生活中的各个方面，将改进后的清晰的思维方式和学习能力应用于人的发散性行为表现。

思维导图主要以发散性思维的表现为主，强调从一个中心向四周或各个方向移动或传播。例如，"陨石雨的中心落点"这个中心，可以延伸到"明亮地闪耀""散射着快乐和希望的明亮眼神"等。思维导图作为一种发散性思维的自然表达，是非常有用的一种图形表达技术。思维导图作为形象思维的一种表达形式，主要由右半脑进行负责。思维导图强调思维的过程，也就是强调人们对接收到的外界信息进行加工处理的过程。

（三）概念图和思维导图的绘图原则

对概念图的绘制，主要应该从以下几个方面进行分析：一是从绘制过程角度而言，概念图首先需要列出一些关键概念或者所有的概念，然后分出概念的层次，最后绘图，一般按照从上到下的顺序进行绘制；二是从绘制的角度而言，概念图在绘制时图形往往是固定的，一般用圆形或者方形形状将概念圈起来，概念取自学习内容中原有的概念，概念之间的连接会有连接词，而且这些连接词所表达的含义也都是比较固定的；三是从组成元素的角度而言，概念图主要由概念和连接词组成，概念往往以层级结构的形式从顶部依次向下呈现网络状分布；四是从图形的分布角度看，概念图的分布方式是自上而下，从抽象到具体进行概念的构建，一般情况下呈现网状分布，概念图的每个节点表示的是具体的概念，一般是名词，节点之间要加连接词，一般是动词。

对思维导图的绘制，从以下几个方面进行分析：一是从绘制过程角度而言，思维导图是一边确定关键词一边绘制图形，从中心图开始向四周逐渐发散，进行绘制；二是从绘制的角度看而言，思维导图在绘制时，鼓励发挥绘制者的个性化绘制方式，强调符号自创，自己选择图形、颜色、线条、图像，关键词可以自己总结，关键词之间的关系可以自行建立联系；三是从组成元素的角度而言，思维导图主要由图像、关键词和线条组成，从中心图像向四周发散，然后形成分支，各个分支进而又形成节点，然后依次向下形成新的分支分布；四是从图形的分布角度看，思维督导是按照核心主题从内到外进行的排列，通常呈现为放射性形状，其节点代表的是关键词，关键词的形式可以是短语、图像等，并非一定是概念，而且思维导图的关键词的连接性不强。

（四）概念图和思维导图之间的联系

概念图和思维导图在实际教学应用中存在着密切的联系主要表现在：

首先，概念图和思维导图都是思维可视化的工具。概念图和思维导图都能够将抽象的概念转化为形象直观的图形，以帮助人们更好地建立条例清晰的知识结构体系，并与自己的知识体系进行不断比较，从而完善自身的认知体系。可视化的优势是将知识用图的形式表示出来，形成能够直接作用于人的感官的知识表现形式，进而促进知识的获取、共享和创新。概念图和思维导图都能够将接收到的信息进行加工，转换成与原有知识结构相关的信息并存储在人的大脑中，完成记忆。

其次，以图的形式呈现知识结构是概念图和思维导图表征知识的共同特征。皮亚杰在其认知发展阶段论中指出，图式是指一个有组织、可重复的行为模范或心理结构，是一种认知结构单元，这些单元、组块和系统就是图式。图式理论研究的是关于人的知识是怎样被表征出来以及关于知识的表征如何以特有的方式更有利于知识的应用的理论。按照该理论，人脑中所保存的一切知识都能够分成单元、组块和系统。概念图和思维导图以图的形式呈现知识，符合图式理论对知识表征的需求。

再次，在教学中应用概念图和思维导图有助于教学效果的提升。研究表明，使用概念图学习的学生比没有使用概念图学习的学生在知识的持久度、知识面、解决问题方面更有优势。运用思维导图复习可以节约学习时间。概念图在教学中常用语知识的表征、知识的组织，思维导图在教学中的应用的目的在于创作或创造。同时，概念图和思维导图也可以作为学生学习交流的工具，学生可以用它们来构建知识的框架，促进学生对学习的反思。

（五）概念图和思维导图在STEM教学内容表征中的应用举例

根据上述分析，概念图和思维导图在知识表征方面符合学习规律，因涉及学科多、知识点之间的关系，相对而言STEM教学更为复杂，故采取概念图或思维导图的方式去表征知识，会帮助学生更清晰地掌握知识和知识之间的关系，从而帮助学生更好地完成STEM任务。

图4-8为小学科学中的《物质科学领域知识结构图》，在绘制过程中主要以概念图的形式为主进行绘制，同时也借鉴了思维导图的思想。最中心的概念为"物质世界"，以此为中心进行发散思维，将与物质世界相关的直接知识进行连接，如"物质世界"具有"能量"，"物质世界"是由"物质"构成，"物质世界"内部始终在"运动"。进而以三个核心概念"能量""物质"和"运动"进一步发散思

维，绘制其相关的概念，如"能量"包括"声能""光能""热能""电能""磁能""机械能"；如"物质"肉眼可见的形式为被称为"物体"，"物质"具有特殊性质的被称为"材料"，物质一般具有三种状态，"水"和"空气"是最重要和最常见的物质；"运动"包括"机械运动"，机械运动会产生"机械能"。对"声能"这一概念，其产生需要"振动"，而"振动"可产生"声音"，"声音"具有高低、强弱的特性，声音能够在气体、液体和固体中传播……通过这种概念图的绘制方式，教师可将小学科学学科中"物质领域"知识及其主要的关系理清。这有助于教师在设计STEM教学任务时，更好地分析所需的知识和知识之间的关系，从而安排教学活动。

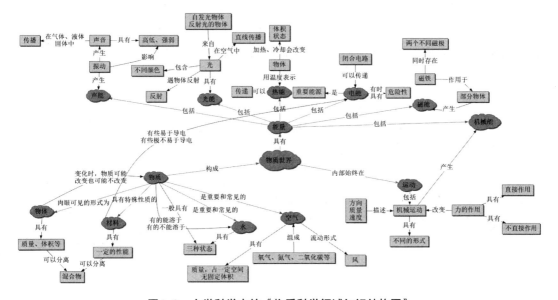

图4-8　小学科学中的《物质科学领域知识结构图》

第三节　学生特征分析

STEM教育注重学生跨学科知识应用能力的培养、注重问题解决能力的培养，而且在学习过程中对学生独立探究、协作学习能力要求较高。因此，详细、准确地分析学生的特征，不但对选择合适的STEM教育项目非常重要，而且对如何根据学生特征顺利实施STEM教学活动也非常重要。

一、学生认知能力的分析

对学生认知能力的分析，主要是分析学生在不同的认知发展阶段所表现出来的感知、记忆、思维、想象等方面的特征。

（一）认知发展阶段论的主要内容

关于儿童认知发展的研究，具有代表性的理论是瑞士心理学家皮亚杰提出的认知发展阶段论。皮亚杰认为，我们理解世界的基本方式是称为"图式"的心理结构，也称为机能的组织模式，它会随着心理发展进行调整和改变。儿童图式的发展往往遵循两个原则，即"同化"和"顺应"。同化过程指的是人们以当前的认知发展阶段和思维方式来理解自身的经历。一个刺激或事件出现以后，人们对它的感知和理解与现存的思维方式一致的时候，就产生了"同化"。顺应过程是指当我们遇到了新的刺激或者事件后，做出的反应是改变已有的思维、理解或行为方式，则产生了"顺应"。

皮亚杰认为，儿童从出生一直到青春期，其认知发展是以一种固定的顺序发展，可以分为四个阶段，分别是感觉运动阶段、前运算阶段、具体运算阶段和形式运算阶段。

1. 感觉运动阶段

感觉运动阶段，大约从出生持续到2周岁左右，是一个渐进的发展过程，可以进一步分为6个亚阶段。

亚阶段1：简单反射

大约发生在出生的第1个月，在这个阶段，决定婴儿与世界交互作用的各种反射是他们认知生活的中心。例如，吮吸反射使得婴儿吮吸放在嘴唇上的任何东西。

亚阶段2：最初的习惯和初级循环反应

发生在出生后第1个月至第4个月，在这个阶段，婴儿开始将个别的行为协调成为单一的、整合的活动。例如，婴儿可能将抓握物体和吮吸物体结合起来，一边触摸一边吮吸。

亚阶段3：次级循环反应

大约发生在从出生第4个月至第8个月，这一阶段的儿童，其主要进步在于将认知区域由自身转移至身体意外的世界，并开始对外面的世界产生作用。例如，儿童不断地拨弄拨浪鼓，并观察声音的变化。

亚阶段4：次级循环反应的协调

大约发生在从出生第8个月至第12个月，这一阶段的儿童，开始采用更具有计划性的方式引发事件，将几个图式协调起来生成单一的行为。儿童在该阶段开始理解了客体永存。例如，儿童能够拿出用布盖住部分的玩具。

亚阶段5：三级循环反应

大约发生在从出生第12个月至第18个月，在这个阶段，婴儿发展出"有目的的行为改变"，通过行为改变希望带来想要的结果。例如，儿童不停地扔玩具以观察玩具掉落的地点。

亚阶段6：思维的开始

大约发生在出生第18个月至2岁，这个阶段的主要成就在于儿童心理表征能力或象征性思维能力的获得。这个阶段，儿童具备了"想象"，能够想象出他们看不到的物体可能在哪里。例如，一个球滚到某个家具下面，儿童会判断球可能出现在什么地方。

2. 前运算阶段

前运算阶段，大约从2岁开始持续至7岁左右，这一阶段重要的一个方面就是象征性符号功能，儿童能够使用心理符号、词语或者物体来代替或者去表征一些不在眼前的东西。

首先，这一阶段的儿童语言和思维都有很大的进步。皮亚杰认为，语言和思维有很紧密的关系，学前期儿童的语言进步表明儿童思维的发展。使用语言不但可以使得儿童用象征性的符号表征行为，更重要的是使用语言可以使儿童的思维不受当前或未来的限制。皮亚杰认为，在感觉运动阶段，思维的进步是语言发展必需的，而且认知能力的持续成长也为语言能力的发展提供了基础。

第二，这一阶段的儿童的思维具有"中心化"的特点。"中心化"是指只注意刺激物的某一方面，而忽略其他方面的过程。例如，给学龄前儿童面前摆放两排纽扣，第一排摆放10个，第二排摆放7个，但第一排摆放较为紧凑而第二排摆放较为松散，使得看上去第二排摆放的长度更长。如果问儿童哪一排纽扣多，很可能4—5岁的儿童会回答第二排纽扣多，即使他们知道10>8，但这种现象仍然会发生。

第三，这一阶段的儿童上不具有"守恒"的概念。例如，给4岁儿童面前摆放两个不同形状的水杯，一个又矮又粗（称为A杯），一个又高又细（称为B杯）。老师先将果汁倒入A杯，倒半杯，然后再将A杯的果汁倒入B杯，B杯显示接近满杯，问儿童刚才哪个杯子里的果汁多，儿童可能会回答B杯果汁更多。儿童之所以会判断错误，是因为儿童还未掌握"守恒"的含义，他们只能关注事物的某一个方面（如高度）。

第四，这一阶段的儿童对转变不能够完全理解。例如，一支竖着的铅笔倒下，儿童只能理解铅笔的两个状态"竖着"和"横着"的铅笔，而不能理解"倒"这个过程。

第五，这一阶段的儿童呈现出"自我中心"，不能采纳他人的观点。这种思维被称为"自我中心思维"，是指不能考虑其他人的观点的思维。例如，学龄前儿童可能会自言自语，即使一旁有人，而且他们会常常忽视他人和自己说话。这些行为对学龄前儿童而言均属于正常行为。

第六，这一阶段的儿童开始出现直觉思维。"直觉思维"是指学龄前儿童利用简单的推理以及他们的渴望来获取世界的知识。儿童在4岁至7岁期间，好奇心非常强，他们总是问"为什么"。同时，儿童还时常表现出他们是某个问题的权威，觉得自己的解释是正确的。在前运算阶段的后期，儿童的直觉思维为复杂的推理形式奠定了基础。

3. 具体运算阶段

具体运算阶段，大约出现在7—12岁，以主动且恰当地使用逻辑为特征。

首先，儿童的思维具有"去中心化"的特点。也就是这一阶段的儿童，不仅可以注意事物的某一方面，还可以注意事物的其他方面。

这一阶段的儿童具有"守恒"的概念。例如，当将果汁由一个水杯倒至另一个水杯，儿童可以根据在这一过程中是否有果汁外溢，准确地推理出果汁的量是否有变化。

儿童具有"可逆性"的概念。例如，一个黏土可以由长方形捏成捏成正方形，也可以由正方形捏成圆形。儿童可以理解更为抽象的可逆性。举例来说，如果2+3=5，那么3+2=5。

5. 形式运算阶段

形式运算阶段，大约出现在12岁左右。它是人们发展出抽象思维能力的一个阶段。

首先，儿童具备假设演绎推理思维。儿童能够对所面对的问题情境提出一系列假设，然后根据假设进行验证，从而得到答案。

其次，儿童具有了命题推理思维。在推理思维时，不必一定以显示的或具体的资料做依据，只凭一个说明或一个命题，即可进行推理。

再次，儿童具有了组合推理思维。在面对多项因素组成的复杂问题情境时，儿童可以根据问题情境提出假设，然后一方面孤立某些因素，另一方面组合另一些因素，从而在系统验证中获得正确答案。

（二）认知发展阶段论与STEM教育的关系

依据儿童不同认知发展阶段的特点设计与实施教学是开展有效教学的前提，STEM教育也不例外。但是，由于STEM教育强调跨学科问题解决能力的培养，这里的"问题解决"能力需要与儿童的认知发展相协调：一方面，布置给学生的"问题"，学生能够在现有的认知发展阶段完成；另一方面，学生解决"问题"的过程，能够促进学生的认知能力发展。

二、学生的基础知识、技能的分析

由于STEM教育需要学生综合多个学科知识去解决问题，因此解决问题需要的基础知识与基本技能是学生能否完成STEM任务的基础。STEM教育中S、T、E、M四个字母分别代表科学、技术、工程、数学，就上述四个领域而言，科学和数学涉"知识"的内容较多，而"技术"和"工程"除涉及"知识"，还涉及"技能"，只有学生具备解决问题所需要的S、T、E、M所有领域的知识和技能，学生方能完成STEM任务。

（一）学生基础知识的分析

对STEM教育所需的基础知识，最常用的分析方法"测试"。对具体的STEM项目而言，教师可以完成STEM项目任务所需的基础知识进行梳理，根据梳理出的结果设计测试题，考查学生的基础知识掌握情况，并根据学生基础知识的掌握情况，调整教学活动，如对学生未掌握且必须掌握的基础知识给予集中讲授。

（二）学生基本技能的分析

由于STEM教育通常需要学生自己动手去制作出"物"，因此学生的技能操作能力也是教师事先需要分析的要素之一。

首先，对S、T、E、M中的T，即"技术"，教师要事先了解学生是否具备完成STEM项目所需要的技能，如是否会拧螺丝等。对操作性技术，教师可以通过日常教学观察、访谈或者问卷的形式对学生的技能的基本情况进行调查。

对S、T、E、M中的E，即"工程"而言，教师要了解学生是否知道完成项目的程序，教师可以通过让学生绘制流程图的形式进行了解，也可以采用问答的方式进行了解。

三、学生认知结构分析

认知结构是指学生通过学习和生活经验积累，在大脑中形成的知识与经验系统。它由每个人能够回想起来的事实、表象、概念、命题、观点等构成。对STEM教育而言，学生在解决问题过程中，不仅仅需要相关的学科基础知识和技能，更需要在大脑中将这些基础知识和基本技能融合在一起，形成解决问题的方案并实施。

（一）认知结构变量

已有知识或技能能否在解决STEM项目时被应用，原有知识或技能掌握的是否扎实对解决问题至关重要，这与奥苏贝尔关于认知结构变量在新知识学习中的重要作用完全一致。这三个变量分别是"可利用性""可分辨性""稳固性"。

1. 可利用性

可利用性是指学生原有认知结构中是否存在可用来对新观念（包括新概念、新命题、新知识等）起固定、吸纳作用的原有观念。这个起固定、吸纳作用的原有观念必须在包容性、概括性和抽象性等方面符合认知同化理论的要求。如果认知结构中存在这样的原有观念，就表明它具有可利用性。

2. 可分辨性

可分辨性是指起固定、吸纳作用的原有观念与当前所学新观念之间的异同点是否清晰可辨，新旧观念之间的区别越清楚，表明可分辨性越强，就越有利于有意义学习的发生与习得意义的保持，也就越有利于STEM问题的解决。

3. 稳固性

稳固性是指起固定、吸纳作用的原有观念是否稳定、牢固；原有观念越稳定、牢固，其稳固性就越好，也越有利于有意义学习的发生与习得意义的保持，也就越有利于STEM问题的解决。

（二）认知结构分析的方法

在STEM项目中，明确学生原有知识和技能之间的关系对进一步整合学科知识，解决STEM问题具有重要作用。因此，采取"概念图"的方式对学生的认知结构进行分析，可以进一步了解学生已有知识和技能之间关系的储备情况，进而方便教师更好地设计和实施STEM教学项目。

1. 概念图的主要类型

概念图由节点和连线组成，节点表示某一命题或领域内的各种概念，连线表示概念之间的内在逻辑关系。目前常用的概念图的类型有以下几种。

（1）气泡图

气泡图类似于气泡向四周溅开，它可以帮助学生对中心词做出简单联想。一般将中心概念置于中心位置，作为核心概念向四周发散所属范围内的相关概念，然后用箭头从中心位置指向四周，包含超过三个以上的同层次的相关概念。形状类似一个车轮钢丝从轴心向四周辐射。

（2）链式图

链式图主要是按照知识的内在逻辑从一端向另一端延伸成直线状。在描述某个简单知识的各个要点时，用一层意思将相关概念串联贯通起来连成链条状。抓住一个思路线索，就抓住了各个节点概念之间的递进关系，相关概念的属性和先后顺序就一目了然。主链条各个环节概念的下方还可以排列对应概念的性质或特点，以便进一步说明主干概念的属性和逻辑关系，以细化对应的相关概念。例如，科学探究的一般过程可以绘制为：提出问题→做出假设→制订计划→实施计划→得出结论。

（3）等级图

等级图图形中概念的层次分级明显，概念所属的条线清晰，纵横联系归纳性强。有较强的直观性概括性，学生能形象清楚地理解知识体系中构建的概念关系。制作中，等级图将某一命题中的各个概念按照类属关系依次向同方向排列，将内涵面最广泛、概括性最强的核心概念置于顶层，相关概念依次置于较低层次，具体的事例置于最底层。

（4）维恩图

维恩图一般由几个圆相互交叉，每个圆写入不同的信息，将共同特征记入交叉部分。一般对两个以上有从属关系的概念进行区别比较时可用维恩图。通常用圆圈中的不同区域或共同区域表示概念的不同点和相似点，来显示从属关系，同时也有选择、分类和比较信息的作用。学生能够总维恩图的不同区域中理解主概念的异同。不过，由于维恩图中列举的概念数目和范围都很有限，因此它只适用于层次简单的知识概念的分析比较。虽然维恩图只有2—3个级别的圆环图形，却可以形象、直观地表达概念之间的含义，视觉效果较好。

（5）辐射图

辐射图是把各个概念按照相互关系从中央依次向四周进行多级辐射。辐射图一般将核心概念居中，将相关概念按照层次关系均衡地排列于外围，以核心概念为中心向四周辐射，箭头向外，加上连接词，以表达概念之间的意义和联系。各个层次节点概念用圆锁定，字体和箭头的大小和粗细依次递减发散。

（6）环状图

环状图是将多条链式图首尾相接，融会贯通，形成环状。

（7）网络图

网络图是将概念交叉成网络状。网络图比较受知识特点的限制，因此概念之间相互循环关系的体现比较明显。网络图是一种形状如同网络的图解模型，一般由作业、事件和路线三个因素组成，按照工作先后顺序和逻辑关系绘制成工作关系图。概念网络图由一个节点概念出发，通过几个分支途径经过若干个节点概念回到原节点，不断循环。有时候，两种概念的事件同时发生关系的时候，也可以采取相互连接的方式呈现网络图。

（8）类比图

类比图是根据两类对象之间在某些方面之间的相同或相似之处，推断出它们在其他方面也可能具有的相同或相似的特征。类比图一般是对两个或两个以上同类概念进行比较，找出它们的相同点、相似点和不同点。它根据两类对象某些方面之间的相同或者相似之处，在已有的知识或者经验的基础上，对事物的共同特征进行对比说明，推断出它们在其他方面也可能具有相同或者相似的特征，从而形成形象、直观、有说服力的图标。

（9）流程图

流程图由图框或者流程线组成，其中图框表示各种操作的类型，图框中的文字符号表示操作的内容，流程线用来表示事物变化或者操作的先后次序。流程图原用于表现企业生产线上的工艺流程。

（10）括号图

括号图用来表示复杂之时中相关概念有明显并列关系或从属关系的情况。一般来说，人们用括号图概括，按照内涵属性的大小，将概念从左到右用括号罗列排序；纵向显示概念的并列关系，横向显示概念的从属关系。有时候，会采用反向括号、连线及连接词，进一步概括分析同级并列概念的相同属性，逻辑关系与等级图类似。括号图由于能够反向概括归纳，比等级图更具有综合性和多面性，层次也较为分明。它虽然容量大，却篇幅往往较小，而且绘制容易。不足之处是，它的形象化程度不够高。

（11）组合图

组合图是对各种概念图进行合理选择、有机整合、融会贯通和组合运用。

（三）不同类别的概念图在STEM教育中的应用

STEM教育中，通常是采取PBL的方式进行教学，在分析学生认知结构的时候，根据需求可以采取不同的方式，绘制不同的概念图。

1. 对STEM任务分析时适合的概念图类型

采取PBL教学方式开展STEM教育时，首先要分析学生完成STEM教育所具备的S、T、E、M等不同方面的知识和能力。一般而言，最初分析STEM任务时，是一种自上而下发散式的分析方式，采用气泡图、辐射图、网络图的形式比较合适。

2. 对STEM任务涉及的S、T、M知识适合的概念图类型

在完成STEM任务过程中，需要大量的S、T、M的知识，单一学科之间的知识之间是怎样的关系，不同学科之间的知识又是怎样的关系，则根据所需学科知识本身需要用到不同类型的概念图，可采用上述气泡图、等级图、维恩图、链式图、辐射图、环状图、网络图、类比图、流程图、括号图。

3. 对STEM任务涉及的工程思想适合的概念图类型"E"

STEM教育中的"工程"思想往往体现的是做事的步骤，比较适合采用链式图和流程图的形式来体现。

四、学生的社会性发展

STEM项目在完成过程中，往往需要学生协作完成，因此，学生的社会性发展对完成STEM任务具有一定影响。儿童的不同发展阶段，其社会性发展有着不同的特点。

（一）婴儿期的社会性发展

1. 婴儿期的情绪

第一，婴儿具有体验情绪的能力。发展心理学家卡罗尔·依扎德提出，婴儿天生就有一整套情绪表情用来反映其基本的情况状态，如高兴或者悲伤。随着婴儿的不断成长，它们不断扩展和修正这些基本的表情，而且变得越来越熟练地控制自己的表情，如通过微笑这个表情来提高自己做事情的机会。总体看来，婴儿确实看起来能够体验到情绪。

第二，婴儿会逐渐产生陌生人焦虑和分离焦虑。陌生人教育是在婴儿遇到不熟悉的人时，所表现出来的小心和谨慎。分离焦虑是指当熟悉的照料者离开婴儿

时，婴儿所表现出来的紧张情绪。陌生人焦虑大约在婴儿6个月大的时候比较常见，分离焦虑大约在婴儿7—8个月大的时候出现，在14个月大的时候达到顶峰，然后逐渐降低。陌生人焦虑和分离焦虑代表了重大的社会性进步，体现了婴儿的认知发展以及婴儿和照料者之间不断成长的情感和社会联系。

第三，微笑逐渐具有选择性。儿童大概在6—9周的时候，开始对使他们感到高兴的事情露出微笑，随着他们长大，微笑逐渐会具有选择性。大约到2岁左右，儿童会有目的地通过微笑来交流他们的积极情绪。

第四，开始解读其他人的面部表情和声音表现。婴儿很早就开始学习表达和理解情绪，这种能力不仅能够帮助他们体验自身的情绪，也能够在使用他人情绪理解模糊社会情境的意义上，起到积极作用。

2. 社会性参照的发展

社会性参照是指有意地搜寻他人的情感信息，以帮助解释不确定环境和事件的含义。社会性参照大约出现在婴儿出生的第8—9个月，婴儿凭借着如面部表情这样的线索，去理解其他人的行为。

3. 婴儿与同伴的社会交往

婴儿的社会交往水平随着年龄而上升，9—12个月大的婴儿通过呈现和接受彼此的玩具进行交往。随着婴儿年龄的增长，他们开始彼此模仿。

在婴儿期，婴儿与外界的互动次数会逐渐增加。

（二）学前期的社会性发展

1. 形成自我意识

埃里克森的心理社会发展理论认为，学龄前儿童经历了从自主对羞愧怀疑阶段到主动对内疚阶段这一过程。在学前阶段，儿童发展出了自我概念，能够从自己的知觉、父母的行为和社会中得出关于自己的信念。同时，在学前阶段，性别意识也开始发展。

2. 学前期儿童的社会生活

在学前阶段，儿童在个人的性格、信任和共同兴趣的基础上发展出最初的"友谊"。学龄前儿童的游戏特征会随着时间的变化而不断变化，变得更加复杂、互动和合作，并且逐渐依赖社会技能。

3. 儿童中期的社会性发展

（1）发展中的自我

埃里克森认为，儿童中期的个体处于勤奋对自卑的阶段。在儿童中期，儿童开始使用社会比较的方法，其自我概念建立在心理特征而不是身体特征的基础上。这一阶段，儿童的自尊建立在与他人比较和内在成功标准的基础上。如果这一时期的儿童自尊很低，那么之后儿童可能会陷入失败的恶性循环之中。

（2）儿童中期关系的建立

这一阶段，儿童对友谊的理解经历了从分享愉快的活动到考虑满足自己需要的个性特质、再到亲密和忠诚的变化过程。儿童期的友谊表现出不同的地位等级，社会问题解决能力和社会信息加工能力的提高能够促进儿童拥有更好的人际技能，提高其受欢迎的程度。男生和女生逐渐建立起同性别的友谊，男孩的友谊通常涉及群体关系，而女孩的友谊则是地位同等的成对女孩。

（三）青春期的社会性发展

1. 关于自我的认识更为分化

对"我是谁"这个问题，在青春期逐渐被放在首位。青少年对自我的观点更有组织、更广泛、更抽象，并开始考虑他人的观点，自我概念发展更为分化。当青少年开始用不同的价值标准来评判自我的不同方面的时候，他们的自尊便越来越分化。埃里克森认为，青少年在这个过程中，往往通过在个性、职业、性和政治的承诺方面缩窄他们的选择来试图理解自己是谁。埃里克森称之为"同一性或同一性混乱阶段"。

2. 关系的发展

对自主性的寻求可能导致青少年和父母的关系进一步再调整，虽然他们之间有代沟，但代沟比我们普遍认为的要小。小派别和人群会成为青少年的参照群体，为青少年提供一个比较现成的社会比较途径。性别分隔现象渐渐减少，直到男孩和女孩开始逐渐成双成对。青少年中，受欢迎的程度包括受欢迎的、有争议的、被忽视的和受拒绝的。青少年往往在那些他们认为同伴是专家的领域中顺应他们的同伴，而在那些认为成人是专家的领域中顺应成人。

我们对不同阶段儿童在自我认知以及社会关系的发展所表现出来的主要特征进行了分析。这些特征为学生在完成STEM项目时，在独立探究和协作学习过程中分配角色和任务奠定了基础。

五、学生的学习风格分析

学习风格是指学生在学习过程中习惯的、偏好的相对稳定的个性化学习方式。学习风格的个体差异对学习活动和学习效果都有着十分重要的影响。

（一）场依存性学生和场独立性学生的研究

美国心理学家威特金等人在研究知觉时发现，有些人较容易从视野中离析出知觉单元，有些人则很难从视野中离析出知觉单元。于是，他将前者称为场独立性的人，将后者称为场依存性的人。实际上，大多数人处于场依存性和场独立性之间。

场依存性学生，在信息加工时倾向于利用外在参照作为依据；场独立性学生，在信息加工时倾向于利用内在参照作为加工依据。研究显示，场独立性和场依存性较多地依存于个体的生理基础和遗传因素，并且个体在场独立性和场依存性连续维度上的位置是相对稳定的。场依存性的人，独立性差，容易受暗示；场独立性的人，有较强的独立性，并且不易受暗示。场依存性的人，在找出问题的关键成分和重新组织材料的任务时往往会感到困难；场独立性的人，在完成找出问题的关键成分和重新组织材料的任务时则比较轻松。场依存性和场独立性的学生在学习上有诸多不同。

1. 学习材料偏好不同

场依存性学生和场独立性学生对学习材料是否包含社会性的内容，其学习效果有较为显著的差异。一般而言，场依存性学生尤其善于学习与记忆包含有社会性内容的学习材料。场独立性学生，在缺乏组织的材料学习时，其学习的效果往往优于场依存性学生。另外，场独立性学生往往还比较喜欢抽象的、理论性强的学习材料，而不喜欢学习一些具体的知识，且达到概括化的程度比场依存性学生要高，但两者在知识的获得量上不存在差异。

2. 学习动机不同

就学习动机而言，场独立性学生通常以内在动机为主，学习的动机主要来自对学习材料本身感兴趣。场依存性学生通常较为依赖外部反馈，当他们受到批评或打击时，学习成绩容易下降。学习相同的材料时，不同的场性对材料的感知也是不一样的，有的学生从所给材料的一部分就可得出结论，而有的学生则依赖于整个学习材料。

3. 学习策略偏好不同

诸多研究表明，当线索特征与概念的定义无关时，场独立性学生学习概念往往更快；而当与概念有关的线索非常明显时，场依存性学生学习得往往更快。

4. 学科偏向不同

场独立性学生和场依存性学生往往具有不同的活动特征和偏好。场独立性学生更喜欢与人无关的、需要认知改组能力领域的学习；场依存性学生则喜欢强调人与人之间的关系、重视社交领域的学习。因此，在专业分化上，具有不同认知风格的学生将倾向进入与自己的认知风格相一致的领域。自1967开始，威特金等人通过对大学生进行追踪研究，最终发现，学生在大学入学时的选修科目，到大学最后的选科以及在研究院或专科学校的选科，场独立性学生往往偏爱需要认知改组技能的、与人无关的学科（如自然学科领域）。

（二）思维方式差异的研究

美国康涅狄格州大学格里高教授将学生的思维方式分为四类，分别是：具体思维、抽象思维、有序思维、随机思维。他又将这四种思维两两交叉，形成四种思维类型，并分别对四种思维类型的学生所具有的特征进行了具体描述。

1. "具体—有序"思维类型的学生

"具体—有序"思维类型的学生在思考问题时，偏重基于现实的思考。对他们而言，外在的现实是通过自己的视觉、听觉、触觉、味觉、嗅觉所接触到的东西而构成的。线性的、清晰的、条理明确而有序的信息加工方式能够使得他们迅速提取记忆中的细节，准确记住数字号码、条理的公式和详细的规则。他们做事往往坚定而有耐心，办事稳妥且责任心强，勤劳刻苦、目的明确。然而，由于他们不太擅长理解抽象的理论，他们往往讨厌无组织、华而不实的东西。对这些学生而言，"动手做"是最好的学习方式。

2. "具体—随机"思维类型的学生

"具体—随机"思维类型的学生，其思维是以现实为基础的，这类学生愿意尝试实验和实践，喜欢以独出心裁的方式进行实验。他们往往具有很强的独立性、喜欢独立工作，不愿意接受其他人的领导。他们有着丰富的创造力，不愿意遵守世俗的条框，不喜欢按说明或要求做事情。这类学生往往有很强的求知欲，对事物有独特的见解，追求变化和多样性，善于解决突发问题。因此，这种类型的学生，可以充分利用自身的发散思维解决问题，但需要注意时间的限定，以便留足时间来制订最后的问题解决方案。

3. "抽象—随机"思维类型的学生

"抽象—随机"思维类型的学生，在思考问题时很少从现实出发的，引发他们思考的往往是冲动和激情，他们具有跳跃性很强的思维，不按常规出牌，办事不太讲究条理，很多时候凭直觉和想象去感应和判断事物。这种人具有丰富的想象力和极强的语言感受力，情感丰富，热情而风趣，且善于交际，善于用抽象的语言抒发自己的感受，对艺术作品往往具有很好的理解力。他们具有很强的变通性、适应性，不喜欢规矩的束缚，对日常的例行公事会常常感到乏味，有的时候会不安于现状而好高骛远。这类学生，可以运用与人较好的合作能力，吸取他人看待事物的方法，通过合作来加强自身学习的计划性，约束自己的行为。

4. "抽象—有序" 思维类型的学生

"抽象—有序" 思维类型的学生擅长于对抽象事物的理解，喜欢理论性较强的问题，热衷于探索抽象思维的世界。这一类型的学生具有较强的学术气息，逻辑性强，分析能力、推理能力以及抽象理解能力较强。他们往往理智、博闻、识广、善于辩论，且敢于向权威挑战。他们喜欢独立思考问题、开展工作，善于从错综复杂的现象中去抓住事物的本质，从而理出事物的来龙去脉。

我们研究思维类型目的在于让学生更充分地了解自己的思维方式，以便他们更好地发挥自己的思维优势，提高学习能力，改善学习效果。

（三）沉思型学生与冲动型学生的研究

沉思型学生与冲动型学生的认知方式反映了个体在信息加工、形成假设、解决问题过程中的速度和准确性。沉思型学生在碰到问题的时候更倾向于深思熟虑，运用充足的时间来考虑、审视问题，去权衡各种问题的解决办法，然后从中选择最佳的方案，他们往往错误较少。冲动型学生往往更倾向于很快地去检验假设，根据问题的部分信息或者根本未对问题做透彻分析就仓促地做出决定，优点是反应速度快，但易发生错误。

沉思型学生往往采用成熟的问题解决策略，能够更多地提出不同的假设，他们能够较好地约束自己的行为，忍受延迟性满足，相对冲动型学生而言更能抗拒诱惑。沉思型学生更容易自发地或在外界要求下对自己解决问题的策略做出解释，这一点对冲动型学生来说则很难做到。冲动型学生即使在要求必须做出解释时，他们也往往不能周全地、合乎逻辑地做出解释。

（四）感觉通道的研究

根据学生的感觉通道偏爱不同，可以将学生的学习风格分为：视觉型、听觉型、动觉型和混合型。

1. 视觉型学生

视觉型学生善于通过接受视觉信息来学习。他们喜欢通过图片、图表、录像、影片等视觉刺激手段来接受信息、表达信息。他们把听到的事情想象成图像，把所要说的话以形象来取代。他们通过观察所获得的信息和知识比从交谈、聆听或是实际中所获得的要多。在学习过程中，他们通过自己动手书写获取知识比阅读文字或聆听语言更有效。这种类型的学生往往喜欢阅读，能够比较容易地从书本上吸收、学习知识。他们能够将所读的文章轻而易举地记住，并转换为口语，所以在复述或书面测试中容易取得较好的成绩。他们一般都很自信，且具有很强的自制力，学习有自主性、计划性、创造性。但往往由于过于认真而缺乏表现力，他们的举止可能会出现呆板、书呆子气很重的情况；可能会由于过于自信，他们会表现出自负倾向。

对视觉型学生，可以采用视频、图像进行学习，采用概念图做笔记的方式学习，做想象中的活动或者进行模拟表演，运用多媒体计算机或者internet创设虚拟仿真情境。

2. 听觉型学生

听觉型学生善于通过接受听觉刺激进行学习，喜欢通过讲授、讨论、听录音等口头语言的方式接受信息。这种类型的学生在上课时一般都能认真听讲，能够按时完成老师布置的作业。但是，他们的可能会由于过多地注意原有的知识，有时会影响自己潜能的发挥。对听觉型学生，可以加强其独立解决问题和处理问题能力培养，在遇到不会或不懂的问题不应急于向他人请教，可以自己多动脑筋想办法，或借助查参考资料、网络资源去寻找答案，实在无法解答时再去请教别人。

听觉型学生可通过演奏乐器、演唱歌曲进行学习，可以通过参与或者听音乐会来进行学习，可以伴随音乐锻炼身体，可以把音乐与其他学科结合起来，可以用音乐调节和改变自己的情绪，可以通过音乐来构想画面或者在电脑上谱曲等方式提升自己的学习能力。

3. 动觉型学生

动觉型学生喜欢通过双手和身体运动进行学习，比如做笔记在课本上画线、亲自动手操作。他们往往不喜欢老师整堂课的讲解和板书，也不擅长用言语表达。他们往往在体育、自然、课外活动等需要动手操作、实验的学科中表现得较为突出。这类学生往往比其他学生有着更大的发展潜力。这种学习类型的学生做事一般都比较守信，而且一旦将精力集中于某事，往往会做出很好的成绩。但是，他们的情绪可能不稳定，对事忽冷忽热。他们虽然精力旺盛，但由于热衷于太多的事情，最后往往会因精力分散而一事无成。

动觉型学生可以通过舞蹈和运动来学习，可以在自然学科和数学方面多动手，可以通过多改变学习状态，获得积极的休息，可以把运动与所学的课程都结合起来，可以在游泳或散步的时候在头脑中复习功课，可以利用模型、机器和各种工具辅助学习，可以通过校外调查、旅行、学习，可以利用班级游戏活动和通过在戏剧中扮演角色来学习。

4. 混合型学生

混合型学生，顾名思义，就是同时具备了视觉型、听觉型、动觉型的多重特征。一般而言，大多数学生会表现出明显地偏于用某种或某几种感知觉通道进行信息加工的倾向。混合型学生包括视听觉型学生、视动觉型学生、视听动觉型学生。

六、学生的学习动机分析

学习动机是指直接推动学生学习的一种内部动力，是激励和指引学生学习的一种需要。有观点认为，对知识价值的认识（即知识价值观）和对学习的直接兴趣（即学习兴趣）、对自身学习能力的认识（即学习能力感）、对学习成绩的归因（即成就归因），是学生学习动机的主要内容。一般而言，动机具有加强学习的作用。根据耶克斯—多德森律的观点，中等程度动机的激发或唤起，对学习效果最佳。动机过强或过弱，不但对学习不利，而且对学习的保持也不利。

（一）学习动机的分类

1. 内部动机和外部动机

从学习动机的内、外纬度出发，可以将学习动机划分为内部动机和外部动机。内部动机是指由学生对学习本身的兴趣引起的动机，动机的满足要在学习活动之内，不需要外界的诱因或惩罚来使行动指向目标。外部动机是指由外部诱因引起的动机。具有内部动机的学生能够在学习活动中得到满足，积极地参与学习过程，具有好奇心，喜欢挑战，在解决问题时具有独立性。具有外部动机的学生一旦达到了目的，学习动机便会下降。

2. 认知内驱力、自我提高内驱力和附属内驱力

认知内驱力是一种要求了解和理解的需要、要求掌握知识的需要以及系统地阐述问题并解决问题的需要。一般来说，这种内驱力多半是从好奇的倾向中派生出来的。个体的这些好奇倾向或心理素质，最初只是潜在的而非真实的动机，尚没有特定的内容和方向，要通过个体在实践中不断获得成功，才能真正表现出来，才能具有特定的方向。因而，学生对某学科的认知内驱力或兴趣，远不是天生的，主要是获得的。在有意义的学习中，认知内驱力可能是一种最重要和最稳定的动机。

自我提高内驱力是个体因自己的胜任能力或工作能力而赢得相应地位的需

要。这种需要从儿童入学开始日益显得重要，成为成就动机的主要组成部分。自我提高内驱力把成就看作是赢得地位与自尊心的根源，是一种外部动机。

附属内驱力是一个人为了保持长者们（如家长、教师等）的赞许或认可而表现出来的把工作做好的一种需要。它具有三个条件：第一，学生与长者在感情上具有依附性；第二，学生从所博得的赞许或认可中将得到某种派生的地位；第三，享受到这种派生地位乐趣的人会有意识地使自己的行为符合长者的标准和期望，借以获得并保持长者的费许，这种赞许往往使一个人的地位更确定、更巩固。

认知内驱力、自我提高内驱力与附属内驱力在成就动机中所占的比例，通常因年龄、性别、社会地位、种族起源以及人格结构等因素的不同而有所变化。其中，附属内驱力在儿童早期最为突出，是成就动机中的主要成分。在此期间，儿童努力学习以求得到父母的赞许。到了儿童后期和青年期，附属内驱力不仅在强度方面有所减弱，而且开始从父母转向同年龄的伙伴。

（二）激发和维持学生学习动机的模型——ARCS模型

学生的动机水平是成功教学的重要因素。当学生对学习内容没有兴趣或缺乏动机时，学习几乎是不可能的。科勒在1987年开发了一个模型，说明了成功学习所必需的各类动机，他还对如何利用这些信息来设计有效的教学提出了建议。科勒的模型叫作ARCS模型，其中A即注意力（attention），R即关联性（relevance），C即自信心（confidence），S即满足感（satisfaction）。加涅在《教学设计原理》（1992年第4版）中引述了这一动机作用模型，以此指导教师在教学设计中如何考虑学生的学习动机。也就是说，教学设计者应从注意力、关联性、自信心和满足感等四个方面调动学生的学习积极性。

1. 注意力

对低年级学生，可通过卡通片、彩色图片、故事等激发学生的学习兴趣；对高年级学生，可通过提出能引起学生思索的问题激发其求知欲。

2. 关联性

教学目标和教材内容应该与学生的需要和生活贴近，为提高课程目标的贴切性，可以让学生参与教学目标制订。

3. 自信心

为了建立学生的自信心，教学中应提供给学生容易获得成功的机会。例如，教师在课堂提问时注意将难易不同的问题分配给不同程度的学生，使他们都能参与问题讨论。

4. 满足感

每节课都应让学生学有所得，让学生从成功中得到满足；对学生学业的进步多做纵向比较，少做横向比较，避免使学生产生挫折感。

科勒认为，对以上问题的回答将有助于了解目标人群，有助于确定教学设计中的潜在问题。不要假定学生会对所学内容很感兴趣，或者假定学生觉得所学内容与他们的兴趣或工作有关，或者假定他们会自信学得会，或者假定学会后他们会很满足。这些假定几乎都是错的。重要的是，要在教学设计前而不是在教学传递时发现学生的真实感受。

第五章　STEM 教学活动设计

教学活动的设计首先是问题导向的活动，因此，问题该如何设计，为了解决问题需要提供什么样的"案例"作为参考，学生该具备怎样的问题解决的认知技能以及如何培养学生的认知技能，在问题解决过程中对学生的问题解决能力该如何评价是本章要梳理的重点。另外，由于STEM教学活动过程中需要小组协作，完成任务，因此对小组协作的内涵以及常用的策略，本章也做了介绍。在此基础上本章对STEM教学活动设计做综合说明。

第一节　STEM教学活动中的问题设计与"案例"分析

STEM教育强调用跨学科知识解决问题，因此问题的设计是STEM教学活动的第一环。

一、问题及问题解决

（一）问题

对什么是问题，有多种不同的解释。教学中的问题（problem）通常是指疑问、质疑或不确定的事件，是必须要被发现和解决的问题。日常工作和生活中，经常充满不能立即决断的、不确定的状况。比如，为了避免交通拥堵，该选择哪条路线去上班？购买哪个区域的房子性价比更高？如何投资能够加速财富的积累？如何减少校园暴力问题？如何减轻学生负担？这些问题各不相同，然而对教学而言，问题的发现和解决应该能够带来社会、文化或者智力方面的价值。换句话说，问题一定是大家认为值得解决的问题，而不是大家普遍认为没有必要解决的问题。

这一点对STEM教育非常重要。STEM教育一般强调解决实际问题，而这一实际问题必定是有价值的、值得解决的问题。

（二）问题解决

问题解决主要是一种认知过程，当然，情感、动机在问题解决过程中亦有比较重要的作用。在这里，我们主要从认知过程的角度去探讨问题解决。

波利亚在1957年提出问题解决模型，建议问题解决可以分为四个步骤：第一步是理解问题，第二步是做计划，第三步是执行计划，第四步是评价效果。影响问题解决的因素如果归纳为外因或内因的话，外因往往与问题本身的属性相关，内因则与问题解决者的特征有关，如学生的已有经验、知识储备、解决问题的方法策略等。实际上，问题解决过程既有一般性，又有特殊性，不同的问题类型往往会有不同的问题解决途径。例如，医生诊疗疾病的方法不同于教师设计教学活动的方法。

二、不同类型的问题及问题解决建议

（一）故事问题及故事问题的解决方法

1. 故事问题

故事问题是学校教育中经常碰到的一类问题。例如，如从开始学数学时，简单的加法问题："小明3个苹果，小红又给了小明3个苹果，那么现在小明有多少个苹果？"虽然这类问题的创新性或真实性并不是最强，但很明显，它们是最为常见的一类问题，也是被研究最广泛的一类问题。学生从小学就开始解决故事问题，一直到研究生阶段还在解决这类问题。虽然说数学和科学教育中的许多改革试图用更加复杂的真实问题去替代故事问题，但故事问题仍然是中小学和大学学习中最常解决的一类基本问题。这类问题真实地存在于科学、数学和工程的教材中。

2. 故事问题的解决方法

故事问题通常表现为将一系列变量（值）内嵌在一个个浅显易懂的故事中。人们通常这样解决这类问题：首先，学生识别故事中的关键值；其次，选择合适的算法；然后，应用该算法生成一个量化的答案，并且希望能够检验答案。尽管就我们的理解而言，故事问题的解决和迁移需要一些条件，但是学生常常采用技巧、回避问题的方式来解决故事问题。里奇于1960年对这一过程做了详述：第一，用字母表征未知量；第二，将未知量之间的关系用方程式的方式表达出来；第三，解方程，算出未知值；第四，验证或检查这些计算值，看它们是否与原始问题相符合。上述问题解决办法强调对问题进行量化处理，也就是说，问题解决需要做的是将故事中所蕴含的变量（值）用公式去表达出来，然后进行问题的解决。

基于上述方法，学生解决故事问题的主要困难在于选择择合适的算法和算术运算能力的不足。然而，问题解决的失败者往往是那些直接从问题中选取数值和关键词来制订解决办法的人。实际上，当问题解决者将问题语句中的关键词转换成一系列计算的时候，他们常常会出错。因为这一换算过程的转换并不像我们想象的那么容易，从浅显的故事中将语义实体用算法来表征对学生而言存在一定困难，所以解决故事问题不只是将数值转换成公式这一简单的事项。再者，问题解决者首先需要理解相关的文字信息，具备将数据进行可视化的能力和识别问题深层结构的能力，具备能够正确序列化解决活动的能力以及评价问题解决效果的能力和意愿。因此，问题解决并不是简单地将数值放到公式中解出答案。

卢坎杰利等人在1998年提出的关于问题解决过程的复杂性理论对学生使用直接换算策略解决故事问题时遇到的很多困难都做出了解释。该理论认为，在尝试解决问题前，首先要厘清问题中的概念。要想成功地解决问题，需要建构问题的概念模型，并且基于这些模型实施解决方案。概念模型的质量将大大影响问题解决的难易度和准确性，这些概念模型又被称问题图式，是指问题中所呈现出的信息格局的思维表征。为了使得故事类问题解决的策略能够具有统一性，学生必须从故事中建构一个概念模型来展示对该问题中概念的理解。概念模型包括对问题的情境建模、问题的结构建模和问题的算法建模。由于学生常常不愿多花时间和精力来建构问题的概念模型，因此他们很容易犯错，比如选择了错误的算法或者错误的计算顺序；选择了合适的算法，却使用了错误的数值；选择了合适的算法并进行了正确运算，然后就此结束没有进一步解决问题；没有检查答案是否正确，并且很少使用探索式方法等。同时，他们也不能很恰当地将问题解决的办法迁移到新的相似的问题解决上。

那么，学生到底该如何解决故事问呢？学生解决故事问题的能力主要依赖于对故事问题概念模型的建构以及遇到相同结构的问题时对该模型的提取应用能力。因此，当解析问题语句时，学生应该首先搜索出该问题合适的概念模型。为了达到这一目的，学生必须能够识别出问题中的数据项，明确问题情境和结构特征，同时关联问题图式。搜索问题图式（概念模型）涉及识别问题中的数据项或元素，识别这些数据项或元素间的关系，并且识别问题的情境特征。当获取到一个合适的问题图式时，学生应能够成功地将问题进行归类。有一点非常重要，学生忽略掉不相关的情境因素，然后根据相关的结构属性对问题进行归类。学生正确地对问题进行归类是通过对问题与问题间的分类比较完成的。学生头脑中有了问题图式后，就能获取该类问题的概念模型，这是解决问题的关键。学生能够从问题的概念模型中提取出解决这一类问题必要的操作过程，包括所有的策略知识，如什么时候应用这些问题图式和公式等。将数据项分配到表征数据项间结构关系的模型后，数据项和结构模型就直接被转换到一个公式中了。然后，学生预估结果，解公式，并将其与预估的结果做对比。如果解决成功，学生应着手开发新问题与问题图式间更强的关联，以便更好地阐述该问题类型的概念模型。

（二）决策问题及决策问题的解决方法

1. 决策问题

决策问题通常是指要求问题解决者从一系列答案中选择一种解法。传统的决策概念是指提供一系列可供选择的标准，这些标准通常由做决定的人为了鉴别出最优策略而制订。这些标准可能提供给问题解决者，或者问题解决者需要鉴别出最相关的标准。日常生活充满决策问题，比如，我"应选择哪种健康保险？""我现在应该购买哪个学区的房屋？""企业是否需要选择一个新的合作伙伴？"等。虽然这些问题最终一般只需要选择一种解法。但是，在决策过程中，需考虑的因素及决策因素的权重则是很复杂的。

2. 决策问题的解决方法

进行决策离不开从一大堆可选方案中选择一个或几个利益最大或者令人满意的解决方案。决策者可能会从可选的方案列表中选取解决方案，也可能会接受或者拒绝某一可选方案，或者对可选方案的价值做出评估后再进行选择。传统基于实验的决策研究认为，将期望值最大化，选择最好的解决方案是一个计算风险或机会的过程。理性的选择方式常常会首先鉴定评估标准，然后根据评估标准对每一个可选择方案进行评估，给出权重，并且选择具有最大期望值的方案。虽然规范性的标准模型在管理领域得到了广泛认可和应用，却忽略了领域知识和问题情境在决策过程中所扮演的角色。现代研究则更多地认为决策是一个解释过程，决策者为了选择解决方案，需要对每一个可选方案的结果建构出前后一致的解释，通常采用的方式是故事建构。也就是说，当人们搜集支持某一个可选方案的证据时，通常会构造关于每一个可选方案的故事。这些故事通常都会有一个强有力的因果结构。决策者构造出关于某一可选方案的论据，期待这些论据能够反驳其他可选方案，最终从这些可选方案中做出选择。决策和大多数的心理过程类似，执行起来却不一致。可选方案数量、决策产生的潜在损失、关于可选方案结果的不确定性等级以及潜在的折衷方案数量都会使决策进行起来很难，特别是那些不能用概率和具体数值进行客观描述的日常生活和专业领域中的决策问题。

决策问题往往是教学的重点。如何对决策问题进行表征？常采取的方式是将其表征为故事，这是因为故事更容易被人们记忆、理解，而且比说教式的问题表征形式更容易被迁移到新的情境中。由于决策问题往往比较复杂，因此对学生而言，需要分析一些相关类似的案例，通过这些案例向学生提供一些进行决策需要考虑的因素。在复杂的决策中，往往需要小组或者多人进行决策。这个时候，大家的视角是多维度的，而且常常是互相矛盾的，在解析这些不同的观点或立场时往往会产生一系列主题或方案。学生可以利用管理学中的SWOT分析工具对影响决策的各种因素进行直接或间接效果的检验，也可以通过其他分析方法论证决策问题的中心。

（三）故障排除问题及其解决方法

1. 故障排除问题

故障排除是常见的问题类型之一。当人们解决问题时，人们会将故障排除及诊断分析与问题紧紧联系在一起。无论是面对发生故障的机器、患有疑难杂症的病人，还是团队成员之间的沟通障碍，故障排除都试图通过分离系统中的故障状态或替换故障组件以确保系统能够恢复正常。故障排除与物理的、机械的或电子系统的修复有关。实际上，社会生活也包括故障排除和修复。比如消费者维权人士需要负责顾客投诉或不满，这些投诉或不满就是故障状态需要修复。又如，心理治疗师需要对引起患者的心理问题的因素分离出来并进行修复。

故障排除问题属于中等程度的非良构问题。通常引发故障的是有限性问题或是系列性问题。故障排除问题具有以下特点：一是导致问题出现的因素看起来是不确定的；二是需要对故障系统有深度的理解；三是虽然多个故障可能同时发生，但常常表现出单一故障状态；四是可以利用已经成功解决问题的办法解决；五是依据经验解决问题是最有效和简便的方法，但这对新手而言很难做到；六是需要学生对问题的本质做出判断；七是由于系统的复杂性和动态性，因此解决问题的方案会有不同。

故障排除首先是一种搜索故障原因的认知任务，因此完成该任务需要确定潜在的、可能的故障范围。然后，在此基础上查找原因，寻求解决方案，实施问题解决行动。

2. 故障排除问题的解决方法

故障排除的第一步是构造问题空间，它是故障排除者构建的任务环境的心理模型。该模型代表了系统的目标状态、系统组件的常态、各种故障状态、系统结构、控制流以及潜在的解决路径。新手和熟练的故障排除者之间最大的不同在于问题空间概念化的能力不同。例如，经验丰富的汽车修理师往往对各种型号和年份汽车的子系统有较为丰富的表征，能够指出各类汽车的故障倾向。新手故障排除者常常由于缺乏系统知识，常常依赖于问题的外部表征。外在的问题表征包括流程图、原理图或者功能流程图。建构心理问题空间有利于故障排除者更加快速地将发生故障的子系统、组件或者设备分离出来。

故障排除者应该能够根据问题空间中系统组件的常规状态和故障状态找出两者之间的差异，识别出故障组件。故障排除者应用自己对系统的心理模型，首先在心理上将故障添加到系统中并且描绘出可能导致的异常状态，或者回忆以前遇到过的相似状况，然后在对问题解决方案的概率和费用权衡排序，并通过实验——验证。过去的经验对识别组件的错误症状很有帮助，错误症状的相似性是历史知识的一种功能体现。

建立问题空间后，故障排除者开始诊断，检查故障系统，并将它与以前解决过的类似问题进行对比。如果回忆起以前曾解决过的类似问题，那么问题空间就立刻缩小到对一个老问题的描述。有经验的故障排除者会基于先前经验对问题进行分类。当遭遇故障状态时，有经验的故障排除者做的第一件事就是回忆类似问题症状的处理经验。如果想不起先前问题的话，故障排除者需要通过分析已收集到的初始信息，识别系统当前状态与常规状态之间的差异，并根据系统组件的概念模型对这些差异做出解释，然后对故障问题进行假设。高级别的故障排除者与低级别的故障排除者之间的差别在于他们是否能够正确解释已识别出的问题症状。专家根据建构问题空间时所获得的初步信息，形成初步假设以及后续的解释，认为这种相互依存的关系对将系统内与问题有关和无关组件区分开来是很重要的。通过这个过程，剔除与问题无关的组件，初步达到缩小问题空间的目的。下一阶段就是测试潜在假设。

约翰逊等人将假设分成四个等级：一是系统级，该类假设猜测故障发生在系统一级，没有缩小在整个设备或者完整的系统内的问题空间；二是子系统级，该类假设猜测故障发生在子系统一级，并且将问题锁定在系统内离散的子系统内；三是设备级，该类假设猜测故障发生在设备一级，并且将问题锁定在子系统内有限数量的组件上；四是组件（零部件）级，这是最具体的一种假设类型，该类假设猜测故障发生在组件一级，并且会诊断出某一零部件是导致故障的潜在因素。所有的潜在假设生成后，故障排障者就要对这些假设进行测试和评估。测试假设的过程并非总是线性的和直接的，它是迭代递归的。在每一层级，可能会出现两种场景。如果高一级的假设是正确的，那么故障排除者就必须能够对系统中小一点的部分做出更加具体的假设，直到发现具体的故障点。对故障做出假设，并且对假设进行测试。另一方面，如果初始的高级的假设被确认是错误的，那么故障排除者就必须检查自己是否犯了方向性错误，若是的话，需要修订假设和推理。因此，评估和调整自己某个假设的能力，以及贯穿整个诊断过程进行测试的能力，对故障排除者是否能够成长为一位有经验的故障排除者来说是至关重要的。

方案的生成和验证过程与假设的生成和评价过程是相似的。故障排除者需要根据测试结果生成一个或多个修复系统的解决方案。最简单的解决方案就是替换组件的某一部分。在很多故障排除情况中，这是最受欢迎的一种解决方案，因为所需时间少。很多现代系统的组件都被设计得易于替换，因为替换组件的时间比故障排除的时间少。如果生成的不只是一种解决方案，那么故障排除者就需要选择一种最合理有效的解决方案。做诊断时，熟练的故障排除者首先依据他们的个人经验，了解哪些解决办法更加快捷、容易、廉价或者更加可靠。对经验不足的故障排除者，解决方案的生成/验证也是一个迭代过程。故障排除者必须从生成的一系列解决方案中选择出最合理的方案，并且判断出哪个方案能够满足所有的限定条件。经验不足的故障排除者常常会实施不同的解决方案，然后测试哪个方案更为有效。根据测试结果，经验不足的故障排除者接受或者抛弃选定的解决方案。这并不是故障排除最高效的解决问题方式。经验应该消除迭代测试的需求。在解决方案的生成和评价过程中，故障排除者可能发现需要额外的信息来证实或否决选择的解决方案。这些信息甚至会使故障排除者丢弃原先的假设，或者对原有假设做出修改，甚至会对初始的问题空间进行修改。这样，故障排除过程就是一个贯穿四个阶段的不断调整与修改的递归过程。

（四）策略绩效问题及其解决方法

1. 策略绩效问题

策略绩效喻示着各种实时、复杂的活动，实施者常常需要在紧迫的时间和压力下，利用各种方法完成复杂、劣构的行动计划。例如，指挥一场职业足球赛，完成者需利用一系列设计好的战术。行动计划的形成表示一种情境事例或者设计问题。通过战术完成行动计划是一种战术绩效。一般完成行动计划只有几种有限的战术，但专家型的战术执行者能在现场临时发挥，或者建构新的战术。这些调整受背景限制，策略绩效问题可能十分复杂，但它们必须在真实情境下解决。策略绩效问题的战术有多种选择，且这些战术执行起来十分复杂。

2. 策略绩效问题解决方法

策略绩效问题需要问题解决者在高度紧张的情况下处理这类问题，同时还需要保持情境意识。策略绩效问题发生在动态、不确定和变化无常的情境下，相对其他类型问题而言更加非良构。这类问题的一种重要属性就是动态，被解决问题的情境变化有多快，问题变化就有多快。其次，就是这类问题需要短时间内解决，因此需要涉及高风险的后果，如飞行员在紧急情况下需要做出挽救乘客生命的决定并采取行动。

策略绩效问题解决者在目标不明确、条件动态变化和时间紧张的情况下，获得最优解决办法的过程被称为预认知决策。策略绩效问题具有复杂性、决策时间短的特征，分析这类问题所采用的主要方法是认知任务分析法。其关键的过程包括以下四步，即引出事件、核查时间表并找出决策点；逐渐深化对问题的认识，找出事件背后的故事；询问专家与新手在决策时的异同，做评估。

首先是引出事件。根据项目目标，采访者事先拟定好开放性问题。这些问题将专家引导到某类事件，并刺激他们的回忆。这些开放性问题通常抛出某种类型的事件，并且让受访者举例说明，其过去的决策如何改变了事件的发展结果，若没有其在现场的干预，事件发展结果又会是怎样的。这种方法能够帮助专家识别出非常规的、富有挑战性的、问题解决难度高的案例。经验丰富的问题解决者和经验相对较少的问题解决者对案例的决策和行动方案可能会不同。一旦受访者想到了某一相关事件，就要求他们简单地复述事件情节。一般情况下，开始时采访者要求受访者能够完整地从头到尾陈述事件的来龙去脉，采访者就像一位积极的听众，问得很少，让受访者自己叙述、勾勒事件本身。这种不受采访者干扰的受访者叙述内容将为采访者提供一种框架结构，使得他们很好地应用在后续采访中。这种方式让受访者自我陈述事件本身，并根据受访者的叙述组织后续的访谈，使得采访者的潜在偏见得以降低。受访者完成事件的初步陈述后，采访者就会向受访者复述该故事，并且要求受访者补充细节，纠正叙述不当、次序不当，补充遗漏之处。采访者尽量采用与受访者相仿的故事结构、术语、叙述顺序等向受访者重述事件。受访者常常会进行修改，补充相关细节。这一步骤使得采访者和受访者之间就事件看法达成共识。

其次是核查时间表并找出决策点。在访谈阶段，受访者再次回到事件叙述中，将叙述内容结构化，组织成一些有序的片段。这个阶段允许采访者创建一份时间表，采访者可以要求受访者给出关键事件的时间节点和转折点。时间表是依据采访者对重要结果的判断、重要的决策以及采取的重要行动按时间度量表达的。该时间表经过受访者的确认，成为可供参考的共识点，贯穿后续的整个访谈过程。采访者的目的是抓住事件中的突出事件，将它们按时间排好序，并且标识出重要信息点、决策点和行动点。这些决策点代表了子事件间的重要关联，在这些点有多种不同方式来理解情景或者可能存在多种不同行动路线。这一阶段结束时，采访者对整个事件进行概括，并生成一份精炼的文档报告。

再次，逐渐深化对问题的认识，找出事件背后的故事。这一阶段，采访者引导受访者重新回头审视上一阶段中形成的时间链条中的每一部分，采用问题探究的方式将受访者的注意力集中在事件特定方面并征求他们的意见。这些探究旨在逐渐加深对事件的理解，以便从决策者的视角建立起对事件全面、具体以及基于情境的描述。

征询信息依赖于研究目标，可能包括突出线索，还包括对情境的评估和评估基础，预计可能涉及的一些情境，能考虑到的目标和可选的解决方案。由于是针对某一特定的决策和事件引出的信息，因此决策者做出决策的情境完整性，可以作为数据记录的一部分。在这一阶段，当受访者对某一事件展开陈述时，他们通常会有一种重温事件的感觉。采访者将受访者的注意力集中在一系列线索上和情境信息上，引导出线索后隐藏的故事，以及受访者的预期、目标和采取的行动。在这一探究过程中，形成了事件富有知觉线索和决策细节的一个版本，这些数据在传统的口头协定方法中很难得到。这就是隐藏在事件背后的故事。

最后一步可以让采访者将视线从受访者真实的事件体验转移到外在观点上。在这一阶段，采访者常常采用提出"假如……"的策略。他们抛出各种关于事件的变化问题，去询问受访者可能会发生什么不一样的结果。例如，在专家决策的研究中可能询问这样的问题："在这个事件的这一点中，若是一位没有经验的人，而不是一位经验丰富的人在场的话，会注意到'A'吗?会知道做'B'吗？"或者采访者回到每一个决策点上，让受访者找错，并提问他们为什么会发生这类错误，这类错误发生的原因，以便更好地理解事件发展中的漏洞和关键点。最后一步类似风险评估。

（五）设计问题及设计问题解决方法

1．设计问题

设计问题或许是一类复杂的劣构问题，普遍存在于专业性的生产活动中，如建筑、音乐、戏剧、写作、室内装潢、农业生产、计算机科学技术、市场营销、工程设计等。在这些行业中，往往需要专业人员设计产品，进行创造。例如，设计并编写软件程序、设计一个建筑物、设计一辆汽车或者它使用的零件、编写一个剧本、设计一份营销方案等。这些不同种类的设计在假设、设计过程和采取的设计方法等方面存在着差异。按照问题的开放性程度可将设计问题分为三大类，第一类为开放式问题，该类问题常常是无结构的，没有确定的步骤方法；第二类是半开放式的问题，这类问题解决时可以采取一些已经有的、成熟的分解方法；第三类是常规性问题，设计、分解及处理失败情况的方法都非常清楚。

2. 设计问题的解决

在解决设计问题时，需要考虑实施背景中的各种约束条件，以及在设计过程中会出现的约束条件。设计者需要在处理这些约束条件的基础上进行决策。常用的设计过程包括阐明问题，确定功能要求，运用先前知识，分析限制性条件，选择解决问题的办法，建构模型及优化解决办法。单一地教给学生一些原理及一些启发，不会对学生学会如何做决策或者设计有帮助，特别是在情境缺失的情况下。设计一座建筑物和设计一个教学过程是极其不一样的，它们之间几乎没有任何共同的知识或技能，因此情境设计在问题解决中至关重要。

对设计问题，首先需要将设计问题用故事来表达，学生在遇到这些问题时，往往会首先尝试回忆是否有解决相似问题的经验，就设计问题而言，这种回忆不一定会起到积极作用，如果先前经验具有片面性，则会影响目前的设计。无论如何，学生会通过先前经验或者相似经验的案例来帮助自己解决设计问题，经验丰富的设计者往往在解决问题时能够做出更好的设计，他们会搜集更多的有效信息、考虑到更多的选择方案，使得设计过程更为流畅。设计问题的过程往往还会体现为一个循环的决策过程，因此他们会为自己的方案找出合适的理由，去论证设计方案的正确性。设计问题最后的环节需要一定的建模，具体采取哪种建模工具则需要根据产品的性质来决定。

STEM问题往往是一个相对而言复杂的问题、非良构的问题，因此在教学中最初提供给学生的STEM问题有时候可能需要分解为几个不同类型的问题，针对不同类型的问题就需要遵循不同问题解决的规律或原则。在上述的几类问题解决中，会发现问题解决过程中需要先前经验或者相关案例帮助问题解决，因此案例在问题解决过程中起到了积极的作用。

二、STEM 问题解决过程中的"案例"

"案例"对问题解决具有重要的功能，从功能的角度对案例进行分类可以将案例分为不同的类型，将其嵌入到问题解决过程中，可以支持问题的解决。

（一）问题解决案例

传统教学认为，学生必须应用所学知识之后方能解决问题，但基于问题的学习则颠倒了这种顺序，而是认为学生在解决有意义的问题过程中掌握了学习内容。这代表着一种学习范式的转变，它需要通过学生一边解决问题一边进行学习。因此，基于问题的学习具有以下特点：首先，要以问题为重点，学生通过模拟解决真实、非良构问题开启学习；其次，以学生为中心开展教学活动；再次，应以学生自主学习为主、学生之间互相协作完成任务，通过自评或互评逐渐生成学习问题，自行获得学习材料；最后，开展自我反思、自我监控、自我调整学习策略。

基于问题的学习一般包括四个步骤：第一步，组成学习小组，小组一起思考、处理问题，小组成员梳理已有知识、进行假设，按照要求实施学习活动，并试着去定义、划分问题，设定学习目标；第二步，学生自主完成学习任务，理解问题、寻求可能的解决方案，收集和研究资源，准备在小组中交流或做报告；第三步，学生在小组中分享学习内容，重温问题并生成新的假设，根据掌握的知识排除其他假设；第四，总结整理学习内容。研究显示，基于问题学习的学生在以下几个方面有较好的表现——与传统教学相比能够更好地保持记忆，在原理性知识方面尤为明显；能够更好地运用基本科学知识解决问题、具有较好的迁移能力；具有更好的终身学习能力。

在问题解决过程中，案例的质量非常重要。案例的主要目的是帮助学生学会如何解决问题，所以案例首先必须是能够吸引人的，其次要认识到案例的另一个重要的特征——允许学生犯错并修正错误，而且案例问题的解决必须是具有挑战性的（换句话说，学生需要提供一个合适的方案并能够论证它）。在实际的应用中，要解决的问题、类似的案例、不同的角度、已有的经验以及对问题解决起到支持作用的模拟活动等，可以使学生不用进行信息检索去寻找信息帮助解决问题的策略。

（二）良构问题的案例

通俗地讲，良构问题往往是只有一个使人满意的问题解决方案。通常情况下，可以直接运用教学中获得的概念、规则、方法和原理等直接解决良构问题。我们可以把实例看作是一个概念，概念是人们理解和推理的基础，是人们建构出来的用来解释现实现象的心理表征。概念是理解的基础，实例是增进理解的基础。概念的学习可以通过举例的方式开展，教学时一般要求既要举正例、又要举反例，正例有助于概念的泛化，反例有助于概念的区别。学生需要从实例中生成具体的图式，存储到记忆中，在后续的问题解决过程中进行迁移。

利用实例来解决良构问题会用到工作实例中。典型的工作实例包括问题陈述和解决的步骤，用以说明如何解决其他类似问题。工作实例呈现的目的在于帮助学生去建构相应的图式，这些图式可以泛化或者迁移到新的问题解决上。学生应该能够从实例中生成相应的图式，并存储到记忆中去，然后在解决问题的时候进行类比迁移。这种方法通常强调问题的定量表征而忽略了对概念本身的理解，可能会导致学生构建的图式缺乏关于概念之间的关系。

研究表明，使用工作实例可能会使得教学的注意力由问题的目标转向问题的结构和相关的步骤。一种问题类型的多个实例被用在各种问题的子目标的情况下时，工作实例会显得更为有效。如果工作实例中清楚地描述了子目标在解决问题步骤的时候涉及的知识领域，效果往往会更好。在呈现工作实例时，应该注意：为要学习的每个类型的问题提供多个实例；为学习的每类问题提供多种情境；组合每类问题的例子；使用不同的呈现模式来展示工作实例（如视觉或者听觉）；阐明每个问题或者实例的子目标；鼓励学生在学习中或者学习后开展自我解释。

（三）劣构问题的案例

劣构问题往往是指具有多种解决方法、解决途径和少量确定性条件的问题。其主要特点是：问题的构成部分存在不可知，可操控的参数/变量少、目标界定含糊不清的情况；虽然有多种解决问题的方法和途径，但往往也会没有答案；其情境不同，没有可以参考的原型案例；不能很明确地去确定哪些概念、原理对形成方案是必须的，并且能够讲这些概念、原理组织起来；没有一般性的规律可以遵循或套用，没有确定的、明确的方法；需要学生通过表达个人的观点去不断交流、沟通，是一种典型的人际互动过程；需要学生对问题做出判断并能说明理由。

对劣构问题，我们采取的方式是"案例研究"。所谓案例研究，可以将其理解为是对实践活动提供的丰富的描述。在案例研究中，学生可以研究一个他人以前经历过的问题说明，在持续的问题讨论过程中，学生分析解决该问题的相关信息，并且从主人公的角度来探讨案例。在这个过程中，学生的主要职责是分析别人是如何解决这类问题的。案例研究的目的是在真实的情境中嵌入学习，要求学生不仅仅被动接受知识，还要主动学会运用知识解决问题。

案例研究为学生提供了一个很好的解决问题的途径。案例往往是对实际情况的描述，通常会涉及一个决定、一个挑战、一个机会、一个问题或一个组织中的某个人或许多人面临的问题。案例要求学生象征性地以一个决策者的身份去看待问题。好的案例应该具有以下一些特点：案例应该与学生有关；案例应该是真实的，不是臆想的或者胡编乱造的；案例要具有清晰、连贯的结构；案例应该能够激发学生的兴趣；案例应该足够新，至少应该是五年内的案例；案例应该能够对主要角色产生同理心；案例有相关的学习结果，与教学目标相关；案例应该提供包含有争议的问题；问题应该需要做出决定。基于此，案例通常应该以故事的形式呈现给学生，以足够吸引人，因此在坚持故事的真实性的基础上，一定要让学生在读案例时能够与主人公产生共鸣，这会使得案例更为有趣、吸引人。当然了，案例中的问题一定是与相关学科有极大关联的，案例中给学生要提供足够的信息帮助学生得出结论。在这里要注意的是，结论并非是给出的，一定是学生通过系列学习和研究得出的。简言之，案例必须是真实的或者是基于真实场景的，案例中必须包含足够的细节并且以叙述的形式表达。案例的研究过程要让学生产生生成性的思维。

在案例研究中，经常用的方法是学生分析并讨论案例，在学习共同体中开展此项活动。在这一过程中，学生应该能够根据所给定的信息来构建有关问题的结论，能够过滤掉案例中不重要或者不相关的信息，能够推断出案例中未呈现的信息，能够把案例中的论据进行合并，形成一个问题解决方案。

研究显示，案例研究比传统的说教式教学更为有效，学生运用理论和分析问题情境的能力均有所提高，有利于学生通过讨论多角度识别案例，并对案例进行批判，有利于促进学生高阶思维的发生。

（四）类比案例

使用类比来开展教学有着悠久的历史。从认知注意的角度看，类比是把信息从一个特殊对象转移（或者映射）到另一个特殊对象的过程。类比推理往往是通过将新观念与已有观念的属性进行比较，帮助学生更好地理解新观念的过程。因此，类比的基础是属性相似或属性之间的关系相似。教师在进行类比举例时需要使用学生熟悉的类比物。

只有在类比物之间的关系具有意义且一致时，类比过程才有意义。在使用类比帮助学生学习时，应该遵循以下过程：向学生介绍目标概念，帮助学生回忆他们知道的类比概念，明确目标物和类比物的相关特点，将目标物和类比物的相似点进行联系，得出关于目标物的结论。

在解决问题时，学生可以用类比来帮助学生掌握问题的概念，也就是问题的图式。当学生去检查那些能够帮助说明特定规则的工作实例并将实例中学到的经验应用于解决新问题时，他们更倾向于应用与目标问题最为相似的案例。学生往往不能正确地回忆或者再次使用某些例子，因为他们的检索是基于目标问题与案例的表面特征进行比较，而不是与案例的结构特征进行比较。

为了强调不同种类问题的结构属性的不同，不同类型问题的教学应该由不同的类比问题给予支持。问题之间的类比是将原问题中的关系模式映射到目标问题上。当使用问题进行类比时，目标问题就是要解决的问题，需要呈现给学生结构相似的类比问题进行比较和对照，方便校对。通过向学生呈现类比问题，提高学生建构和陈述问题图式的能力，是具有潜力的教学策略。

（五）先前经验案例

在面对新的问题时，在无法立刻获取解决方案的情况下，我们首要的任务是尽力回忆之前解决过的相似问题。如果记忆中有相似的案例，便进一步唤起目标、细节和具体的解决方案，并决定是否继续沿着该案例的方法来帮助我们去解决当前的问题。实际上，常常是那些和当前问题最为接近的案例最先被回忆，如果这个被检索到的问题和当前的问题相匹配，那么就可以采取先前的问题解决方法。否则，就需要对方案进行修正并测试，如果经过修正的方案管用，那么我们便会将这一新的解决问题的方案和具体的细节一起储存到记忆中，方便在未来需要时进行检索和应用。

先前经验案例被用来支持问题解决，第一种方法是公开已经汇编的案例库，包括叙事、故事、案例。学生可以思考问题情境与先前经验案例之间的异同，在面对新的问题情境时接触先前经验案例，学生可以在批判、重建、检验已有的问题的基础上采取行动。因此，一定程度上，建立案例库非常重要，在建立案例库时，应该含有索引的方式，索引应该确定常见的情境元素、尝试过的问题解决方案、未能达到的目标或者吸取的教训等。索引通过将新问题与存储在案例库中的问题进行对比检索。每个案例都是案例库中的一份记录。

在应用案例库来解决问题时，应该包括三个基本步骤：一是唤起以往经验；二是根据先前的经验或教训来阐释新的环境；三是改变以往的问题解决方案使其满足新的环境。

（六）不同观点的案例

脱离情境、基于主题的传统教学形式常常试图通过简化概念以使知识变得更容易传播与理解。这种简化教学常常认为：对没有先验知识的初学者而言，传递给他们具有一定复杂度的内容不太可能，因此按照初学者有限的知识经验作为基础，为了使概念容易理解，我们必须对概念加以简化来开展教学。在实际教学中，往往使用简单的案例来做类比，这使得教学中的概念你经常被过度简化。实质上，我们的教学需要做出改变，这种改变就是提供给学生更多能够传播理念的案例，以方便我们更好地解决生活中复杂的、劣构的问题。

在传统的内容传播方式中，观念可以以情境独立和内容独立的事实形式进行传递。这种知识一旦被掌握，则很容易被迁移到不同的情境中。学习情境论认为，如果教学脱离了情境，教学则会失去它的意义。基于这种理念，教学时需要建构一个教学情境，并进行精细化。因为在真实情境中学到的知识更为持久，学到的知识更具有生成性、高阶性、更具有意义，学习也更容易迁移。当然了，情境化教学并不以是抛弃现有的抽象概念，抽象概念依然是学生学习迁移中比不可少的要素，也不是所有的知识学习都需要具体的情境，也不是所用的情境都会起到积极的促进作用。情境只有在学生已有的经验和理解的范围之内，才有意义，才会对学生起到促进作用。

为了能够表现出问题的复杂性和不良结构，需要提供案例以传导隐含在劣构问题中的多重视角。首先，为避免过于简单化的教学，需要强调观念的相互联系和内在关联，不能将实际或专业的问题看作是简单线性的决策；其次，要提供多重内容表征，在教学中使用多重类比来达到对这些心理表征的理解；再次，需要依据多个案例来解决问题，案例越丰富，学生就更有可能掌握问题迁移的技能，在真实情境中传播概念，学生更能明白问题所蕴含的含义，从多角度去诠释问题；第四，学生应能够自我构建完整的、与个人经验相关的框架结构，而不是完全依赖那些规定好的知识结构。

（七）模拟案例

模拟，就是对某些现象、事态或者过程的模仿。模拟通过让学生在物理的或者抽象的系统内操纵关键特征或变量来模仿现象。当前教学中，存在着很多种不同的模拟，包括实验室模拟、城市模拟等。

使用模拟案例可以让学生练习解决问题的过程，尝试利用这些方法去解决问题。模拟案例可以为学生提供与问题表征交互的机会，模拟的形式取决于解决问题所需要的活动的本质特征。学生应该直接参与到他们所要解决的问题中，从而获得实验问题的要素，并立即对实验效果进行验证，不同类型的模拟可以支持学生的参与。

模拟通常需要符合学生需求，这就要求模拟过程应该能够支持学生的有意义学习。对传统的科学课程而言，迎合学生的特殊需求相对而言更容易一些。如果想要创建一个对模拟案例有用的问题解决环境，则需要构建自己的模拟过程，有三种方法可以构建模拟：一是创建学习对象；二是使用工具；三是聘请专业的模拟建造者。

在早期的研究中，很多研究认为模拟的效果有限，模拟缺乏有效性的原因很多，包括对模拟中变量之间的关系在概念上的认识不足等。操作一个模拟过程并不一定会引起学生的更深层次的参与，深层次的参与需要理解变量之间的因果关系。这种理解往往有赖于在操作模拟模型前知晓假设，并能够对可能进行的假设调整，进而对带来的模拟结果做出反馈。

为了使得学生在模拟学习时对所体验的问题有更为清晰的认识，需要为学生提供一系列的支持。首先，我们建议学生要直接使用领域知识，其次要为学生提供支架，支架包括问题提示和建模，问题提示时使学生能够将注意力集中在定义的模拟的基础模型的因果关系上，我们可以用这样的问题使学生辨别那些形成假设过程中需要的问题要素。学生需要将他们的图式与操作结果结合起来，以便于模拟问题，利用模拟的有意义学习需要学生做出反应并解释他们所期望的学习结果。

上述所描述的不同类型的案例，在问题解决过程中既可以为学生提供解决问题所需的概念、原理、模型，又可以加强学生的认知灵活性，对学生解决问题的学习至关重要。对STEM教育而言，问题往往是复杂、非良构的问题，解决问题的知识会涉及不同的知识领域，因此在解决问题过程中并不是仅仅某一类型的案例即可，很可能是多种类型案例交互使用方能更有助于STEM问题的解决。

第二节　STEM教学活动中问题解决的认知技能与评价

一、STEM 教学活动中问题解决的认知技能

不同类型的问题需要不同的认知技能，而且需要嵌入需要解决的问题中。在实践转化为问题解决过程，必需的策略有认知策略、元认知策略。

（一）定义问题：问题图式

在问题解决过程中，学生不仅要能够找到解决问题的合适途径，还需要具有举一反三的问题迁移能力。换句话说，学生应该能够辨别出自己正在解决问题的类型，即属于哪一类问题。达到这个目标，学生应能够构建出解决这一类问题的图式。相对而言，由于良构问题存在已知的问题类型，它的图式在建构时会容易许多，而劣构问题的图式在建构时则困难更大。

问题图式表示人们用于识别正在解决问题类型的知识结构。问题图式包含问题的语义和情境信息，并与解决该类型问题所需的程序相关。对一个问题的理解包括两个方面，即通过理解文字中词语的含义来表征信息模式，以及通过建构概念模型来表征文字所描述的情境。构建问题图式对任何领域的问题解决都非常重要。对问题分类对问题的理解和问题解决技能的迁移非常重要，新手常常看问题只看表面，而不是问题的结构特征，这很容易造成对问题分类的错误，这会导致问题无法很好地解决。

在解决问题时，学生需要将故事问题所描述的情境与故事问题的概念模型的结构属性联系起来。问题中的命题结构是问题宏观结构的连贯表征，而情境特征则代表了处于特定背景下的问题元素。结构和情境特征互补的，初学者通常根据问题的情境特征来对问题进行分类，而有经验的问题解决者则基于结构特征来对问题进行分类。初学者往往只注重思考问题的情境而忽略决定问题分类的概念属性，常常根据表面特征或者情境属性来对问题进行分类，有经验的问题解决者则侧重于基于结构属性对问题进行分类。虽然许多心理学家认为问题的情境特征不利于学生理解问题的结构属性，但也有学者认为问题解决者能够基于情境特征来理解问题、解决问题。所以，成功的问题解决者能够整合问题故事的结构和情境。

问题图式包含结构和情境特征。因此，有效的问题图式首先应包含许多结构特征，问题解决者应该了解问题中所存在的元素，以及这些元素之间是如何相互影响的，也就是这些元素之间的结构关系。问题图式还包括对问题解决过程的认识，何时何地使用不同的程序以及解决问题所需要采取的行动是问题图式必须具备的要素。另外，对问题图式概念的界定需要有着明显的意义。

对如何促进问题图式的构建，我们希望学生能够通过范例、类比案例、不同观点的案例或者自己构建的案例去发现问题图式，将图式存储在记忆中，在面对新问题的时候能够举一反三地迁移运用这些图式。这些迁移运用是将一个问题的概念（图式）应用于另外一个问题。

为了创建问题图式和迁移问题解决策略，学生需要为正在解决的问题类型创建图式，包括解决此类问题的语义和情境信息，从而展示其对问题的概念理解。在构建图式时，可以采取结构图的形式，特别是对良构领域的问题，问题的类别往往包含有限数量的可能的问题元素，它们彼此之间相互联系，每对元素或者每个元素组合代表一个命题，应用结构图可以为学生提供问题分析工具。提问是学生解决问题的又一重要技能，学生除了应该能够回答量化的问题外，还应该能够回答和他们正在解决的问题相关的概念性问题。让学生对问题进行归类或分组也有利于学生构建问题图式，一种方法是提供给学生成对的问题让学生在比例尺上标处这些词语的相似度，另一种方法是向学生提供一个问题，要求学生对问题进行归类，还有一种方法是选择一些问题，提供给学生，让学生对问题进行分组。使用类比编码的方式也是构建问题图式的一种有效措施。

（二）类比比较问题

教师为了教会学生如何解决问题，通常需要展示解决问题的程序和方法，然后让学生使用该方法解决新问题。从一个范例迁移问题解决技能到新的问题，需要学生能够从范例中建构出此类问题的图式，并能够将该图式应用于新的情境。教师如果只使用一个范例，往往会使学生仅仅侧重于对问题解决过程的模仿，从而忽视了问题的机构特征，导致学生无法回答出他们正在解决的问题的具体类型，并不能将问题解决的方法应用于不同的问题。因此，学生往往需要类比比较多个问题，方能更好地解决问题。

为了解决新的问题，学生通常需要类比比较结构相似的问题。类比编码是学生通过比较两个模拟量的结构相似性，推导出抽象的问题图式。在类比编码过程中，学生要比较多个且往往是成对的模拟量的结构属性。研究表明，相对单一范例来建构和迁移图式，比较两个模拟量的结构相似度能够更好地促进理解、图式建构和长时间的跨域不同情境的迁移。当学生直接比较两个范例时，学生可能更关注其结构的相似度，如果只提供一个范例，学生可能更关注范例表面的特征。类比能够促进学生关注结构方面的共同特征，包括共同的原则和图式。因此，类比编码更有利于学习的发生。

类比编码，首先要解决的问题与类比复杂程度及其领域依赖性相关，类比编码很少用于复杂问题和劣构问题。其次要解决的问题是如何引导学生进行类比。研究显示，学生对案例的比较并非自动发生的，提供给学生多个案例并不能带来比较结果的发生。因此，在学习过程中，应该明确地指出案例之间的关系结构以促进知识的迁移。再次，应合理采取提问的方式帮助学生去类比比较问题，帮助学生采用"提问—回答"这种自然界最普遍的对话形式对需要深度推理的问题进行推理。"提问"经常被用于引导学生去关注成对问题的结构特征，提问的目的在于引导学生去比较结构相似的问题或者去比较结构不同的问题，对这类问题的解答不能用"对"或者"错"直接回答，还需要对学生提供解释性的反馈以至于帮助学生更好地去理解比较问题的结构关系。另外，结构图也是帮助学生类比比较问题比较好的一种方式——结构图可以列出所有可能的元素及其结构关系。

（三）理解问题的因果关系

因果关系是解决问题所需要的最基本的认知技能，问题由因果相连的问题元素或者因素组成。因果关系的目的在于做出预测、寻找蕴意、进行推论和提供解释。预测是指从给一个条件或者一系列条件或者是某个事件的状况来推理出他们可能引发的结果，预测代表了前因和后果之间的一系列可能关系，也就是说，有可能是由于很多因果关系的产生导致了某个结果的发生。预测可以预报某个事件，也可以用来检验假设去验证或者推翻科学假设。蕴意是指基于可能的因果关系从一系列的条件或者状况寻求蕴意，寻求蕴意表示寻找起因可能会带来的结果或者事件，但并不一定知道这个结果是什么。寻求蕴意需要从一个前因寻找被期许和未被期许的结果。任何事件的蕴意都无法被准确预测到。推论是当一个结果或者状况已知而原因未知时而进行的活动，也就是人们反向从结果推理出原因。由于结果很大程度上是已知的，在其发生的特定条件下往往只有有限数目的原因可以被推导出来，因此推论的一个主要功能便是诊断，诊断就是辨认已发生的某件事情的原因、源头或者理由。预测和推论是两种最为常见的因果推理形式，人们为了理解预测、行为和结果之间的关系，通常需要反向推论来发展出一个因果模型，预测是前向的推论，前向的推论往往需要基于反向的推理。前向预测和反向推理是两个不同的过程，研究表明，从因到果比从果到因更为容易，因此需要预测的问题往往比需要进行推论的问题更为容易解决。

因果关系是描述两个或多个实体之间的关系，也就是说是一个事件、行动或者某个条件的出现决定了另外一个实体、行动或者条件是否发生。因果关系具有以下三个重要属性：因与果在时间和空间上是相邻的；因需要发生在果之前；因和果总是关联的。虽然因果关系通常来自实证观察，但仅仅依靠实证的描述并不能够实现对因果关系的充分理解。对因果关系的描述通常强调通过三个主要原则来验证因果关系，包括协变原则、优先原则和机制原则。协变代表一个元素持续影响另一个元素的程度，描述了因与果的实证关系。机制原则强调用质化的方式去描述因果关系，采用概念的机制来描述为何一个因造成一个果，为什么这个因会产生这个果。因果关系的协变解释与机制解释是互补的，如果学生能够通过观察来发现两个变量之间的协变关系，但如果学生不能就协变如何以及为何发生提出机制的解释，这就意味着他们不能真正理解这种关系。在构建协变和机制的解释中，学生需要掌握关于协变和机制的几个方面。为了通过因果推理来做出推论和预测以解决问题，学生必须能够解释因果关系的多个方面，包括任何因果命题的协变属性和机制属性。

为了能够解释和应用因果关系，学生必须解释他们正在学习的因果关系的协变属性。首先，依据时间优先权，原因必须发生在结果之前，为了理解和应用因果关系，学生必须能够准确地描述因果关系发生的时间顺序，即使多个原因同时发生，学生也要能够准确地描述该因果关系的顺序。其次，学生应该能够描述因果关系的方向，即由于原因导致的结果的方向，也就是说，原因产生了积极的结果还是消极的结果。再次，还需要描述由于原因而产生的结果的程度或者说是因果关系的强度，"价"是描述因果关系强度大小的单位，可以用语义或者量化的方式来表述，常见的量化表述方式包括实际数值、百分率的增加或减少、回归方程或结构方程模型等。第四，学生应该能够描述因果关系的概率。第五，学生还应能够描述因果关系的持续时间。第六，学生应该能够描述因果关系的及时性或延时性，也就是说，由因带来的果的影响是立即的还是会发生一定的延迟。

上述我们对因果关系的描述是基于单向的过程。实际上，因果关系很多时候是循环形的，也就是说系统中一些成分影响了其他成分，而后者又会反过来影响前者。因此，学生需要能够辨别因果关系之间的循环关系。另外，学生需要不能过于简单、笼统地去理解因果关系，应该对整个因果过程有整体而全面的理解。很多因果关系取决于不同原因的合取，也就是说很多结果是由于两种或者更多的原因必须同时存在才引发的。当原因被联合起来时，分辨它们对结果的单独作用就非常重要，学生必须能够区分哪些是使结果发生的原因、哪些是使结果发生的直接原因。当一系列影响因素都存在时，任何一个都可能产生结果。但是，在当前案例下无法查找到具体是由于哪个原因导致了结果的产生，这就需要学生能够析取出到底是哪一原因产生的结果。

（四）问题解决的提问策略

提问是问题解决的核心。问题代表着答案或者是解决策略未知的情境。因为几乎所有的问题都包含着未知量，所以进行提问和回答提问对问题解决都是直观重要的。为了更好地解决问题，学生通常需要掌握提问和回答问题的技能和策略，如我们对问题有哪些基本的了解、这些是否是常态的问题、那些是可能的问题、引起这些问题的原因是什么、我们该如何解决这些问题。研究显示，问题的数量多并不一定能够反映学生对问题的理解，关键在于提问的质量，好的提问应该是基于解释的。提问可以通过多种途径来促进问题的解决。回答深度推理的提问有助于学生阐明因果关系以及目标、计划、行动和逻辑判断的过程。在问题解决过程中，提问可以起到脚手架的作用，可以帮助学生弥补完成任务时存在的能力不足的问题、提供合适的认知工具等。实际学习过程中，问题解决都需要学生去提问。

提问的种类很多：验证性提问，如"确定这个问题的答案是3吗？"；概念完成的提问，如"这个是什么意思？氮气可以溶解于哪种液体？"；析取的提问，如"答案是A还是B？"；定义的提问，如"什么是'勾股定理'？"；举例提问，如"有哪些液体变为气体的例子"；比较的提问，如"水和冰有什么不同？"；解释的提问，如"为什么采取这种方式可以解决网络故障？"；前因的提问，如"是什么原因导致了网络故障？"；后果的提问，如"如果网络出现故障，会对目前的工作有什么影响？"；目标定位的提问，如"如果采取这套方案，我们可以解决哪些具体问题？"；实现的程序的提问，如"风暴是怎样形成的？"；实现的提问，如"你是如何将牛奶制作成酸奶的？"；期望的提问，如"为什么小车没有达到目的地？"；判断的提问，如"你确定采取A方案可以正确解题吗？"；断言的提问"我还是无法理解。"；请求、指示的提问，如"我是否可以打开开关"，等等。

可见，提问的种类有很多，这些提问在学习过程中都有助于学生理解知识，但并不是所有提问对问题解决都同样重要。下面我们将呈现几种对问题解决相对而言比较重要的提问类型。

首先，提问应该是与任务相关。学者认为，提问应该与四大类问题解决过程相关，即问题的表征、策略的提出、证明、监督和评价。具体提问应该包括：我是如何界定问题的和我需要提供什么解决策略。学生应该根据提问提交问题解决报告，主动探究问题解决各个阶段的相关因素、信息和限制条件，能够组织、计划并阐明问题解决策略，建构基于问题解决指明的因素论证，能够评估问题解决办法，并且证明最可行的问题解决方法。

其次，应该使用元认知提问来引导学生监督自身问题解决的表现。研究显示，成功的学生能够有效地监督自己的问题解决过程，提问对激发学生的元认知活动具有很好的效果。提问可以包括计划提问、过程监督提问和效果评估提问：计划提问可以参考下列问题"问题是什么？我们试图要做什么？对该问题我们目前有哪些了解？我们获得了哪些信息？这些信息对我们有什么帮助？我们的计划是什么？解决这个问题是否还有其他方法？如果这样解决问题，会发生哪些可能的情况？后续我们该进一步做什么？"；过程监督提问可以参考下列问题"我们是采取了计划或策略？我们是否需要拟定新的计划？我们是否需要采用不同的其他策略？我们的目标是否有改变？我们当前的目标是什么？我们的方向是否正确？我们是否离目标越来越近？"；效果评估提问可以参照"什么策略奏效？什么策略不奏效？我们下次该做出哪些改变？"，等等。元认知策略有助于帮助学生补偿知识的不足。如果学生在自我管理过程中，发现自身的不足并通过提问来弥补这些不足，那么他们可以更好地进行学习。

再次，学生应该能够对正在解决的问题进行分类。为了促进问题解决策略的迁移，要能够建构有意义的问题图示，包括与正在学习的问题种类相关的结构、过程和策略的模型。为了建构问题图式，并对问题进行分类，学生需要为每个问题的类型建构结构以及概念模式，提问可以用于引导学生关注问题的结构属性，还可以利用提问来关注类比推理、因果关系等。

在问题解决过程中，将提问整合进去，需要有效地将提问提示穿插到教学材料中。它可以是在问题解决前提问可以起到导向作用、在问题解决过程中可以向学生提示需要注意的事项或者起到支持作用、在学习活动后可以作为总结和综合性活动。另外，同伴之间的交互式提问在问题解决过程中也常被使用。在这种交互过程中，教师可以发挥示范作用，引导学生互相提问，提高总结和提问的质量。提问可以帮助学生在学习过程中进行思考，这就需要学生对提出的问题进行回答，要求学生提供有利于深层次的思考性答案。

（五）问题建模

研究表明，学生之所以不能迁移其问题解决技能，通常是因为学生不能很好地构建问题图式。学生之所以不能解决结构相同的问题，往往是因为他们急于寻找正确的方程式，只关注问题的表面特征，对问题缺乏充分的概念理解。科学领域的实践通常是建模、检验和应用的过程。因此，针对科学领域的教学应该能够促进学生去构建和使用模型。当然，这也适合于所有学科领域知识的学习。建模是自然的认知现象，当我们遇到未知现象时，人们会自然地建构关于该现象的个人理论，并用一种非正式的模型去表征。建模支持检验、猜测、推论等有用的认知技能的发展，建模需要学生阐明自己因果推理的过程，建模有助于概念的转变，会引起外变化表述的心理模型的建构。学生在建构模型过程中，拥有了知识。

一般模型构建时，往往包括三种：数据模型、理论模型、实验模型。数学家常构建数据模型，如不同的方程式；理论模型通常是系统元素或因子的抽象表征；实验模型常被用来检验理论模型，具体包括行动的指示、样本人群及描述、实验变量及采取的统计方法、比较假设和观察到的数值度量。学生大脑中存储着模型，现实世界中也存在着他们所创建的模型，学生大脑中存储的内在心理模型和外在的模型存在着动态的、互惠的关系。内在的心理模型为外在的模型提供了基础，外在的模型又反过来限制和管理着内在模型，进而提供概念转变的方法。

在问题解决过程中，学生需要从问题当中抽离出相关信息，并重新建构问题。问题和学科知识联系起来才能进行有意义的问题解决，因此需要学生联系最初的问题表现形式构建起有意义的可以被操纵的内在的表征。实验证明，问题迁移技能常取决于问题的内在表征。问题的心理表征之所以对问题解决如此重要的一个原因是学生会选择对他们自己有意义的方式来表征问题，他们会将给定的外在表征在转化成他们所熟悉的或者对自己更为方便的表征形式。

内在心理的表征如何更好地表现出来，需要借助一定的工具，计算机则作为一种主要的支持工具被广泛使用。概念图常被用于问题建模。所谓概念图就是对概念及概念的相互联系的空间表征，被用于表征人类存储在记忆当中的知识结构。这些知识结构又被称为认知结构、概念知识、结构知识和系统知识。概念图由代表概念的节点和带边概念之间的关系的有标识的线组成。在绘制概念图时，学生可以使用新的命题来详述或者更深入地认知有用的概念，进而对知识获得新的理解。同时，在绘制概念图的过程中，学生可能会使用到相关技术对概念的关系和模式进行搜集，进而增加了知识的数量。研究显示，组织良好的知识对问题解决十分重要，学生必须理解任何问题领域的概念间的关系，才能更有利于迁移问题解决技能的发展。专家系统常被用于模拟专家推理，用来支持做出与问题相关的决策。专家系统通常包括一个知识库，其中包括关于对象的事实和关于对象间关系的规则，且常被用于量化表征因果关系。新手在遇到问题时求助于专家系统和求助于人类专家的效果几乎一样。系统可以向新手询问具体问题的性质，然后对规则库进行搜索并提供建议。系统模型是对系统中各个因素的动态关系的概念性和推测性的表征，用以模拟相关条件和行动。学生可以使用系统建模工具来测试他们所创建的模型，并且对图、表或者动画中的输出量进行观察。因为系统建模支持学生获得对问题的策略性理解，所以相对其他工具而言，为问题建构起系统模型能够更好地支持问题的解决和迁移。

（六）解决问题的论证方法

论证是人们解决问题的方法，一个论证往往包含解决问题的办法以及解决问题的理由，并且会有相应的论据去支持。虽然要解决的问题各不相同，但是论证无论在良构问题还是劣构问题方面都具有重要的地位。一个好的论证一般有三个标准，即相关性、充分性和可接受性。相关性是指要论证前提与结论之间是否存在着充分的关系，充分性是指前提是否为结论提供了充分的证据，可接受性是指前提是否为真（或者是否可靠或可能）。在论证时，学生应该掌握以下五种技能：能够提出因果理论来支持主张的技能、能够提供论据来支持理论的证据、提供其他可能的理论、提供反面论证、对其他可能的理论进行反驳。

由于学生通常急于用自己的认识论来论证自己的观点，而非努力寻求证明或驳斥的证据，一般他们会存在以下方面的不足。首先，教师由于在课堂中缺乏对学生论证的指导导致学生缺乏锻炼论证的机会；其次，教学时间有限等因素的教师需要在课堂中尽可能地教授学生更多的学习内容，因此学生往往没有足够的时间去发展论证技能；最后，学生往往因缺乏足够的先前知识而导致无法很好地进行论证。

经常被使用的论证方法有修辞性论证、辩证性论证。修辞性论证是一种常见的论证形式，是论证者和听众之间的一种对话。修辞性论证的主要目的是去说服别人，不管别人持有何种观点，都要使其相信论证者的主张。因此，衡量修辞性论证的成功标准在于得到多少听众的认同。辩证性论证是不同主张拥护者之间的会话，其主要目的是解决意见分歧。在进行论证时，可能会采取对抗的形式使得反方信服某个主张，也可能会以多个主张为折中目标。

显然，为了促进学生参与到论证中，我们应该提供相应的支持。其一便是为学生提供指导，指导的目的在于促进学生进行某种形式的论证。常见的指导是提供反面论证。另外一种常见的促进论证的方法是提问，特别是对一些具有争议性的问题进行提问。当前还有一些工具和环境可以为学生呈现视觉性的论证，通过视觉来呈现论证，学生和教师都能够很容易地看到论证的结构，这不但有利于学生严谨地去构建论证，也有利于之后的交流。

在将论证应用于具体问题解决过程中，论证的目的在于支持更好的问题解决者或者评估学生对领域知识的理解情况以及问题解决技能。论证可以用于对有关问题的理解和解决方法进行辩护，让学生建构论证来支持他们对问题的理解。论证还有助于学生证明问题的其他解决方法，学生可以提出最好的问题解决方法，并用正当的理由或者论据来证明。对论证质量的评估方法最好是对学生的文章或者回答问题的原始记录进行分析，还可以使用一些特别设计的提问来评估。

（七）问题解决的元认知管理

成功的问题解决者与不成功的问题解决者，其主要差别在于对自己的问题解决能力的思考。不管学生的能力倾向如何，相对低元认知能力的学生，高元认知能力的学生能够更好地、更快地解决问题。

元认知目前已经发展为包含有元记忆、元理解、自我监督、自我主导的学习和自我管理的学习的概念。元认知有两个主要特征，即认知的知识和认知的管理。认知的只是包括关于任务、策略和个人变量的知识，也就是说元认知知识包括关于完成不同任务所需要的技能知识、策略性知识和自我知识，还包括关于认知的普遍知识以及关于自己的认知知识。虽然元认知包含的认知知识成分是相对稳定的，但实际上人们还是很难区分什么是认知、什么是元认知。对认知活动进行管理，需要监督自己的理解和控制自己的学习活动，影响元认知的自我管理因素主要包括管理和监督学习，如计划和问题监督活动。自我管理还往往包含评估，如在评估元认知意识时，可以采取自我报告的方式。

研究显示，解决问题的过程存在着普遍的元认知过程。元认知有利于问题解决者意识到存在着一个需要解决的问题，对问题进行定义，并理解如何找到问题解决的方法。具体过程为：发现和定义问题，对问题进行心理表征，设计解决问题的程序，评价表现。

如何提升学生的元认知？一方面可以通过直接培训或者接受指导来提升学生的元认知技能，另一方面可以采用在学习过程中插入问题来帮助学生提升元认知技能。就培训而言，一般关注两种内容：关于特定领域的知识以及关于自己作为学生的知识，另外，还可以通过对错误识别、注意力和精力的分配、详述、自我提问、自我解释、构建视觉表征、激活先前知识、重新阅读困难的文本章节和修改等策略进行培训。在教学过程中插入提问提示，一般可以采取以下提示，以帮助学生提升元认知技能：你是否解决过类似的问题，你认为可以采取哪些策略来解决这些问题，你要采取哪些步骤来解决这些问题，你是否检查了问题回答的准确性？你是否可以确定你的问题回答是正确的，这个问题是否可以采取分步骤的方式来解决？有没有更好的问题解决策略？解决问题的最好的方法是什么？……上述这些问题往往可以提高问题解决的效果和效率。

二、STEM 问题解决能力的评价

对问题解决能力的评价，往往不只是一种形式，这与问题解决能力的丰富性和复杂性不相符、不吻合。因此，想要弄清楚学生是否能够将问题解决的知识和技能迁移到心得问题，就必须使用多种形式进行评价。只使用一种方法对学生问题解决的知识与技能进行评价，不利于学生对知识的理解。很多时候，学生对学习的内容或者知识不能很好地理解，常常因为只采取一种方式对学生进行评价。

（一）通过评估问题图式对学生进行评价

建构良好的问题图式对问题解决非常重要，问题图式可以使得学生确定待解决的问题的种类。一个问题图式除包括解决问题的过程外，还包括包含该问题的结构性、情境性方面的特征。良好的问题图式由于与问题解决的迁移，因此问题图式的质量往往意味着解决问题的能力。这对良构问题非常重要，如能够明确区别出问题属于数学、科学类问题。

那么，具体如何使用问题分类来进行问题图式的评价呢？实际上，当学生建构起良好的问题图式时，学生同时也在学会解决问题，也就能够准确地对问题进行分类。因此，一般会先要求学生对问题进行分类，而不是要求学生直接解决问题。科学课程一般会以问题类型的序列进行教学。问题分类练习会帮助学生构建有效的问题图式，学生会根据问题表面的相似性去概括问题图式。教师帮助学生根据结构性特征进行问题归类，会促进学生问题图式的发展。问题排序法也是一种评价问题分类的方法，它一般不要求学生解决一系列问题，而是去呈现问题、要求学生将其按概念归类整理。

文本编辑也是一种评价问题图式的有效方法。文本编辑可以呈现标准问题，问题涉及哪些数据应该被添加、删除或者保留，学生必须分辨出问题中包含的是充分的信息、还是不相关的信息或者是不完整的信息。学生只有明白这些是什么种类的问题，以及哪些元素适合于此类问题等，才能回答问题。这些问题虽然表面上看起来比较简单，学生却往往很难回答，尤其是学生需要对答案做出解释时。文本编辑的一种变式是问答式问题，其基本方式是为学生提供一部分问题解决的方案，要求学生去辨认与该方案相对应的情景。

对类似问题的比较可以评价学生的问题图式。类似问题比较强调学生找出问题间的结构相似性和差异性，最简便的方法是成对呈现问题，让学生找出一定范畴内问题的相似性。研究显示，新手和专家的区别在于专家能够根据深层次结构判断相似性，而新手往往依赖于问题的表面特征进行对比。类似问题比较的另外一种形式是呈现一对问题，让学生找出问题的元素以及问题之间的相似性和差异性。如采取多项选择题的形式让学生去辨识。

（二）对学生的认知技能进行评价

因果推理作为问题解决过程的重要认知技能，在问题解决过程中起着重要的作用。那么，如何对因果推理进行评价呢？从认知加工的角度来说，问题解决在很大程度上是要认识问题元素之间的因果关系，去推论引发特定状态的原因以及预测一系列条件可能会引起的状态变化的过程。换句话说，问题解决方案实际上就是由原因引起的结果或影响。为了询问因果问题，需要构建一个情境，让学生能够基于该情境进行结果的推断或预测。也就是说，需要学生将这个因果关系应用于一个新的情况。

问题解决的绩效如何，也需要加以评价，如学生是否能够解决曾经被教过的类似的问题，学生能够很好地解决问题，学生的问题解决的怎么样等。常被用到的方式便是评价量规。很多问题，特别是那些科学问题，要求学生通过推导得出正确答案。评价这类问题是否被很好地解决，需要包含正确的答案和正确的推导顺序。我们也会采取编码的方式去评价解决问题的过程，当学生解决设计问题时，让他们大声地说出自己的想法，并且编入其中一个编码，不同种类的问题采用不同的编码方式。问题解决所用的论证是问题解决的隐形成分，所以学生到底是如何或者为何解决问题的相关论证，也需要进行评价。如果学生能够有效地论证自己的解决方案以及为什么会这样做，那么说明他们可以为自己的问题解决能力提供有力的证据。我们可以采用客观题的方式或者论文等方式去收集证据。

对劣构问题，常常需要学生去阐述或者证明解决方案的正确性。例如，对论文的评估可以参照以下一些方面去进行评估：是否能够清楚地说明结论、其中重要的术语是否给予界定；所采取的资料是否与结论相关；论据是否可靠，是否能够支持结论；是否有考虑到专家的公信力；论文是否有良好的结构，每个论据是否有效地使用；是否有公正地去呈现反面论证和反面的观点；语法使用是否规范以及写作风格是否清晰等。

对由学生建构的情境模拟，可以参考下列内容进行评价：能够确定所有开始的因素、状态和条件；能够假设有证据支持的因素、状态和条件；所有的预测可行且合理；预测是基于相互依存、动态变化的因素，状态和状态之间的关系；要素之间的影响有证据支持；中间事件、行动和后果合理；干扰事件、概率和影响合理等。

第三节　STEM教学活动中的协作学习

STEM问题一般都是"大"问题，这些相对比较"大"的问题，需要学生协作完成，因此协作学习作为STEM教学的一种教学组织形式被普遍应用。

一、协作学习的概念及基本要素

协作学习是通过小组或者团队的形式组织学生开展学习的一种策略。小组成员间协同工作，小组成员可以将其在学习过程中的发现、探索的信息和小组其他成员共享，或者和其他组乃至全班同学共享，学生为了达到共同的小组目标，可以通过对话、协商、讨论对问题进行论证，以获得达到教学目标的最佳途径。这一过程不但可以发展学生个体的思维，还可以加强学生的沟通能力和对个体差异的包容，对学生的学业成绩、批判性思维、创造性思维、乐观的态度等等均有明显的作用。

协作学习一般有四个基本要素，即协作小组、协作成员、辅导教师、协作学习环境。协作小组是协作学习模式的最基本的组成部分，小组划分方式不同，将会直接影响协作学习的效果。一般情况下，一般以4—6人为宜，由于STEM项目需要协作的任务往往较大，可根据实际情况适当增加人数。协作成员是指学生按照一定的策略分派到协作小组中的人员，对STEM项目而言，由于小组完成任务需要不同学科的知识的支撑，因此学生已有的知识基础、擅长的学科内容等需要在分派小组时考虑进去。因此，在分派学生时要充分考虑学生的学习成绩、知识结构、认知能力、认知风格、认知方式等，尽量采取互补的形式提高协作学习的效果。辅导教师是协作学习有效组织、实现教学目标的重要保障，因此辅导教师应该具有新的教育思想和教育观念，能够在指导过程中有效地促进学生的"学"。协作学习环境包括协作学习的组织环境、空间环境、硬件环境和资源环境。组织环境是指协作学习成员的组织结构，包括小组的划分、小组成员功能的分配等。空间环境是指协作学习的场所，如班级或者实验室。硬件环境是指支持协作学习的硬件条件，如计算机、乐高积木、各种器械工具等。资源环境是指协作学习所利用的资源，如图书馆、互联网等。

二、常见的协作学习策略

常见的协作学习策略主要有课堂讨论、角色扮演、竞争、协同和伙伴等五种。

（一）课堂讨论

课堂讨论需要由教师组织引导，讨论的问题也由教师提出。一般而言，课堂讨论的主题有两种情况：一种是学习主题事先已知，另一种是学习主题事先未知。对事先已知学习主题的讨论，在设计时应该注意：应该围绕已经确定好的主题来设计能够引起争论的初始问题、设计能够将讨论进一步引向深入的后续问题、教师要了解学生的最临近发展区并通过提问来引导学生讨论而不是直接告诉学生应该怎么做、对学生在讨论过程中的具体表现教师要实时地做出恰当的评价。对事先未知的学习主题，特别需要教师具有很强的随机应变能力和临场的掌握能力，因此，教师需要在讨论过程中认真、仔细地倾听每一位学生的发言，关注每一位学生的神态和表情，并根据学生的反应及时地对提出的问题进行正确的引导，要善于发现学生讨论过程中的积极因素并给予及时的肯定和鼓励，同时也要善于发现学生暴露出来的问题，及时给予引导或者指导，当学生的讨论偏离主题时或者纠缠于细枝末节时，要及时正确引导，在讨论结束的时候要对整个过程做小结。

（二）角色扮演

在教学中，通常采用的角色扮演有两种形式，即师生角色扮演和情境角色扮演。师生角色扮演是指让不同的学生分别去扮演学生和指导者，学生被要求解答相关问题，指导者负责检查学生在解决问题过程中是否存在错误。当学生在解决问题过程中遇到困难时，指导者可以帮助学生解决困难。在这种方式下，指导者和学生之间的角色可以互换。但需要注意的是，指导者和学生之间的角色定位往往要具有"知识上的差距"。情境角色扮演时指若干学生按照与当前所学主题密切相关的情境去扮演其中不同的角色，目的是营造一种身临其境的氛围，让学生设身处地地去体验、理解学习内容和学习主题，如在法律相关的课程中，让学生分别扮演法官、陪审员、原告、被告证人等不同角色。

（三）竞争

竞争是指两个或多个学生针对同一个学习内容或者学习情境，进行竞争性的学习，看谁能够首先达到教学目标的要求。由于学生之间存在着竞争的关系，学生在学习过程中受到求胜心的驱使，往往会全神贯注地参与学习，很容易取得良好的学习效果。因此，教师在运用这种策略的时候，要恰当地选择竞争对象、设计竞争的主题，既要避免学生产生受挫感，又要巧妙地利用学生不愿意服输的心理特点刺激学生进一步学习，同时也要突出各个成员间的努力并能够相互促进。

（四）协同

协同是指多个学生共同完成某个学习任务，在完成任务过程中，学生发挥各自的认知特点、相互争论、相互帮助、相互提示或者进行分工合作。为了更好地完成小组任务，学生必须要分工明确，以责任分担的方式进行分工，每个学生必须认识到分工的意义，并且能够根据学生的特点安排合理的任务。在此基础上学生要发挥各自的效能，及时沟通、分享成果。当然了，整个过程都需要教师的指导。

（五）伙伴

这里的伙伴策略跟日常生活中我们对伙伴的理解相似，目的是让学生在学习过程中不感到孤独，而是有伙伴可以与自己互相支持、互相帮助。当一人有困难时，可以找伙伴进行讨论，直至问题解决。

上述五种协作学习策略在STEM教学问题解决过程中经常被用到的是协同和讨论，其他策略也可能会在需要时被用到。因此，采取合适的协作学习策略对完成STEM教学任务至关重要。

第四节　STEM教学活动设计总结

STEM教学活动设计遵循一般教学活动设计的规律，同时又具有自己本身的特征。

一、前期分析

前期分析主要包括学生特征分析、教学目标确定、环境限制等方面。学生特征分析是任何教学活动的前提，如前所述包括学生的认知能力、基础知识、基本技能、认知结构、社会性发展、学习风格、学习动机等特征。对学生进行分析是确定合理教学目标和设计有效教学活动的基础和前提。确定教学目标是教学活动的出发点和落脚点，教学目标既要包括结果性目标，又要包括过程性目标。环境限制需要分析现有的硬件和软件对学习活动的支持，以及由学生特征而引起的劳动分工以及它们可能需要扮演的角色等。

另外，由于STEM教育涉及S、T、E、M之间的关系，在这里S（科学）可以用来解释和T（技术）和E（工程）的原理和原则，为技术发展和工程实践提供信息，T（技术）是为了解决问题，促进S（科学）和E（工程）的发展，E（工程）的目的在于生产出特定的产品用以解决问题，主要是生产技术，M（数学）是S（科学）、T（技术）和E（工程）发展的基础。总体而言，问题解决和项目完成是STEM学习活动的主要目标，科学探究和工程设计是问题解决和项目完成的根本途径。科学探究是加深对数学、科学、技术和工程概念理解和寻求解决方案的重要方法，也是工程实践过程中的重要环节。工程设计是学科融合的纽带，同时也需要基于科学原理、技术手段、数学方法来开展。

二、学习活动设计

（一）活动任务设计

学习活动任务的设计要以教学目标为基础，因此需要在确定教学目标的基础上，将其转化为活动任务。

要确定教学目标，这里可以沿用三维目标的方式去对目标进行表述，但三维目标在表述时应根据STEM特点有所倾向。在知识与技能维度上，应以促进学生对STEM学科知识的深层次学习为目标；在过程与方法维度上，应以引导学生利用科学探究和工程设计的流程和方法、迁移运用多学科知识、完成项目任务和解决实际问题、提高实践能力和创新能力为目的；在情感、态度和价值观维度，应以养成合作意识、提高STEM兴趣、认识世界复杂性和提升自我能动性为目的。

在确定教学目标的基础上，要将教学目标转化为学生学习活动的任务。前面我们对不同的任务类型进行了分析，可以发现"案例"是问题解决的基础，也是迁移的基础。结合STEM教学的特点，在设计STEM任务时，可以将其进行归纳，形成更为有特色的任务形式和任务顺序。

首先，应设计以"模仿"为主的任务活动，这是整个学生完成任务的基础，一般的活动形式是让学生进行观察、初步实践和练习，让学生在模仿过程中获得解决问题的一般认识，掌握解决问题的一般过程和方法。教师应该营造出真实问题情境、对问题进行解释讲解、提供相应的学习工具，学生则进入真实问题情境、按照教师讲解对问题进行探究、并根据教师提供的学习工具进行模仿制作。整个过程中，教师对学生的学习活动进行组织调控、学生完成作品制作后进行经验分享，教师为主体开展评价反馈。

其次，应设计以"科学探究"为主的任务活动。这一任务的目的是运用科学知识和方法对问题进行研究，去验证或发现科学理论，在这个过程中学生自主地去构建知识体系并获得思维能力的发展，包括常见的观察能力、比较能力、猜想能力、验证能力、解释能力和推广能力等。在这个过程中，教师发布任务、学生接受任务，学生做出假设、制订计划、验证猜想、得出结论。在这一过程中，教师为学生完成任务活动提供学习工具、组织调控整个活动过程，最后学生对结论进行交流和反思、教师进行评价和反馈。

再次，应设计以"工程设计"为主的任务活动。这一活动的基本过程是通过描述问题的限制条件，在收集资料的基础上，提出问题解决的方法，然后筛选出最优的解决方案，然后建立相应的模型，并创造出实际的物品，实现想法，最后对作品做出测评，并进一步完善设计。因此，需要教师发布任务，并对任务进行细化，学生在此基础上识别问题，确定具体要完成的内容，设计方案、建立模型、测试优化作品，教师提供学习工具并组织调控整个学习过程。最后，学生分享作品，教师进行评价反馈。

（二）活动支持设计

活动支持设计既包括物的设计，也包括人的设计。物的设计主要指在完成任务过程中需要的硬件和软件资源需要由教师提供，人的设计主要指教师角色和学生角色的设计，由于物的设计主要来自教师能够为学生提供的资源，因此接下来我们将从教师角色的角度进行阐述。

STEM教学对教师角色的要求相对传统教育而言更为复杂一些，教师可能需要集多种角色为一身。在这样一种形态的教学活动中，教师需要从传统的知识传授者向学习的帮助者和引导者的角色转换，要能够为学生提供知识和技能基础，并引起学生对概念及生活练习的思考，从而营造学习任务的情境，帮助学生明确与活动相关的问题，并促进学生进行组内或课堂讨论、协作交流，为其完成学习任务提供资源、技术支持，并持续提供评估和反馈。

对STEM教学而言，学生同样也具有多样性的角色，学生的角色很可能在不同的学习阶段呈现出不同的特点。但勿庸置疑的是，STEM教学的各个阶段都需要学生小组的形式来开展学习活动。因此，对小组而言，学生需要进行适当的分工，方能更好地合作完成任务。在一个小组当中，通常会有以下角色：领导者——主要职责组织团队合作完成思考、讨论和动手操作等任务，并明确团队每个人需要做什么、分工是什么、活动的时间长度、具体的成果；记录员——主要职责是记录活动的要点、阶段性的成果，特别是探究活动中产生的猜想、头脑风暴过程产生的结果，需要注意的是需要将记录内容与全体成员进行分享，避免因个人理解或记录有误产生不必要的误解；资料收集者——主要职责是负责资料的收集；想法输出者——主要职责是提出想法，并对活动过程中产生的问题提出质疑或者解释；操作者——主要是进行动手操作；沟通者——主要职责是与其他小组或者在课堂中进行沟通交流，分享自己小组的想法和作品，或者吸纳来自小组外的信息。学生的具体角色需要根据实际情况去做分配。

（三）STEM活动评价设计

STEM活动评价也是STEM学习活动设计的一部分。STEM学习活动的成果类型一般会包括现行成果和隐性成果。现行成果主要是学生通过任务完成而产生的作品，一般采用的评价方式是评价量表。隐性成果主要是学生在此过程中实现的知识与技能、过程与方法、情感态度与价值观领域的目标，包括STEM学科知识的掌握、解决问题的能力、工程设计方法、科学探究过程、对STEM的兴趣等，可以通过纸笔测验、学生笔记、图示、问卷、量表、访谈、观察记录、组内互评、反思等方式进行评价。关于评价的内容，我们在下一章会详述。

第六章　STEM 教学评价

　　教学评价是指以教学目标为依据，制订科学的标准，运用一切有效的技术手段，对教学活动过程及其结果进行测定、衡量，并给以价值判断。通过教学评价，教师可以了解教学各个方面的情况，从而判断教学的效果，总结教学的优缺点；评价对学生的学习具有激励的作用，研究显示一定限度内经常性地记录学生的成绩对激发学生的学习动机有着重要的作用；评价的结果可以用于教师指导自己的教学，使学生获得成功或者失败的体验，这些都可以为师生调整教与学的行为提供客观依据。对学生而言，评价本身是一种重要的学习经验，要求学生对知识进行复习、巩固和整合，事后可以通过分析进一步去确认、澄清和纠正一些观念。因此，评价本身具有教学的功能。另外，由于评价是根据一定的标准进行的价值判断，这些标准是学生努力的方向，因此评价具有一定的导向功能。

第一节　教学评价的类型

　　按照不同的角度和标准，教学评价的种类也有不同的特点、内容和用途。

一、按评价基准划分

　　按照评价基准不同，可以将教学评价划分为相对评价、绝对评价及自身评价。

（一）相对评价

　　相对评价是在被评价对象群体或集合中建立基准，然后把各个对象一一与基准来进行比较，判断群体中每个对象的相对优劣。因此，对学习成绩的评定通常是以群体的平均水平为基准，以个人成绩在该群体中所处的位置来判断的。为相对评价而采取的测验通常被称作常模参照测验。这种测验的试题取样范围一般比较广泛，命题方式明确直接，测验成绩主要用来表明学生学业的相对等级。因为这里所谓的常模近似于学生群体的平均水平，所以这种测验的成绩通常会自然形成正态分布。相对评价可以更好地了解学生的总体表现和学生之间的差异，对群体学习成绩的优劣进行比较。它的不足是基准会随着群体的不同而不同，因此容易使评价标准偏离教学目标，不能充分地反映教学上的优缺点和为改进教学提供依据。

（二）绝对评价

绝对评价是把教学评价的基准建立在被评价对象的群体或集合之外，把群体中每一个成员的某种指标——与基准进行对比，来判断优劣。教学评价的标准通常是教学大纲或者由教学大纲确定的评判细则。为绝对评价而开展的测验通常被称作标准参照测验。这种测验的试题取样一般以预先确定的教学目标为标准，测验的成绩主要用来表明教学目标的达成程度，因此这种测验的成绩分布一般情况下呈现偏态分布，例如出现高分少低分多的情况，则为正偏态；反之为负偏态。绝对评价的优点在于评价标准比较客观，如果使用合理，可以使每个被评价者都能看到自己与客观标准之间的差距，以便不断向标准的方向努力。另外，教学管理部门可以将这种形式的教学评价直接用于鉴别各项教学目标的完成情况，明确之后的工作重点。它的不足在于在制订和掌握评价标准时，很容易受到评价者的原有经验和主观意愿的影响，同时也不易于分析出学生之间的差异。

（三）自身评价

自身评价是以评价对象自身作为基准进行比较，通常是对被评价个体的过去和现在进行比较，或者是对评价对象的若干侧面进行比较。比如，某位同学上学期的语文成绩是60分，这学期是70分，说明该同学有进步；如果该同学连续两个学期的数学成绩都在90分以上，说明该同学的数学成绩要比语文成绩好。自身评价的优点在于尊重学生的个性特点，能够照顾到学生的个别差异，通过对学生个体内部各个方面进行纵横的比较，判断学生的学习现状和趋势。但由于被评价者没经过与具有相同条件的其他同学做比较，因此很难判定他的实际水平和差距，对学生的激励功能不明显。因而，在实际运用时，常常需把自身评价和相对评价结合起来使用。

二、按评价功能划分

（一）诊断性评价

诊断性评价也被称为前置评价或教学前评价。通常是在一个单元、一个学期、一个学年开始时，且正常的教学活动尚未正式进入轨道之前，对学生的知识、技能、智力、体力、情感等状况进行"摸底"。教师通过评价学生的实际水平和准备状况，判断学生是否具备了实现新的教学目标所必需的基本条件，为教学的决策提供依据，使得教学活动与学生的需要和背景相适配。教育中的"诊断"通常是一个范围比较大的概念，除了包含有辨认缺陷和问题外，还包含对各种优点和特殊才能禀赋的识别。因此，诊断性评价旨在设计出可以满足不同起点水平和不同学习风格的学生所需的教学方案，并将学生置于最有益的教学活动或者程序中。

（二）形成性评价

形成性评价是指在某项教学活动的过程中，为了让活动效果更好而不断地进行的评价，比如一个章节或者一个单元后的小测验，相对而言进行得比较频繁。这种评价形式能够让教师及时了解某一教学阶段的结果和学生学习进展情况，以及存在的问题等。方便及时反馈、及时调整，进而改进教学工作。形成性评价一般情况下是绝对评价，也就是说，大部分的形成性评价目的在于判断前期工作的达标情况。

（三）总结性评价

总结性评价也被称作事后评价，通常是在教学活动告一段落时，为掌握教学活动的最终效果而进行的评价。例如，学期末或学年末的学科考核、考试，其目的旨在验明学生的学业是否达到了各科教学目标的要求。

三、按评价分析方法划分

（一）定性评价

定性评价是指对评价做"质"的分析。通过运用分析和综合、比较和分类、归纳和演绎等逻辑分析方法，对所获取的评价数据资料进行思维加工。分析的结果通常是一种描述性材料，数量化水平比较低或者没有数量化。一般而言，定性评价不仅可以用于对成果或产品的评价分析，还重视对过程和相互关系的动态分析，用以评价变量之间相互影响的过程。

（二）定量评价

定量评价是从量的角度进行分析。通过运用统计分析、多元分析等数学方法，从复杂纷乱的数据中总结规律、得出结论。因为教学涉及人的因素、变量及其关系相对比较复杂，所以为了揭示数据的特征和规律，定量评价的方向和范围须由定性评价来规定。换句话说，定性评价和定量评价是密不可分的，二者互为基础、互相补充，不可片面地只强调一方面而偏废另一方面。

第二节　常用的教学评价方法与工具

一、测验

测验作为一种常用的评价工具，被广泛使用。因此，对测验题目类型与用途有全面的了解并合理地编制测验题，在评价中至关重要。

（一）测验题目的类型

测验题目是测验最基本的构成要素，测验题目编制是否恰当关系着整个测验的质量。测验的题目类型可以分为两大类，即选择型和供答型。选择型一般要求被试在几个选项中选择正确的答案，常见的题型有是非题、匹配题、选择题等；供答题一般要求被试自己提供答案，如常见的填空题、简答题、论述题等。下面我们就常见的几种题型及编写技巧进行介绍。

1. 选择题

选择题由一个"题干"和几个"选项"组成。"题干"负责提出问题，或者是提供未完成的句子；"选项"负责提供可被选择的答案，应选的答案可以是一个，也可以是多个。常见的选择题有很多类型，如辨识选择、阅读选择、最佳选择、图解选择、归类选择、承接选择、排序选择、填空选择等。

选择题具有以下优点：它可以用来测试不同层次的学习结果，可以测试识记、理解、分析、判断、应用等层次的学习结果；它的评分标准统一、客观，不会受评分人的主观因素影响，也不会因被试提供了意想之外的答案而影响结果；它可以由计算机进行阅卷，提高阅卷速度；可以加大试题容量，克服试题量不足的缺点，从而可以使得试卷的覆盖范围更广；有助于考查学生思维的敏捷性和判断的准确性；通过设置"干扰"选项，更容易帮助教师发现学生学习中存在的问题并及时纠正。

选择题具有以下一些不足：编制良好的选择题需要花费较多的时间并需要掌握相应的命题技巧，因为在选择题的备选答案中，除了需要提供正确的答案，还需要设置干扰答案，这些干扰答案与题干应有一定的逻辑关系且对正确答案应有一定的干扰性；选择题难以考核学生完全的推理能力、知识的综合运用能力、总结能力、表达能力等能力；选择题对被试学生的解题过程或思维过程无法考核；被试有可能会凭借猜测去作答。

编制选择题时，应该遵循以下原则：题干本身的意义应该完整，而且能够明确地表达一个确定的问题（而不是多个）；题干应该尽可能简明，不要使用复杂的字词句或者语句结构，也不要使用过长的语句；题干尽量采用正面陈述的形式，不要使用否定结构；提供的备选答案应该与题干有逻辑关系，干扰答案应该与正确答案有相似性，不能错得太明显；不能有关于正确答案的暗示或者提示。

2．是非题

是非题又被称作二项选择题，一般会提供给被试一个句子，让被试判断其正误。常被用来测试被试对一些基本概念、原理、性质、因果关系等的判断。由于此类试题要求被试做出正确或错误的判断，因此在编制该类型试题的时候，一定注意试题的叙述要绝对正确或绝对错误，不能模棱两可。

是非题具有以下优点：首先是编制相对容易，适合各种教材、各个学科；其次是记分客观，不受主观因素的影响。

是非题的局限在于：只能测试低层次的学习结果，很难测试高层次的学习结果；难以排除猜测因素的影响，由于是非题只有两种可能的选项，学生仅凭猜测就可以有50%的机会答对。

编制是非题时，应该遵循以下原则：考核的内容应该是有价值的，是重要的知识；题目应该测试学生的理解能力，而不是记忆层次的知识；一个题目中只能有一个中心问题或者一个重要概念，不可有两个或者两个以上的概念在同一题中出现；试题要用词准确，避免模棱两可，做到是非界限明确；题目的句子应该简洁，应尽量采用正面叙述的方式，避免使用否定句或者双重否定句。

3．填空题

填空题通常是提出一个陈述，其中缺少一个或者几个关键词，让被试补充完整。填空题通常用来考查被试对知识的记忆和理解，该类题型受猜测的影响较小，但由于大多侧重于测试记忆程度，如果运用过多容易使得学生形成死记硬背的习惯。

编制填空题时，应该注意以下几点要求：题意要明确，限定要严密，空格处的答案应该是唯一的；所留的空格应该是概念的关键词语，而且应该与上下文有密切的关系，让被试不至于填写困难；题目中的空格不要太多，以免句子变得支离破碎影响被试理解题意；空格尽可能放在句子的中间或者后面，不要放在开头；空格线应该长短一致，避免产生暗示作用；如果答案是数字应该指明单位和数字的精确度。

4. 简答题

简答题是让被试用几个字或者几句话来回答所提问题的一种题型。它适合于测试被试对基本知识、概念、原理的掌握或者记忆情况。简答题的编制相对比较简单、灵活，在出题的时候也可以从各不同角度、不同方向来考虑，增大对知识考核的准确度和深度，而且通常不会受到猜测的影响。其不足是无法用来考查如综合、分析、评价等高层次的学习结果，而且其评分也不是十分客观。常用的简答题类型有简释题、列举题、直接问答题、说明题等。

在编制简答题时，应遵循以下原则：问题的表述要明确，能使被试用简单的言语来回答；问题的答案应该明确、只有一个，要尽量简短具体；应该注重知识的应用，避免只考核机械记忆的题目；在考核公式的应用时，数字应该简单，以避免给计算带来麻烦；采取"直接询问"的方式来提出问题。

5. 论述题

论述题是指向被试提出问题，被试需要用自己的语言组成一份较长的答案来回答的试题。这种试题的优点在于：可以用来考核高层次的、复杂的学习结果，可以被应用于各个学科领域，尤其适合人文社科类学科；可以提升学生思考、解决问题的能力，对学生的学习态度和学习方式有着积极的影响；可以提高学生的写作能力；受猜测的影响较小。其不足体现在：一次考试中试题数量少，取样范围小且不均匀，无法代表学科的全部主要内容；评分的主观性相对较强，即使是事先制订出标准答案和评分标准，学生也常会给出令出题者意想不到的答案；重点容易失控，由于该类型题回答比较自由，方向又不相同，常会出现一些难以预测的结果；对被试作答和阅卷评分而言也相对费时。

论述题在编制时，应遵循以下原则：试题应该被用来测量高层次的教学目标，比如综合、评价等层次的目标，特别是客观题不能测量的教学目标；要明确、系统地去陈述问题，使被试能够清楚、准确地理解题目的要求，不会因被试理解出现偏差而影响测试；应采用答案相对具有定论的试题，对有争议的问题，在命题的时候要对被试作答的范围、观点等给出一定的限制；尽量不要让被试选择问题回答；建议给出作答的参考时间，以避免被试因不会而浪费太长时间。

6. 操作测验题

按照情境真实的程度，可以将操作测验题划分为四类，分别是纸笔操作测验题、辨认测验题、模拟操作测验题、工作样本操作测验题。纸笔操作测验是指利用纸笔来模拟真实情境去考查被试知识和技能的应用能力，如编制一项操作计划、步骤、注意事项等；辨认测验通常包括代表不同真实程度的测验情境，如要求被试辨认某项工具，要求被试辨认某一问题的故障并提出解决办法；模拟操作测验要求被试在模拟的情况下完成和真实活动相同的动作，如物理、化学实验等；工作样本操作测验要求被试在标准的真实情境中完成实际任务的测验，如教育实习。

编制操作测验题应注意以下一些事项：明确要测量的教学目标或学习结果，并将其可操作化；选择合适的真实性程度；向被试说明实际情境、任务及评价标准；确定科学合理的计分方法。

（二）测验的编制

为提高测验的质量，在设计测验时要考虑以下几点：确定测验的目的、确定测验的属性、明确测验的性质和用途、确定测验的对象、分析测验的目标。在此基础上应该设计测验蓝图，测验蓝图一般采取"双向细目表"的方式，基本步骤大致为：确定测验的内容要目，并将其列到二维表中最左列；确定科目应考查的目标层次，并按照层次由低到高的顺序排列在第一行；确定各项测验内容要目下的权重，把每一项考试内容的分数比重分配到若干个必要的测验目标层次上，形成双向细目表。

1. 测验题编制时的注意事项

第一，试题类型要恰当。不同的题目类型具有不同的用途或者功能，能够测量的目标层次不同，因此一份完整的测验需要不同的题目类型加以配合。

第二，试题的取样要具有代表性。应尽可能覆盖考核范围的主要内容。

试题的数量要恰当。能够让大多数被试在规定的时间内完成答题，同时又不能给被试太多的富裕时间。

试题的难度要合适。既要有能够反映基础知识、基本要求的试题，又要有能够检查学生知识综合应用能力、分析问题、解决问题的能力的试题。试题能够测量出不同学生的差异。

试题之间应该保持独立。不要在同一份测验中有重复知识点的考核，或者一个试题会对另一试题有暗示作用。

试题的表述应该准确、清晰。不可以用模棱两可的语句，语句要简明扼要，对解题要求的叙述要准确、明了。

题型要多样化，合理安排客观题和主观题的数量、所占比重。

评分标准要合理。制订公平合理的评分标准。

测验题的编制是一个反复修改的过程，需要按照上述注意事项不断对测验题进行完善。

2. 测验的合成与编排

在测验的合成与编排过程中，应该注意以下几个方面：

先易后难。题目应该按照先易后难的顺序进行排列。开头安排容易的题目，后续逐渐增加难度，让被试逐渐熟悉测验的作答程序，缓解紧张情绪、建立自信、快速进入测验情境。同时避免因题目太难而耽误作答时间影响后面题目的简答。

同类组合。也就是尽可能地将同一个类型的试题进行组合，既方便命题者把每一类型的试题做一次说明，也方便被试按照相同的反应方式回答问题，简化计分工作和对结果的统计分析。

按照题目的编排方式编排。第一种是并列直进式，将整个测验按照试题的材料性质分为若干个分测验，对同一份测验的题目，按照难度由易到难进行排列；第二种是螺旋混合式的排列，先将各种类型的试题按照难度分成不同的层次，然后将不同性质的试题进行组合，做交叉排列，难度渐升。

二、评价量表

简单地说，评价量表的本质是一种评分工具，一般描述的是对某项任务的具体期望。评价量表通过对评价目标逐级分解，形成具体的、可测的评价指标体系及评价标准，为评价者在对评价对象进行评价时提供一个统一的评价依据，有利于提高评价的客观性、全面性、科学性。

（一）评价量表制订的原则

为了使评价表制订得科学、合理、可行，在制订评价量表时应该遵循以下一些基本原则。

1. 科学性与导向性原则

科学性与导向性原则，是指所建立的指标和标准能够反映教育的发展目标和教学的客观规律，能够找出影响和制约教育教学的关键性因素。具体而言，就是评价指标应与教育教学的总目标一致。评价标准应与国家或上级有关部门公布的标准相一致，也就是说，目标是否正确应以所引导的方向正确与否作为衡量标准。如果评价指标与教育目标不符，那么就会导致教学目标不准确，甚至会导致教育教学走向歧途。随着教育观念逐渐转变，教育评价已由鉴定、确定、筛选功能逐渐转变为导向、激励、预测功能。所以，设计评价量表应该尽量反映现代教育教学理论与评价思想的发展趋势以及教育教学改革的方向和要求，引导教师转变教育观念，端正教学思想，促进教育改革的深化与发展，进而提高教学质量。

2. 完备性与独立性原则

完备性与独立性原则包含有两方面的内涵。一方面，评价表中的指标应该能够全面反映教育教学目标和管理目标，不应遗漏任何一项重要的指标。这里的完备并不是要求包罗万象，而是要在众多的指标中筛选出那部分最能够反映事物本质特性的指标，舍弃那些虽然有影响却是非本质的、次要的指标。另一方面，要求评价表中的各个指标项彼此独立，也就是说，各个指标项在逻辑关系上是并列的关系，不是相互重叠或者互为因果的关系。因此，各个指标项都要有明确且独特的含义，应该做到内涵准确、外延清楚、措辞清晰、语义明确，从而降低评价工作的劳动量，提高评价工作的效率，增强评价指标的合理性和可行性。完备性与独立性原则应该在建立指标体系时综合考虑，在完备性基础上独立，在独立性的前提下完备。

3. 发展性与整体性原则

发展性与整体性原则包含两个方面的内容。一方面，要注意在不同地区或者学校、不同历史时期、不同发展阶段，指标内容应该不完全相同；另一方面，要以整体的眼光去看评价指标，把指标看作是有机联系的整体。

4. 操作性与可测性原则

操作性与可测性原则是指评价指标应该是具体化的目标。它既可以让人们通过实际观察、测量、评定的方式进行度量，又方便在评价过程中进行操作。这需要用操作化的语言对指标进行定义，尤其是对那些抽象的、无法直接测量的目标，通过合适的方式使之成为可以间接测量的目标。

5. 可行性与可比性原则

可行性与可比性原则是指设计的指标和标准在内容和形式上应该简单、通俗易懂、便于操作，使评价者和评价对象都能够接受，而且还应该能使采用这些指标和标准进行评价后得到的评定结果具有可比性。因此，设计评价量表的时候应该力求简单明了、易测可行。一方面应做到评价表有足够的信息可以被利用，另一方面应该有简单易行的科学量化方法被使用，否则过于复杂的量化方法会失去可行性。对可比性的原则的落实，则要求评价量表设计时应该能够反映评价对象的共同属性，只有在性质一致的前提下，才能够比较两个评价对象在同一指标上的差异。

6. 超前性和持续性原则

超前性和持续性原则是指评价量表不能只停留在现阶段、为了眼前的利益而设计，要具有超前意识和创新意识。因此，编制评价量表，不仅仅要适应现在的教育活动，而且还应经得起时间的考验。对那些即使是现在难以实施，但在今后发展中作用可能越来越大的指标，也应该做适当的考虑，纳入评价指标体系中，引导人们逐渐去重视它、最终接受它，使教育能够走在时代的前列。

（二）评价量表制订的构成

评价量表由评价指标、指标权重和评价标准三部分组成。

1. 评价指标

所谓评价指标是指根据评价目标，由评价指标设计者分解出来能够反映评价对象某方面本质特征的具体化、行为化的主要因素，作为对评价对象进行价值判断的依据。目标与指标是密切相关的。评价目标是评价指标的根据基础和依据，没有目标的指标或者脱离目标的指标是没有意义的指标。指标是目标的具体化和操作化，是操作化的目标，没有指标的目标或者脱离指标的目标是无法实现的目标。尽管评价指标与评价目标之间的关系非常密切，但是两者之间还是有一定区别的。首先，从内涵而言，目标反映的是全貌，指标反映的是局部。目标总是带有某种程度的原则性、抽象性，指标常具有较高的具体性、针对性。从稳定性而言，目标相对比较稳定，不易变动；指标却可以在反映目标的前提下，依据各个时期工作的侧重点不同作适当的变动。

2. 指标权重

在评价量表中，不同的评价指标项，在判断评价对象达到目标的程度时，所起的作用是不同的。为了使每项指标都能发挥其应有的作用，需要赋予不同指标项以不同的权重。指标权重，就是指每项评价指标在指标体系中所具有的重要性程度，而且有相应的数值，这个数值叫作对应指标的权数，也被叫作权重。确定权重的过程叫作加权。加权是评价工作计量体系中常用的一种数学手段，在评价工作中具有十分重要的意义。它能够比较客观地反映各项指标在实现目标时所起作用的大小，因而评价结果比较客观。根据评价对象的条件，适当地对某些指标的权数进行调整，能够引导人们重视工作中的一些薄弱环节，以便于人们在工作中抓住重点、抓住关键、区分主次和轻重缓急，从而集中精力抓好主要工作。

3. 评价标准

评价标准是衡量评价对象达到评价指标要求的尺度。一般由强度和频率、标号、标度三个要素构成的。强度是指评价指标达到项目要求的程度或者各种规范行为的优劣程度，又称为定性标准。比如，在等级评定中，"好、较好、一般、差"

这些等级都要有一定的规定。频率是指达到指标项目要求的数量或各种规范化行为的相对次数，也称作定量标准。比如，学生成绩及格有多少人次、及格率是多少，班集体才算是达标；学生操行成绩优秀的有多少人次，优秀率是多少，班集体才可以评先进集体等。标号是不同强度和频率的标记符号，通常用字母（如A、B、C）、文字（如甲、乙、丙）或数字（如1、2、3）来表示。它没有独立的意义，只是一种分类的表示。标度是评价的档次，可以是定性的（如优、良、中、差），也可以是定量的（用数字表示不同的档次）。但即使是定性也必须赋值，使定性标度转换为定量标度，以方便做统计处理。评价标准的三个要素之间互相依存、互相配合，进而构成一个统一的整体。强度和频率是评价标准具体的内容和主要的组成部分，标号是辅助部分，标度是基础部分。

（三）评价量表的制订方法

评价量表的制定需要一套科学的程序和技术，基本步骤和方法如下。

1. 确定评价对象和目标

制订评价量表的第一步是确定评价对象，即确定评价谁（或什么）的问题，评价对象可以是人，如校长、教师或者学生；也可以是事，如学校评价、地区评价、教材评价等。评价对象大可以大到一个国家、一个地区的教育评价；小可以小到学生知识、技能的评价，教师的教学方法等。在确定评价对象之后，还需要明确评价的目标。评价目标是指通过评价要达到的目的，是编制评价量表要解决的主要问题，没有评价目标就缺失了编制评价量表的依据，也就无法设计评价指标，不同的评价目标对评价表有着不同的要求。评价目标是根据中小学教育实践中所需解决的问题确定的，期望通过评价促进教育工作。如果是要解决办学效益的问题，评价目标就可以确定为"对办学的效益状况做出评价"，如果要解决德育问题，则可以把评价的目标定为"对德育的效果做出判断"。

2. 初拟评价指标

评价目标明确之后，制订者需要依据评价目标，初拟评价指标。初拟评价指标的方法主要有以下几种：

（1）头脑风暴法

头脑风暴法是利用头脑的积极思维，进行智力碰撞，激发出智慧灵感进而提出评价指标的一种常用方法。根据人数多少，头脑风暴法可以分为个人头脑风暴法和多人头脑风暴法。个人头脑风暴法通常由评价指标的设计者借助自己的实践经验，提出评价指标初稿。多人头脑风暴法则常常需要通过专家会议实施。会议的议题限定为讨论某项评价的指标，避免分散精力，在讨论过程中要求参与者各抒己见，讲自己的意见，同时不对别人的意见作批评；发言时只讲观点，不去展开详细论述；鼓励那些提出设想的人对自己的设想进行修改和综合；不主张事先准备发言稿，主要以即席发言为主，初拟评价指标。头脑风暴法也可以分为直接头脑风暴法和质疑头脑风暴法。直接头脑风暴法是指按照统一要求从正面论述自己的观点；质疑头脑风暴法是同时召开两个会议，第一个会议按照直接头脑风暴法的要求进行讨论，第二个会议专门针对第一个会议提出的指标进行质疑。

（2）因素分解法

因素分解法是将评价指标按照评价对象本身的逻辑结构进行逐级分解，把分解出来的主要因素作为评价指标的一种方法。需要注意的是，分解出来的因素要从高到低地逐层次缩小内涵，越往下层次的指标就要越明确、越具体、范围越小、越可以观测。上一层次的指标应该包含下一层次的指标，下一层次的指标则决不可以包括上一层次的指标。因素分解的对象是评价目标，分解的目的是使得指标可见、可测。运用因素分解法初拟指标，应当注意以下几个问题：首先，必须使用统一的分解原则；其次，分解出来的指标，上下层次之间必须相应和相等；再次，因素分解必须逐级进行。

（3）理论推演法

理论推演法是一种根据有关学科的理论推演出评价指标的方法。比如，根据心理学的理论，智力是指一般的认识能力，具体包括观察力、注意力、记忆力、思维力、想象力；能力是指运用智力解决问题的实际本领，包括运用知识的能力、独立获取知识的能力、创造能力、表达能力、交往能力等。根据心理学关于智力、能力的理论阐述，我们就可以推演出评价中学生智力、能力的值，而且我们还可以借鉴这些理论对评价指标的内涵做明确的界定，使得评价指标更加严密。

（4）典型研究法

典型研究法是通过对少数典型事例进行研究而设计评价指标的一种方法。典型研究可以分为正向研究、负向研究和正负向结合研究三种类型。正向研究是指对成功的典型事例进行研究，提出评价指标；负向研究是指对失败的典型事例进行研究，提出评价指标；正负向结合研究是通过成功的典型事例与失败的典型事例进行比较，提出评价指标。运用典型事例研究提出评价指标有两点必须注意的事项：首先是选择的事例必须具有典型性和代表性，二者者缺一不可。没有典型性就不能把其称为典型研究，没有代表性就没有普遍意义。该方法可以与类推法结合，通过典型研究取得的典型评价指标，运用理论推演，将其扩展为所需要的评价指标。

3. 筛选评价指标

在初拟指标分解出来的因素中，有的能够反映评价对象的本质，有的则未必可以反映；有的可以算得上是主要因素，有的只是次要因素。各因素之间出现交叉、重复、包含、矛盾、因果等关系也常有发生。所以，必须对初拟指标进行归类合并和筛选，达到"少而精"的要求。经过这些环节，指标项目可以得到精简、指标质量可以提高，不仅使评价便捷化，也能够保证评价的有效性。目前大多采用以下方法筛选指标：

（1）经验法

经验法是凭借设计者的学识修养和工作经验来筛选指标项的一种简便且实用的方法。在运用该方法时，应注意以下几个要点：首先，确定指标项的理由是否充分且必要，要判断每个指标项是否是必要的，如果缺失的话，是不是会造成不良的效果，保留的话理由是什么，如果要保留必须是非要不可的因素；其次，要取舍主次，要能区分每个指标所反映评价对象本质的程度，保留那些能够反映评价对象本质的因素，舍弃那些不能反映评价对象本质的次要因素；第三，要从各个指标之间的关系上进行比较，对内涵相同或近似的指标进行合并，如果有内容交叉的保留其中之一，如果内容是因果关系则去因保果，如果是相互矛盾的则选留那些符合规定的指标；第四，要去难存易，删繁就简。整体而言，经验法主要是凭借设计者的自身经验，科学性和客观性相对要差一些。

（2）调查统计法

调查统计法是一种在调查资料的基础上进行统计的一种方法。其具体的做法是把初拟的指标制成问卷，发放给相关专家或者有经验的教育工作者，请他们对初拟指标项做出判断。判断一般分为五个档，分别是很重要、重要、一般、不太重要、不重要，答卷者判断每个指标项的档次，然后收回问卷进行统计，按照"很重要、重要"的比例由高到低排列，把低于某一数值的指标删除，通常是低于3/3或者3/4的指标可以删除。

4. 确定评价指标权重

这一步主要是对每个指标项分配合理的权重，常采用的方法有以下几种：

（1）关键特征调查法

这种方式是先请调查者从所提供的指标中找出最关键、最具有特征的指标，再对指标进行筛选并求权重的一种方法。基本步骤是：①提出备择指标；②请被调查者从提供的备择指标中找出一定数量的关键指标，如从10个指标中找出3个你认为最关键的指标；③计算人数和百分比，调查者计算每个备选指标选择的人数，并由高到低进行排列；④按照一定的规则选取指标，可以按照选择指标的人数的百分比（用t来表示）进行等级划分，将$75 \leqslant t \leqslant 100$作为第一重要的指标，$50 \leqslant t < 75$为第二重要的指标，$25 \leqslant t < 50$为第三重要指标，$t < 25$的指标忽略；⑤按照公式计算各指标的权重系数 $w_i = \dfrac{t_i}{\displaystyle\sum_{i-1}^{n} t_i}$，其中$w_i$表示筛选后第i各指标的权重系数，$t_i$表示选择该指标人数的百分比，$n$表示筛选后的指标个数。

（2）两两比较法

这种方法是对指标进行逐对比较加以评分，将重要者记为1分，次要者记为0分，然后分别去计算各指标得分之和，再除以所有指标得分之总和。例如，如果要确定A、B、C、D、E五个指标的权重，先将A与B比较，如果B比A重要则给B记1分、给A记0分……以此类推，然后计算各指标得分之和，再将各指标得分分别除以各个指标得分的总和，就可以得出各个指标的权重值。

（3）专家评判平均法

这种方法是请专家评判已经确定的各个指标的权重，然后以专家评判的结果的平均数作为各个指标最终的权重。这种方法的优点是简单易行，能够充分交流意见。但不足之处在于，它的主观性或者随意性较大，而且容易受到专家的水平、素质的影响。因此，要保证权重的合理性和准确性，需要邀请素质高、水平高的专家进行评判。

（4）倍数比较法

这种方法是对已经确定的指标，以每一级指标中重要性程度最小的指标最为基础，将其即为数字1，然后将其他指标与该指标进行对比，对重要程度做出倍数的判断，经过归一化处理，就可以获得该级指标的权重。

5. 设计教育评价标准

设计教育评价标准主要包括三个内容：评价量表中所包含的主要内容、标度和等级数量。首先，需要对评价量表中的指标项进行分解，描述其所包含的主要内容；其次，要确定标度，也就是说达到标准的程度，一种方式是采用描述性的语言，如很好、较好、一般，另一种方式是采取量化的形式，如用100～90分表示优秀、89～75分表示良好、74～60表示及格、59～0分表示不及格；再次，即是确定等级数量，对评价标准设置为多少等级没有统一的规定，可以根据实际需要而定，等级数量越多则精度越高。但是根据心理学的研究，评级按标准设置3~5个标准较为适宜。

三、同伴评定法

合作学习是常见的一种学习形式，因此如何对同伴合理的评价则需要较为科学的评价方法，这就需要用到同伴评定法。常见的同伴评定法有人物推定法和社会关系评价法。相对而言，人物推定法是教学中较为实用的方法。

人物推定法是由同伴按照要求推荐出具有某种特征人物的一种评价方法。该方法的基本步骤是：首先，教师简要地向每位同学说明推荐的要求，要求学生写出与要求最适宜的同学的名字，这些同学可以限定为1人或者几人；其次，同学填写自己推荐的同学姓名；再次，教师统计回收学生信息。例如，让学生推荐小组中贡献最大的2名同学，然后教师根据学生的推荐按照一定的标准为学生在小组中的贡献打分。

四、逸事记录

逸事记录是指教师将在对学生活动的观察中获得的有效事件进行的真实记录。每一真实有效的事件，都应在其发生不久后被记录下来。那么，什么样的事件是"真实有效"，需要记录下来的事件呢？一般而言，能够进一步说明教育过程所期望的学习结果的事件，应该记录下来。除此之外，还有那些独特的、异常的或例外的事件也应该记录下来。然而，由于教师面对的是人数众多的学生，在时间和精力上无法把各种有效的事件都记录下来。从实际出发，教师需要更好地把握下面这些原则：第一，把观察和记录限定在其他方法所不能评价的某些重要行为领域；第二，尽可能地把广泛的行为观察集中在那些需要特别帮助或特别需要增加评价信息的学生身上；第三，针对一些典型的、偶发的、例外的、独特的事件加以记录。

逸事记录的优点主要有：它描述的是自然情境中的实际行为，因此对描绘学生最本质的行为特性可能有重要的帮助。例如，某个学生可能具备较多的健康活动知识，可在每天的活动中却又违反着它们；性格文静的学生，第一次在全班同学面前做了一段精彩的演讲；一位循规蹈矩的同学在班级讨论会上提出了多个富有创意的活动计划；关系紧张、充满敌意的两位同学在某次活动中表现出友好的姿态；常说对科学探究感兴趣的同学却在接触实验工作时表现得毫无兴趣；某个自述关心他人或乐于助人的同学，却表现出很多自私行为等。这些诸多的逸事记录，会为教师评价学生带来帮助。

五、档案袋评价法

档案袋评价法是教师依据教学目标与计划，让学生持续一段时间主动收集、组织与省思学习成果的档案，以评定其努力、进步、成长情形的一种评价方法。用档案袋评价法来评价学生的成长历程与发展进步，其想法源自艺术家的作品档案袋。

档案袋评价法有不同的类型。用于学生评价的档案袋基本上可分为成果型档案袋、过程型档案袋和评价型档案袋三类。根据档案袋的内容结构性，还可把档案袋进一步分为结构型档案袋、半结构型档案袋和无结构型档案袋三类。就一般教学情境下运用的档案袋评价而言，其目的大体上可分为：总结性评价、形成性评价、诊断性评价、最佳行为评价、典型行为或个人独特性评价。

一般而言，精心设计并制作学习档案袋，有诸多优势，如能够兼顾学习的历程与结果，兼顾认知、情境、动作技能的整体目标，可评估学生元认知能力和反思能力，可呈现多元资料获得关于学生发展得更真实的表现与成果，可用整合、动态、务实的方法激发学生的学习兴趣，可培养学生主动积极、自我成长、自我评价、自我负责的精神及价值观，可增进师生互动、同学沟通、合作精神等。当然了，档案袋评价也有一些局限，如需要教师有系统的教育理论评价修养，且对档案袋的评价技术有所掌握，需要学生和教师付出较多的时间和精力，评价的客观化程度和标准化程度也比较低，信度和效度难以保证。

为了更好地发挥档案袋评价法的优点，在运用该方法时应该注意以下几个原则：首先，档案袋评价法必须与教学相结合法；其次，档案袋评价法应该与其他评价方法共同使用；第三，档案袋评价法应该采用渐进式、引导式的方式，循序渐进地开展；第四，档案袋评价法应实施多次、阶段性的反思与协助；第五，档案袋评价法应顾及学生的承受力和可利用的资源。

第三节 STEM教学评价

STEM教育是一种跨学科整合的教育方式，其目的是培养学生的跨学科思维能力、问题解决能力、设计能力等高阶思维能力，以提升学生的STEM素养。因此，我们应改变以往单一的评价方式，应采取多种方式、从多个角度、多个维度对学生的学习情况、教师的教学进行评价。

一、STEM 教学评价方式

鉴于STEM教育的特点，STEM教学的评价应根据实际情况灵活采取诊断性评价、形成性评价与总结性评价相结合的方式开展评价。在STEM教学前，对学生已有的基础知识、基本技能、基本素养等进行摸底，为教师设计整个STEM教学方案提供依据和基础。在STEM教学过程中，教师应以形成性评价为主，重点关注学生问题探究和工程实践过程中的行为表现，通过采取逸事记录、量表、访谈等形式，及时了解教学情况，并依据获得的反馈信息，适时调整教学方案，改进和完善教学过程。在一个段的教学结束后，教师应对学生STEM素养的整体培养情况进行总结性评价，了解学生的掌握知识情况、技能的提升程度等，为后续STEM教学内容选择和难度的计提供参考。

二、STEM 教学评价内容

对STEM教学内容而言，评价内容应该多维化。从宏观层面看，STEM教学评价的内容应该是学生的STEM素养。从微观层面看，STEM教学评价的内容应该是STEM教学目标的达成情况，包括完成STEM项目所涉及的知识的掌握情况、能力的提升、思维的培养以及态度的形成。在实际评价时，可以采取测验、作品质量、团队合作、个人表现等多种方式进行评价。

三、STEM 教学评价主体

在评价主体上，STEM教学评价应该采取多元化的主体评价，评价主体可以是教师、学生、家长以及社会相关人员。教师评价侧重于通过测试、评价量规等对学生的学习结果进行评价，学生自评、互评可以客观地对学生参与STEM任务的积极程度、团队合作情况等方面进行评价，家长及社会相关人员可以从学生活动积极性、参与度等方面进行评价。相对而言，应该以教师评价和学生评价为主。无论是哪种评价，教师应提供客观的评价依据并且及时提醒相关评价人员，真实地对学生的学习进行评价。

第三篇　STEM教学研究及教学案例分享

第七章　STEM 教学研究

第一节　STEM教学研究概述

　　21世纪是政治、经济、社会多样化发展的时期，人们的生产方式和生活方式发生了巨大变化。教育作为国家综合国力的重要组成部分，在全球得到重视，STEM教育在此基础上应运而生。

一、研究背景

　　目前，各国正在踊跃开展STEM教育。我国在2016年《"十三五"教育信息化规划》中明确指出要积极探索STEM教育新思想；2017年，第一届STEM教育发展大会中提出了新课程改革背景下STEM教育发展之路。2017年6月，中国教育科学研究院正式成立STEM教育研究中心，先后发布了《中国STEM教育白皮书》《STEM教师能力等级标准》《中国STEM教育2029行动计划》，掀起了STEM教育理论研究与实践探索的热潮。

　　国内中小学开始开设STEM课程。2017年2月，教育部颁布了《义务教育小学科学课程标准》（2017年版），将小学科学定位为基础、实践和综合性的学科。课程标准强调（1）将"物质科学""生命科学""地球与宇宙科学""技术与工程"四个领域的知识合理整合；（2）学生在设计的过程中学习知识，学会思考，通过合作与探究，逐步培养学生探究能力和科学素养；（3）新增工程与技术，强调学科内容的统整性，以科学探究和情感态度为主线贯穿整个课程；（4）提倡跨学科学习，将STEM教育思想用于教学。

STEM教育对提升我国学生的科学素养，培养创新人才和提升全民教育、科技、政治实力具有重要意义。目前，国内的研究处于起步阶段，融于STEM思想的课程理论研究正在逐步深入，STEM教学案例也在逐步丰富。

二、研究意义

小学科学课是科学启蒙课程，从课堂教学的现状看，教学过程大多采用传统的讲授方式，未体现科学探究的理念，STEM是科学（science）、技术（technology）、工程（engineering）、数学（mathematics）四个学科的首字母缩写，它并不是前述四个学科的简单组合，而是要把学生学习到的零碎知识与机械过程转变成运用知识来解决真实世界问题的能力。将STEM教育理念融入课程，不仅有利于提升学生的科学素养，发挥学生学习的主动性，更能培养学生解决实际问题的能力。

目前，国内的STEM教学案例数量还不够丰富，案例的地域、教师、学生适应性还不强，且大多集中在发达地区。而呼伦贝尔地区的STEM教育尚处于起步阶段，如果设计出可以直接使用又能体现本地区地方特色、文化特色的STEM教学案例，则既可以帮助教师更便捷地开展STEM教育，又能传承地方特色文化。

三、研究内容与方法

（一）研究的主要内容

设计融合呼伦贝尔地区地方特色的STEM教学案例。

1. 基本思路

确定STEM案例研发的总目标：提供适合呼伦贝尔小学科学教师直接使用的STEM教学案例，实现对呼伦贝尔地区小学生STEM能力的培养，传承呼伦贝尔地区特色文化。

以《义务教育小学科学课程标准》（2017年版）为依据，将课程内容的4大领域、18个概念、75个教学内容之间的关系进行分析、归纳。

对应三个学段（1—2年级、3—4年级、5—6年级）分别列出学生应具备的S（科学知识）、T（技术水平）、E（工程思想）、M（数学思维能力）。

以呼伦贝尔地区的地域、生态、文化、习俗、艺术、服饰、工艺品等为项目主题，设计教学案例。

2．初步提纲

①STEM案例研发的目标。

②《义务教育小学科学课程标准》（2017年版）的知识关系图。

③小学不同学段学生应具备的科学知识、技术水平、工程思想、数学思维能力。

④小学不同学段STEM教学设计方案。

3．研究方法

（1）分析、归纳法

在下列环节采用此方法：在分析《义务教育小学科学课程标准》（2017年版）的知识关系时；确定小学不同学段应该具备的技术、工程、数学能力时；确定S、T、E、M之间的关系时。

（2）文献研究法

主要查阅《义务教育小学课程标准》（2017年版）、教材、现有教学案例、介绍呼伦贝尔各地区特色文化的相关文献。

（3）实地观察法

主要根据需要实地观察呼伦贝尔地区的地域、生态、文化、习俗、艺术、服饰、工艺品等。

四、研究综述

国内STEM教学案例既有从国外引进的STEM教学案例（如由美国国家自然科学基金赞助、加州大学伯克利分校等大学联合研发的基于网络的科学探究环境网站WISE），也有国内本土化开发教学案例。

国内开发STEM教学案例的主体中，一部分是学校组织一线教师开发的，这些案例的特点是融合了地域或学校的特色，如广州南武中学利用广州市"桥多"这一特点设计了"桥梁设计与承重"的STEM教学案例，案例中包括了S（桥梁的基本组成、作用等）、T（制作纸质桥梁）、E（设计桥梁的程序）、M（测量桥梁的长度、高度、计算跨度）；另外一部分由专门做教学研发的企业开发，这些案例不完全公开发行，企业会对案例配备教学所需的工具。学校如果想使用相关案例，需要购买其教材、配套工具等。

整体而言，基础教育领域的STEM教学案例包括从幼儿园到高中各个学段所对应的内容。但是，国内的STEM教学案例数量还不够丰富，案例的地域、教师、学生适应性还不强，需要进一步开发更丰富、开放、适应性强的教学案例。

第二节　STEM教学课程目标及内容的选择

一、STEM 教学的课程目标

STEM作为一种教育理念、教学方式或课程，将其引入到小学课程中，目的是能有效促进学生的合作与问题解决能力，实现教学资源的整合，提倡探究性学习，希望学生在探究的过程中提升分析问题和解决问题的能力；同时要发挥学生的主体地位，激发学习兴趣，强调合作与探究，做中学，学中做，学中思，培养学生创新能力的批判性思维。

小学科学课程的总目标是培养学生的科学素养，并为继续学习、成为合格公民和终身发展奠定良好的基础。通过学习，保持和发展对自然的好奇心和探究热情；了解与认知水平相适应的科学知识；体验科学探究的基本过程，培养良好的学习习惯，发展科学探究能力；发展学习能力、思维能力、实践能力和创新能力，以及用科学语言与他人交流和沟通的能力；形成尊重事实、乐于探究、与他人合作的科学态度；了解科学、技术、社会和环境的关系，具有创新意识、保护环境的意识和社会责任感。

《义务教育小学科学课程标准》（2011年版）适应小学生身心发展，分学段阐述教学目标与教学内容，用大概念统领内容，包含四大学科领域，是科学、技术、工程和数学在现实世界中的结合，整个学科强调探究和培养情感态度，首次将技术与工程引入标准。本研究主要以科学课为主进行案例设计。

课程目标包括"科学知识""科学探究""科学态度""科学、技术、社会与环境"四个方面。

（一）知识目标

物质科学：物质的基本性质、基本运动形式，物体运动，力的作用，能量以及能量的不同形式和不同形式之间的相互转换方面；

生命科学：生物体主要特征、生命活动、生命周期，人体以及人体健康，生物体和环境的相互作用方面；

地球与宇宙科学：太阳系，星座，地球面貌、地球运动，人类与环境关系，人类应当保护地球方面；技术与工程领域主要涉及技术作为一种力量可以改变世界，可对人类能力进行延伸，技术是推动人类社会发展和加快文明进程的动力。

在总目标的基础上，按学段又将目标进行了详细描述。如表7-1知识学段目标所示，通过分析，我们发现小学阶段要求掌握四大领域中最基础的知识，而这些知识大多蕴含在身边一些自然现象或科学规律中。

表7-1　知识学段目标表

要素	知识学段目标		
	1—2年级	3—4年级	5—6年级
物质科学	观察、描述常见物体的基本特征；辨别生活中常见的材料；知道常见的力。	测量、描述物体的特征和材料的性能；描述物体的运动；认识力的作用；了解不同形式的能量。	初步了解常见的物质的变化；知道不同能量之间的转换。
生命科学	认识周边常见的动物和植物；能简单描述其外部主要特征。	初步了解植物体和动物体的主要组成部分，知道动植物的生命周期；初步了解动物和植物都能产生后代，使其世代相传；能根据有关特征对生物进行简单分类；初步认识人体的主要生命活动。	初步认识人体的主要生命活动和人体健康；初步了解动物与植物之间的相互关系；了解生物的生存条件和生物的多样性。
地球与宇宙科学	知道与太阳、月球相关的一些自然现象；知道天气、土壤等对植物和人类生活的影响。	知道太阳、地球、月球的运动特征；知道与它们有关的一些自然现象是有规律的；初步了解地球上大气、水、土壤、岩石的基本状况；初步认识大自然为人类生存提供了各种自然资源和能源，以及大自然中的一些自然灾害。	知道太阳系及宇宙中一些星座的基本概况；知道昼夜交替、四季变化分别与地球自转和公转有关；初步了解地球上一些与大气运动、水循环、地壳运动有关的自然现象的成因；认识人类与自然资源和能源的关系；知道地球是人类应当珍惜的家园。
技术与工程	认识身边的人工世界；了解常见的工具；知道简单工具的功能和使用方法，利用身边可制作加工的材料和简单工具动手完成简单的任务。	知道人工世界是设计和制造出来的；意识到使用工具可以更加精确、便利、快捷；知道设计包括一系列步骤，完成一项工程设计需要分工与合作，需要考虑很多因素，任何设计都受到一定的条件制约。	了解技术是人们改造周围环境的方法，是人类能力的延伸，工程是依据科学原理设计和制造物品、解决技术应用的难题、创造丰富多彩的人工世界的一系列活动；了解科学技术推动着人类社会的发展和文明进程。

（二）探究目标

科学探究总目标认为，科学探究需要通过多种方法寻找证据，运用创造性思维和逻辑推理解决问题，最后在交流与评价中达到共识；科学探究经历"提出问题→做出假设→制订计划→搜集证据→处理信息→得出结论→表达交流→反馈评价"的过程，能够运用科学探究的方法解决较简单的日常生活问题；了解分析、综合、比较、分类、抽象、概括、推理、类比等思维方法，发展各年龄阶段应具备的能力；初步了解科学知识在一定阶段是正确的，会随着新证据的增加，不断完善和深入。

在此基础上，又从八个要素的角度对探究的学段目标进行更为详细的描述，如表7-2所示。

表7-2　探究学段目标表

要素	探究学段目标		
	1—2年级	3—4年级	5—6年级
提出问题	在教师的指导下，能从具体现象与事物的观察、比较中提出感兴趣的问题。	在教师的引导下，能从具体现象与事物的观察、比较中，提出可探究的科学问题。	能基于所学的知识、从事物的结构、功能、变化及相互关系等角度提出可探究的科学问题。
做出假设	在教师的指导下，能依据已有的经验，对问题做出简单猜想。	在教师的引导下，能基于已有经验和所学知识，从现象和事件发生的条件、过程、原因等方面提出假设。	能基于所学的知识，从事物的结构、功能、变化及相互关系等角度提出有针对性的假设，并能说明假设的依循。
制订计划	在教师的指导下，了解科学探究需要制订的计划。	在教师的引导下，能基于所学知识，制订简单的探究计划。	能基于所学的知识，制订比较完整的探究计划，初步具备实验设计的能力和控制变更的意识，并能说明假设的依据。
搜集证据	在教师的指导下，能利用多种感官或者简单的工具，观察对象的外部形态特征及现象。	在教师的引导下，能运用感官和选择恰当的工具、仪器，观察并描述对象的外部特征及现象。	能基于所学的知识，查阅资料、调查、案例分析等方式获取事物的信息。

续表

要素	探究学段目标		
	1—2年级	3—4年级	5—6年级
处理信息	在教师的指导下，能用语言初步描述信息。	在教师的引导下，能用比较科学的词汇、图示符号、统计图表等方式记录整理信息，陈述证据和结果。	能基于所学知识、用科学语言、概念图、统计图表等方式记录整理信息，表述探究结果。
得出结论	在教师的指导下，有运用观察与描述，比较与分类等方法得出结论的意识。	在教师的引导下，能依据证据运用分析、比较、推理、概括等方法，分析结果，得出结论。	能基于所学的知识，运用分析、比较、推理、概括等方法得出科学探究的结论，判断结论与假设是否一致。
表达交流	在教师的指导下，能简要讲述探究过程与结论，并与同学讨论、交流。	在教师的引导下，能正确讲述自己的探究过程与结论。能倾听别人的意见，并与之交流。	能基于所学的知识，采用不同的表述方式，如科学小论文、调查报告等方式，呈现探究的过程与结论；能基于证据质疑并评价别人的探究报告。
反馈评价	在教师的指导下，具有对探究过程、方法和结果进行反思、评价与改进的意识。	在教师的引导下，能对自己的探究过程、方法和结果进行反思，做出自我评价与调整。	能对探究活动进行过程性反思，及时调整，并对探究活动进行总结性评价，完善探究报告。

从学段探究目标中，我们可以看出，从低年级到高年级对探究能力的要求不断深入。1—2年级的活动需要教师的指导，教师是活动的主导者；3—4年级的探究活动是在教师的引导下进行的，教师是活动的引导者；5—6年级学生可基于所学知识独立完成探究活动，教师变成了活动的组织者。

（三）态度目标

态度目标主要是让学生对自然现象保持好奇心和探究热情，乐于参加科学活动，并能够在活动中克服困难，完成预定的任务。具有基于证据和推理发表见解的意识，乐于倾听他人的意见，勇于修正和完善自己的观点；具有批判性思维，善于从多角度思考问题，勇于创新；积极与他人合作交流，尊重他人。

态度目标按学段从四个维度进行了描述，如表7-3态度学科目标所示。

表7-3　态度学段目标表

要素	态度学段目标		
	1—2年级	3—4年级	5—6年级
探究兴趣	能在好奇心的驱使下，对常见的动植物和物质的外在特征、生活中的科学现象、自然现象表现出探究兴趣。	能在好奇心的驱使下，表现出对现象和事件发生的条件、过程、原因等方面的探究兴趣。	表现出对事物的结构、功能、变化及相互关系进行科学探究的兴趣。
实事求是	能如实讲述事实。当发现事实与自己原有的想法不同时，能尊重事实，养成用事实说话的意识。	在科学探究中能以事实为依据，不从众，不轻易相信权威与书本，面对有说服力的证据，能调整自己的观点。	在尊重证据的前提下，坚持正确的观点。当多人观察、实验结果出现不一致时，不急于下结论，而是分析原因，再次观察、实验，以事实为依据做出判断。
追求创新	在教师的指导下，能围绕一个主题做出猜测，尝试多角度、多方式认识事物。	乐于尝试运用多种材料、多种思路、多样方法完成科学探究，体会创新的乐趣。	能大胆质疑，从不同视角提出研究思路，采用新的方法、利用新的材料，完成探究、设计与制作、培养创新精神。
合作分享	愿意倾听、分享他人的信息；乐于表达、讲述自己的观点；能按要求进行合作探究学习。	能接纳他人的观点，完善自己的探究；能分工协作，进行多人合作的探究学习；乐于为完成探究活动，分享彼此的想法，贡献自己的力量。	能接受别人的批评意见，反思、调整自己的探究；在进行多人合作时，愿意沟通交流，综合考虑小组各成员的意见，形成集体的观点。

（四）科学、技术、社会与环境目标

科学、技术、社会与环境目标主要了解人类活动对自然环境、生活条件及社会变迁的影响，知道社会需求是推动科学技术发展的动力，在研究中要考虑伦理道德、社会环境等因素，具有社会责任感。从科学技术与日常生活的联系、科学技术与社会发展联系、人类与自然和谐相处三个方面分学段详细描述了各个目标，如表7-4所示。

表7-4 科学、技术、社会与环境学段目标表

要素	科学、技术、社会与环境学段目标		
	1—2年级	3—4年级	5—6年级
科学技术与日常生活的联系	了解生活中常见的科技产品及其给人类生活带来的便利。	了解科学技术对人类生活方式和思维方式的影响。	了解科学技术可以减少自然灾害对人类生活的影响；了解在科学研究与技术应用中必须考虑伦理和道德价值取向。
科学技术与社会发展的联系	了解人类可以利用科学技术改造自然，让生活环境不断得到改善。	了解并意识到人类对产品不断改进以适应自己不断增加的需求；了解人类的需求是影响科学技术发展的关键因素。	了解人类的好奇和社会的需求是科学技术发展的动力；了解技术的发展和应用影响着社会发展。
人类与自然和谐相处	了解人类的生活和生产需要从自然界获取资源，同时会产生废弃物，有些垃圾可以回收利用；珍爱生命，保护身边的动植物，意识到保护环境的重要性。	了解人类的生活和生产可能造成对环境的破坏，具有参与环境保护活动的意识，愿意采取行动保护环境，节约资源。	认识到人类、动植物、环境的相互影响和相互依存关系；了解地球上的资源是有限的，人类活动会对环境产生正面和负面的影响，自觉采取行动，保护环境。

二、STEM 教学的课程内容

STEM课程从四大领域，选择适合学生学习的18个主要概念，其中物质科学领域6个、生命科学领域6个、地球与宇宙科学领域3个、技术与工程领域3个，主要是为学生科学素养的初步培养和持续发展奠定良好的基础。

在整理、分析各大领域课程内容的基础上，将课程内容中各知识点之间的关系以概念图的形式进行了梳理，如图7-5物质科学知识结构、图7-6生命科学知识结构、图7-7地球与宇宙科学知识结构所示。

（一）物质科学知识结构图

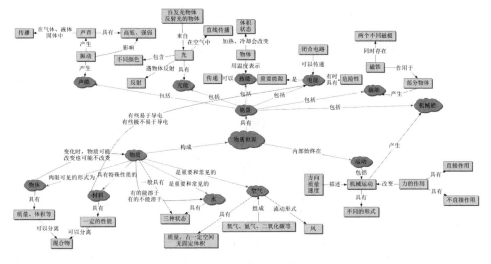

图7-5　物质科学知识结构图

（二）生命科学知识结构图

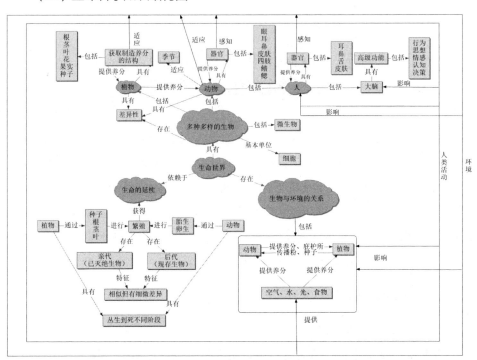

图7-6　生命科学知识结构图

（三）地球与宇宙科学知识结构图

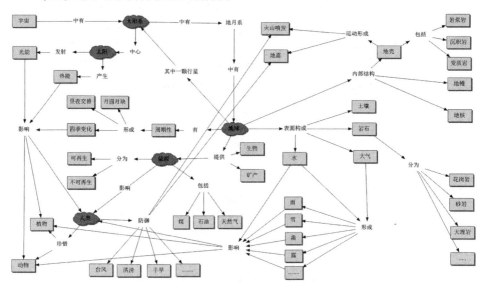

图7-7　地球与宇宙科学知识结构图

第三节　以呼伦贝尔地区为例的特色 STEM文化教学研究

　　文化是一个地方特色的灵魂，也是国家稳定与地方特色团结的纽带，地区特色文化是中华地方特色文化的重要组成部分。保护和传承地区文化具有重要意义。

　　本项目经过对呼伦贝尔地区特有的地域、生态、文化、习俗、艺术、服饰、工艺品等进行前期调研，将呼伦贝尔地区与STEM相关的特色文化内容从四大领域进行了归纳整理，在STEM案例设计时，融入地方特色文化，以让学生更好地了解地区特色，进一步体会中华地方特色文化的博大精深。

一、物质科学领域

（一）与声能相关

　　马头琴，因琴首雕有马头而得名，是呼伦贝尔地区历史上较为悠久的一种弓弦乐器。马头琴从它产生那天起，就成为呼伦贝尔具有地方特色的乐器而广为流传。

木库连，是在特定历史时期条件下的精神和物质文明的直接产物。它独特的音乐声响样式具有奇异神秘的原始文化色彩。

口弦琴，也叫"明努卡"，又叫"天恩共"（意为铁的声音），亦叫"木库莲""朋留坎"，汉语名称为"口弦"。它流行于北方地区，是狩猎人民所共有的传统乐器，也是猎人们交流感情、传递爱情、陶冶情操的工具。

（二）与力和机械运动有关

1. 地方特色的民居

蒙古包是呼伦贝尔地区具有地方特色的一种房子。建造和搬迁都很方便，适用于牧业生产和游牧生活。

"撮罗子"是呼伦贝尔地区的传统民居。"撮罗子"，也叫"希椤柱"，它的外形如同"斜人柱"，高约3米，直径约4米，是一种圆锥形建筑物，实际上是用松木杆搭成的圆形窝棚，也是一种非常简单的帐篷。

另一种房屋是"奥伦"（高脚仓库）。"奥伦"是在树木密集的山中，利用自然生长的树木悬空而建的仓库。它用于储藏暂时不用的衣物、肉干、粮食、野菜和野果等。

2. 体育活动

长期的游牧生活和草原环境，形成了具有呼伦贝尔地方特色的传统体育活动。

曲棍球、塔理木嘎（拉棍）、尼开米那基塔尔格木嘎（颈力比赛）、夏巴（射箭）、耶路里得楞（赛马）、马术、套马、赛骆驼、打布鲁、沙塔拉棋、乌木木嘎欠（桦皮船）、摔跤、放爬犁、棒打兔、布木格、滑雪等都是呼伦贝尔地区民间常见的体育项目。其中以曲棍球运动最具代表性。

3. 交通工具

勒勒车，古称辘轳车、罗罗车、牛牛车等，是中国北方草原上居住民族使用的古老交通运输工具。这种车车身小，但双轮高大，直径一般在一米五六。它可完全用桦木或榆木制成，不用铁件，结构简单，易于制造和修理。

木罗琴，汉语称桦皮船。夏季用于猎捕吃水草的狍和鹿。

亭那是冬季行猎的交通工具。汉语称滑雪板。多以松木为原料，经水煮后，削成长5—6尺，宽5—7寸、厚半寸的薄板。前端窄，向上翘，呈尖圆形。

4. 与物质三态有关

乌如木，俗称奶皮子。把羊、牛鲜乳倒入锅中慢火微煮，等其表面凝结一层蜡脂层，用筷子挑起挂通风处晾干即为奶皮子。

奶豆腐，是呼伦贝尔地区牧民家中常见的奶食品。它是用牛奶、羊奶、马奶等经凝固、发酵而成的食物。形状类似普通豆腐，但不是豆腐。

二、生命科学领域

（一）与植物有关

柳蒿芽为菊科多年生草本植物，主要分布在大兴安岭南北，耐寒抗热，生长在河岸湿地、沼泽、柳林灌丛下等处。

黄花菜又名金针菜、柠檬萱草、忘忧草，属百合目，耐瘠、耐旱，对土壤要求不严，地缘或山坡均可栽培。

蓝莓，又名笃斯、黑豆树（大兴安岭）、都柿（大小兴安岭、伊春）、讷日苏、吉厄特、吾格特等，为杜鹃花科越橘属多年生低灌木。分布于朝鲜、日本、蒙古、俄罗斯、欧洲、北美洲以及中国的黑龙江、内蒙古、吉林长白山等，生长于海拔900—2300米的地区。

臭李子，为鼠李科植物达乌里鼠李的果实。又名稠李子、老乌眼、乌眼。分布于内蒙古大兴安岭东北及河北、山西。

山荆子，为落叶乔木，分布于辽宁、吉林、黑龙江、内蒙古等地。

山刺玫，别名野蔷薇。为蔷薇科蔷薇属落叶灌木的成熟果实。分布于中国东北、华北、西北的丘陵山区，以东北三省资源最为丰富，主要分布在大兴安岭、小兴安岭和长白山区。

榛子，又名山板栗、尖栗或榧子，为桦木科榛属落叶的灌木或小乔木，榛子耐寒，可度过-30℃的严冬。喜湿润的气候，年降水量700—1200毫米的地区适宜栽种，主要分布于东北、山西、内蒙古等地。

（二）与动物有关

驯鹿，又名角鹿。是鹿科驯鹿属下的唯一一种动物。

狍子，体长约1.2米，重约30千克，有着细长颈部及大眼睛，大耳朵。无獠牙，后肢略长于前肢，尾短，雄狍有角，雌狍无角，雄性长角只分三个叉。原产地：中国、哈萨克斯坦、朝鲜、韩国、蒙古、俄罗斯。

原麝，俗称香獐子，是麝科麝属动物。原麝头小、眼大、耳长而直立，尾短，四肢细长，后肢长于前肢，雌雄均无角，全身暗褐色。

普氏原羚，别名滩原羚、黄羊。普氏原羚全身黄褐色，臀斑白色。仅雄性有角，双角角尖相向钩曲。广泛分布于内蒙古、宁夏、甘肃及青海。

（三）与微生物有关

白蘑，又称草原白蘑，产于呼伦贝尔大草原，是呼伦贝尔的著名特产。白蘑是伞菌中珍贵的品种，含有丰富的蛋白质、维生素及钾、钙、铁、磷等矿物质，其形状如伞，洁如玉盘，嫩如鲜笋。每年雨量充足的8～9月为盛产期。

花脸蘑，形态特征一般子实体较小，夏秋季在山坡草地、草原、菜园、村庄路旁、火烧地、堆肥等处群生或近丛生。分布在内蒙古、黑龙江、河南、甘肃、青海、四川、新疆、西藏、山西等。

布鲁菌病，也称波状热，是布鲁菌引起的急性或慢性传染病，属自然疫源性疾病。临床症状主要表现为病情轻重不一的发热、多汗、关节痛等。

三、地球与宇宙科学领域

（一）与地球运动规律有关

呼伦贝尔地处温带北部，大陆性气候显著。

以根河与额尔古纳河交汇处为北起点，向南大致沿120°E经线划界：以西为中温带大陆性草原气候；以东的大兴安岭山区为中温带季风性混交林气候，低山丘陵和平原地区为中温带季风性森林草原气候，"乌玛—奇乾—根河—图里河—新帐房—加格达奇—125°E蒙黑界"以北属于寒温带季风性针叶林气候。

全市气候特点是冬季寒冷漫长，夏季温凉短促，春季干燥风大，秋季气温骤降霜冻早；热量不足，昼夜温差大，有效积温利用率高，无霜期短，日照丰富，降水量差异大，降水期多集中在7～8月。

全年气温冬冷夏暖，温度较差大。全市大部分地区年平均气温在0℃以下，只有大兴安岭以东和岭西少部分地区在0℃以上，岭东农区年平均气温为1.3～2.4℃，大兴安岭地区为-2.0～5.3℃，牧区为0.4～3.0℃。极寒日的地域分布不均匀，由北向南逐渐减少，林区多于牧区，牧区又多于农业区。

（二）与人类生存的资源有关

大兴安岭在蒙古高原与松辽平原之间，自东北向西南，逶迤纵贯千余里，构成了呼伦贝尔市林业资源的主体。森林覆盖率49%，森林活立木蓄积量占自治区的93.6%，占中国的9.5%；呼伦贝尔市林区的主要树种有兴安落叶松、樟子松、白桦、黑桦、山杨、蒙古柞等。

呼伦贝尔草原由东向西呈规律性分布，地跨森林草原、草甸草原和干旱草原三个地带。除呼伦贝尔草原东部（约占草原总面积的10.5%）为森林草原过渡地带外，其余多为天然草场。多年生草本植物是组成呼伦贝尔草原植物群落的基本生态性特征，草原植物资源约1000余种，隶属100个科450属。呼伦贝尔草场又可分为八大类。主要有六大类，即山地草甸、山地草甸草原、丘陵草甸草原、平原丘陵干旱草原、沙地植被草地、低地草甸草场。

呼伦贝尔各类矿产达40余种，矿点370多处。其中57处矿点已探明。主要矿产有煤炭、石油、铁、铜、铅、锌、钼、金、银、铼、铍、铟、镉、硫铁矿、芒硝、萤石、重晶石、溴、水泥灰岩等。煤炭探明储量是辽宁、吉林、黑龙江三省总和的1.8倍。

呼伦贝尔市水资源总量为286.6亿立方米：地表水资源量272亿立方米，占中国地表水资源量的1%，占全区地表水资源量的73%；地下水资总量14.6亿立方米。全市人均占有水资源量为1.1万立方米，高于世界人均占有量，是全国人均占有量的4.66倍。水能资源理论蕴藏量246万千瓦，水域面积48.32万公顷。

内蒙古拥有独特的微生物资源，而且在某些领域的开发利用走在全国的前列。在食品微生物方面，如酸奶、奶酪、马奶酒的微生物利用都有一定规模；在兽医微生物方面，如口蹄疫苗、羊五联苗的利用在国内处于领先水平；在医药微生物方面，如双歧杆菌的开发已形成产业。在农业微生物领域，玉米青贮饲料年贮量2600万吨以上，是全国最大的玉米青贮微生物发酵产业。

第八章　STEM 教学案例分析

本研究案例的总体设计思想如下：

（1）以实现教学目标为依据。在设计案例时，充分考虑了《义务教育小学科学课程标准》（2017年版）对四大领域，即物质科学领域、生命科学领域、地球与宇宙科学领域、技术与工程领域，不同学段的教学目标。

（2）合理融合S、T、E、M思想。以项目为载体，让学生在做中学，将科学知识、技术水平、工程思想、数学思维有机融合在一起。

（3）体现呼伦贝尔地区特色特点。以呼伦贝尔地区特色的地域、生态、文化、习俗、艺术、服饰、工艺品等为项目依托，传承和弘扬优秀地区特色文化。

（4）充分运用现代学与教的理论。将建构主义学习理论、做"中学"理论、基于项目的学习、基于问题的学习等多种学习理论和教学模式应用到教学活动中，充分发挥教师的主导和主体作用，在1—2年级教师采用"指导"的方式帮助学生完成任务，在3—4年级教师采取"引导"的方式帮助学生完成任务，在5—6年级教师采取帮助学生自主探究的方式完成任务。

第一节　物质科学领域相关案例分析

一、《搭建民居》教学案例分析

（一）案例基本信息

《搭建民居》是针对小学1—2年级设计的STEM案例。民居是最基本的建筑类型，出现最早，分布最广，数量最多。由于中国各地区的自然环境和人文情况不同，各地民居也显现出多样化的面貌，呼伦贝尔地区的民居由于地区特色文化不同、地理环境气候差异，民居的样式和风格也不相同。

利用不同的材质搭建民居，以工程设计为主线，能够将物质科学领域诸多科学知识融入任务解决过程中，让学生辨别生活中常见的材料、描述物体的基本特征、通过布置民居来描述物体的位置、通过设计窗户或门体验推力和拉力等。在整个探究过程中，学生能够将多个科学知识综合以解决实际问题，体验科学探究的过程，树立科学态度，体验科学、技术、社会与环境之间的关系。

（二）案例总体教学目标

结合《义务教育小学科学课程标准》（2017年版）中对科学课程总目标的描述，以及在设计STEM教学案例时对目标中科学知识和地方特色民居的融合，本教学设计方案的目标以知识目标、探究目标、态度目标为引领展开设计。各个维度的目标具体如下。

1. 知识目标

知识目标主要呈现本STEM教学案例中融入的《义务教育小学科学课程标准》中的1—2年级所对应的教学内容，具体如表8-1所示。

表8-1　知识目标

学习领域	学习内容	应达到的学习目标
物质科学领域	1.1　物体具有质量、体积等特征。	通过观察，描述物体的轻重、薄厚、颜色、表面粗糙程度、形状等特征。辨别生活中常见的材料。
	4.1　可以用某个物体相对另一个物体的方向和距离来描述该物体在某个时刻的位置。	使用前后左右、东西南北、远近等描述物体所处位置和方向。
	5.1　有的力直接施加在物体上，有的力可以通过看不见的物质施加在物体上。	知道推力和拉力是常见的力。知道力可以使物体的形状发生改变。

2. 探究目标

根据《义务教育小学科学课程标准》（2017年版）对科学探究目标的描述，针对1—2年级的学生在这一学段应该达到的水平，将核心目标放在"在教师的指导下完成探究任务"。整个探究过程体现在教学活动的各个环节。在本案例中，各个探究环节学生应能达到的标准如表8-2所示。

表8-2 探究目标

探究阶段	应达到的学习目标
提出问题	在教师的指导下，通过参观博物馆及查找资料，学生能够初步确定自己拟建造的民居方案。
做出假设	能够根据教师的示范，依据已有的经验，小组同学初步构建出民居的功能、形状、室内物品及摆放位置。
制订计划	能够在教师的指导下，制订小组计划，包括每一阶段拟完成的任务和确定小组分工。具体计划为：确定民居功能、形状、室内物品及摆放位置，确定小组分工—绘制设计图—选择原材料—搭建民居—制作民居内物品—摆放物品—搜集证据验证任务完成情况—改进民居。
搜集证据	学生依据计划完成民居的制作。在此过程中，搜集相关信息，验证民居的功能、形状、室内物品及摆放是否与最初的假设吻合。
处理信息	在教师的指导下，能够用语言去描述所做民居的颜色，所选择原材料的轻重、薄厚、表面粗糙程度、形状等，能够用前后左右、东西南北、远近等描述民居内物品所处位置和方向。
得出结论	在教师的指导下，能够运用观察、描述、比较等方法验证所做作品是否与假设一致。
表达交流反思评价	能够根据教师提供的《汇报主要内容表》，汇报各组民居的情况。 通过小组互评，学生能够意识到自己小组在探究过程、结果等方面有需要改进的地方。

3. 态度目标

这里的态度目标既包括科学态度，也包括传承和弘扬地方特色文化的目标。本案例中体现在如下两个方面，如表8-3所示。

表8-3 态度目标

态度领域	应达到的学习目标
科学态度	能够对本地区常见民居的功能、外形、室内物品的陈列表现出探究兴趣。愿意尝试通过自己亲手制作民居去探究相关内容。
	学生在小组完成任务时，如果发现事实与原有设想不同，能够尊重事实，养成用事实说话的意识。
	学生能够在参观博物馆、多方搜集信息的情况下，在教师的指导下，自主设计民居，尝试从多角度、多方式认识事物。具有创新意识。
	学生能够在小组任务中，倾听、分享他人的信息，乐于表达、讲述自己的观点，能够按要求进行合作探究。具有合作分享的态度。

续表

态度领域	应达到的学习目标
传承和弘扬地方特色文化	学生通过参观地方特色博物馆和制作民居，了解呼伦贝尔地区各地方特色民居的功能、形状、特点等，体会本地区居民的智慧，增强家乡文化自豪感和荣誉感。初步具有传承和弘扬地方特色文化的意识。

（三）教学活动设计的分析

教学活动的设计充分依据了建构主义学习理论、"做中学"理论、探究性学习、基于项目的教学模式等。

根据教学目标、教学内容、学生的基本特征，将本节课的教学活动设计如图8-4。

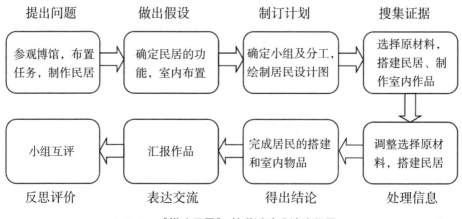

8-4 《搭建民居》教学活动设计流程图

1. 进入情境与提出问题

首先，教师在课堂上展示呼伦贝尔地区不同地方特色民居的图片，包括蒙古包、撮罗子、马架子、斜仁柱、奥伦，让学生进入真实的生活情境中，激发学生的学习兴趣。

接着，提出与本主题相关的问题：这些房子都是用什么物质搭建的？房子里会经常摆设哪些生活用品？这些生活用品一般都摆放在什么位置？

最后，教师带着学生到当地博物馆参观，感受不同民居的特点，同时结合教师提供的视频和阅读资料，了解民居与地理气候条件、生活方式、历史传统、生活习俗、人文条件、审美观念等。最后，填写表8-5：

表8-5　参观记录表

印象最深的民居： 功能： 外形： 制作原料： 室内主要物品及摆设位置：

分析：本环节的主要目的是创设情境、提出问题。建构主义教学观强调学习的主动性、社会性和情境性，认为不能无视学生的已有知识经验。持文化历史观的建构主义学者维果斯基特别强调在人的发展过程中社会文化历史的作用。因此，在本环节提出的问题都置于学生的已有经验和社会文化背景之下，与呼伦贝尔地区的特色民居结合了起来。同时，为了弥补个别学生的经验不足的问题，特采取参观博物馆的形式，让学生丰富相关经验，为开展下一步活动奠定基础。

2. 布置任务

给学生提供下列材料：木架、羊毛毡、绳子、积木、橡皮泥、仿真树皮、乳白胶、纸、笔、保鲜膜、颜料等材料。

布置任务：小组设计并制作一个民居。

分任务一：确定小组成员，给民居起个好听的名字。

引导学生说出为什么取这样的名字。

分任务二：指导学生绘制出民居的设计图，选择合适的材料搭建民居。填写表8-6。

指导学生按自己的设想绘制简易的民居图，小组讨论如下问题：

（1）民居主体形状、门窗向哪个方向开比较合适。

（2）室内主要摆放物品及摆放的位置。

思考根据主人的实际生活需要，准备摆放哪些物品，摆放在什么位置更方便主人的生活等。

（3）外部及内部的颜色或图案。

表8-6　民居设计表

民居的名称	
小组成员及分工	
主体形状	

续表

门窗方向	
外部和内部颜色（图案）	
生活物品及摆放	

分任务三：确定民居所用的材料并填写表8-7。

指导学生思考该民居所处的气候环境，如地理位置（林区，还是牧区）、寒冷程度、潮湿程度，风的强弱。

表8-7 选择材料表

环境		选材
位置		
寒冷		
潮湿		
风力		

分任务四：指导学生按设想搭建民居，用橡皮泥制作室内摆放物品，并按设计图摆放在民居内。

引导学生用语言描述每一种物品的轻重、薄厚、颜色、表面粗糙程度、形状等，说出这些物品都是什么，引导学生用前后左右、东南西北、远近等描述各个物品所处位置和方向。

分任务五：指导学生搭建结束后汇报所设计的民居。

小组互评，对自己和他人的作品提出改进建议。按照表8-9进行汇报，按照表8-10进行小组互评。

表8-9 汇报主要内容表

1. 该民居的功能、形状、颜色。 2. 搭建民居所选材料及为什么选这种材料。 3. 搭建时小组分工。 4. 描述民居内的物品及物品的位置。 5. 展示如何打开民居的门和窗。

表8-10　小组互评表

	评价项	好	中	差
小组X	实用、结实			
	外观漂亮			
	语言表达准确			

分析：本环节以项目的形式让学生小组合作完成民居的搭建和室内物体的制作与摆放。

第一，该项目的工作过程融合了本课的教学目标中的知识目标、探究目标和态度目标，包含明确的教学内容，即《义务教育小学科学课程标准》（2017年版）中："①物质科学领域内容：1.1　物体具有质量、体积等特征。""4.1　可以用某个物体相对另一个物体的方向和距离来描述该物体在某个时刻的位置。""5.1　有的力直接施加在物体上，有的力可以通过看不见的物质施加在物体上。"

第二，该课题能够将科学知识（S）、技术（T）、工程（E）、数学（M）有机结合起来，如下表8-11所示。

表8-11　S、T、E、M目标表

目标分类	目标描述
S	能够描述出物体的轻重、薄厚、颜色、表面粗糙程度、形状等（1.1） 能够辨别生活中常见的材料，如木材、塑料、纸等（1.2） 能使用前后左右、东南西北、远近等描述物体所处位置和方向（4.1） 知道推力和拉力是常见的力（5.1） 知道力可以使物体的形状发生改变（16.1）
T	知道我们周围的人工世界是由人设计并制造出来的（16.1） 能够对材料进行简单加工（17.3）
E	能够通过口述、实物展示的方式表达自己的设计与想法并完成任务（18.3） 对自己和他人的作品提出改进建议
M	比较薄厚、轻重等的思维

第三，学生有独立进行计划工作的机会，在教师的指导下能够处理项目中出现的困难和问题。这不仅需要学生依据已有的知识和经验解决问题，而且在这个过程中还需要学生适当地探究运用新学习的知识、技能去解决过去从未遇到的

问题。

第四，学习结束时，有明确而具体的成果展示。

第五，在整个探究和协作的过程中，教师给学生提供合理的资源。这些资源可以帮助学生理解问题并解决实际问题。

第六，整个过程要求学生以小组的形式完成任务。整个完成任务过程可以促进学生相互交流、讨论、协商，共同建构问题的意义。

第七，教师给学生提供了显性的行为建模和隐形的认知过程建模支持。行为建模支持包括教师给学生提出了每个分任务应该完成的内容并给学生提供表格，让学生明确在每一个学习活动阶段应该执行哪些活动以及如何执行这些活动；认知建模则体现在过程指导中，让学生在从事探究活动时按照正确的思路去完成任务。

第八，整个活动很好地采用了支架式教学策略为学生搭建支架。整个过程通过分任务的形式使学生沿着教师搭建的"支架"逐步攀升，从而完成对复杂知识的意义建构。

（四）针对设计方案的过程性评价

在方案设计的过程中，主要采取了专家、同行评议和一对一评价的形式对方案进行了评价，并据此对方案做了修改。

1. 专家、同行评议

专家、同行评议采取了说课的方式，邀请了1名地方特色文化教育专家、1名教育技术专家、1名小学科学教师、1名课程与教学论博士进行评议，在评议前将表8-12提供给专家。

表8-12 专家、同行评议表

评价项目	标准描述	具体建议
选题	适合于STEM课程开发，有效融入地方特色，能够激发学生的兴趣。	
教学目标	涵盖S、T、E、M目标，与小学1—2年级相关课程知识对应。	
教学活动设计	教学活动能够充分发挥教师的主导作用、学生的主体作用；能够成功地实现教学目标，符合学生特征。教学活动设计能够做到内容和形式的统一。关于活动要求的表述清楚。	

续表

评价项目	标准描述	具体建议
学习资源和工具的设计	学习资源能够有效支持学生完成任务，达到教学目标。能够有效应用学习环境中的各种学习资源和认知工具。	
评价设计	有明确的评价标准，注重形成性评价，提供了合理的评价工具。	
创新性	教学方法上有创新，能够激发学生的学习兴趣；既符合学生的特征，又能有效地实现STEM目标，注重对学生的自主学习、探究、高级思维能力的培养。	
可实施性	方案简单，可实施，对环境和技术的要求合理，在呼伦贝尔范围内具有可复制性。	
总体建议		

根据专家、同行评议，着重从两个方面对本案例进行了修改，一是STEM教育强调通过学生自主探究获得知识，因此如何在教学活动中让学生通过自主探究获得知识是完善教学设计方案的一个重点；二是对1—2年级学生，必要、合理的指导至关重要，因此在学生自主活动的每一个分任务中，都采取了基于问题的教学方式，用问题指导学生如何去做，从而获得知识、实现目标。

2. 一对一评价

项目组成员找了2名1年级和2名2年级学生进行试用，目的是确定和改正教学设计方案中存在的明显错误，主要从明晰度、影响力和可行性三个方面去反思教学设计方案。

学生的反馈显示：教学设计方案明晰度好，所有学生都能够清晰地知道教学内容；学习过程对学生具有很好的影响力，学生能够通过努力完成任务，对这样的学习经历感到有趣和满意，学生学习结束后能回忆起相关知识；方案具有可行性，学生能够在教师的指导下完成任务，而这个"指导"过程的也是在修改设计方案时对如何指导学生完成任务的一个重要依据。

二、《制作勒勒车》教学案例分析

（一）案例基本信息

《制作勒勒车》是针对小学3—4年级设计的STEM案例。勒勒车是呼伦贝尔地区多个区域使用的古老的交通工具。这种车车身小，但双轮高大，直径一般在一米五六。可完全用桦木或榆木制成，不用铁件，结构简单，易于制造和修理。

（二）案例总体教学目标

结合《义务教育小学科学课程标准》（2017年版）中对科学课程总目标的描述，以及在设计STEM教学案例时对目标中科学知识和地方特色交通工具的融合，本教学设计方案的目标以知识目标、探究目标、态度目标为引领展开设计。各个维度的目标具体如下。

1. 知识目标

知识目标主要呈现本STEM教学案例中融入的《义务教育小学科学课程标准》（2017年版）中的3-4年级所对应的教学内容。具体如表8-13所示。

表8-13 知识目标表

学习领域	学习内容	应达到的学习目标
物质科学领域	1.1 物体具有质量、体积等特征。	通过学习，能够使用直尺测量物体的长度、用量杯测量液体的体积，并使用恰当的计量单位进行记录。
	4.2 通常用速度大小描述物体运动的快慢	能够用速度的大小来描述物体运动的快慢。
		通过自主查找资料，能够查找到自行车、火车、飞机等常用交通工具的速度范围。
	5.1 有的力直接施加在物体上，有的力可以通过看不见的物质施加在物体上。	知道日常生活中常见的摩擦力都是直接施加在物体上的力。
	5.2 物体运动的改变和施加在物体上的力有关。	能够举例说明给物体施加力，可以改变物体运动的快慢，也可以使物体启动或停止。

2. 探究目标

根据《义务教育小学科学课程标准》（2017年版）对科学探究目标的描述，针对3—4年级的学生在这一学段应该达到的水平，将核心目标放在"在教师的引导下完成探究任务"。整个探究过程体现在教学活动的各个环节。在本案例中各个探究环节学生应能达到的标准如表8-14所示。

表8-14 探究目标表

探究阶段	应达到的学习目标
提出问题	在教师的引导下，通过参观博物馆及查找资料，学生能够初步确定自己拟制作的勒勒车方案。
做出假设	能够在教师的引导下，依据已有的经验，小组同学初步确定勒勒车的用途。
制订计划	能够在教师的引导下，制订小组计划，包括每一阶段拟完成的任务和确定小组分工。具体计划为：确定勒勒车的用途，确定小组分工—绘制设计图—选择原材料—搭建勒勒车—验证勒勒车的功能，并完善—搜集证据验证任务完成情况—改进勒勒车。
搜集证据	学生依据计划完成勒勒车的制作。在此过程中，搜集相关信息，验证勒勒车的功能，并完善。
处理信息	在教师的引导下，能够用统计图表等方式记录速度的大小，能够根据记录陈述物体施加力，可以改变物体运动的快慢，也可以使物体启动或停止。
得出结论	在教师的引导下，能够运用分析、比较、推理、概括等方法验证所做作品是否与假设一致。
表达交流反思评价	能够根据教师提供的《汇报主要内容表》，汇报各组探究的情况。通过小组互评，学生能够意识到自己小组在探究过程、结果等方面有需要改进的地方。

3. 态度目标

这里的态度目标既包括科学态度，也包括传承和弘扬地方特色文化的目标。在本案例中体现在下面两个方面，如表8-15所示。

表8-15 态度目标表

态度领域	应达到的学习目标
科学态度	能在好奇心的驱使下，表现出对勒勒车设计和发明过程的探究兴趣。
	在探究影响勒勒车速度大小的过程中能以事实为依据；面对有说服力的证据能调整自己的观点。
	能在教师的引导下尝试运用多种材料、多种思路设计勒勒车，体会创新的乐趣。
	能接纳他人的观点，完善自己的探究；能分工协作，进行多人合作的探究学习。
传承和弘扬地方特色文化	通过制作勒勒车，体会本地区人民的智慧，增强家乡文化自豪感和荣誉感。初步具有传承和弘扬地方特色文化的意识。

（三）教学活动设计的分析

教学活动的设计充分依据了建构主义学习理论、"做中学"理论、探究性学习、基于项目的教学模式等。

根据教学目标、教学内容、学生的基本特征，将本节课的教学活动设计如图8-16。

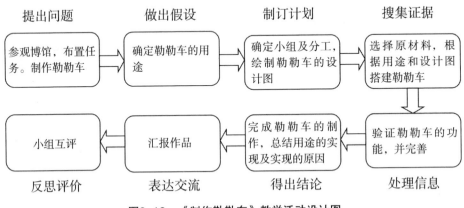

图8-16 《制作勒勒车》教学活动设计图

1. 进入情境与提出问题

首先，老师在课堂上展示日常生活中的交通工具的图片，如飞机、火车、小汽车、自行车等，提问学生是否乘坐过上述交通工具，在什么时候乘坐过，并让学生自己查找这些交通工具的相关信息，完成表8-17。

表8-17 了解常用交通工具

交通工具	时速（km/h）	发明过程
飞机		
火车		
小汽车		
自行车		

接着，老师提出问题：在上述交通工具发明以前，呼伦贝尔地区的农牧民们都是采用什么交通运输工具拉水、拉牛粪、到场搬家、运送燃料的呢？

最后，教师带着学生到当地的地方特色博物馆参观，了解呼伦贝尔地区的传统交通工具。参观结束后，学生查找关于勒勒车的相关资料，并填写表8-18。

表8-18　参观记录表

交通工具： 功能： 结构： 制作原材料：

　　设计意图：本环节的主要目的是创设情境、提出问题。建构主义教学观强调学习的主动性、社会性和情境性，认为不能无视学生的已有知识经验。持文化历史观的建构主义学者维果斯基特别强调在人的发展过程中社会文化历史的作用。因此，本环节提出的问题都置于学生的已有经验和社会文化背景之下，与呼伦贝尔地区的特色交通工具结合了起来。同时，为了弥补个别学生的经验不足的问题，特采取参观地方特色博物馆的形式，让学生丰富相关经验，为开展下一步活动奠定基础。

　　2. 学生协作完成任务

　　给学生提供下列材料：木架、小锯子、木制车轮、小木片、布料、胶水、乳白胶、直尺、量杯、小塑料盒、铁块、玩具小人、纸、笔等材料。

　　布置任务：小组设计并制作一个勒勒车。

　　分任务一：引导学生确定小组成员，确定勒勒车的用途，如载物的牛拉车、载人的马拉轿车等。确定小组分工，并填写表8-19。

表8-19　学生小组任务表

勒勒车的用途	
小组成员及分工	
预计承载什么货物、承载多少	

　　分任务二：引导学生根据勒勒车的用途，初步绘制设计图。引导学生分析其基本组成结构，根据勒勒车的用途和所提供的材料，确定车身的长和宽，并绘制勒勒车的初型。

　　分任务三：引导选择合适材料，按照设计图进行制作。

　　分任务四：进行探究，并填写表8-20。

　　（1）勒勒车是否按设计的那样，承载了相应的货物。

（2）给勒勒车同样大小的力，让其在光滑的桌面和铺了一层沙子的桌面行走。

（3）在光滑的桌面上，用很大的力和很小的力去拉勒勒车，让学生考察会出现什么情况。

表8-20　探究结果

勒勒车能够承载相应的货物	□可以　□不可以
给勒勒车同样大小的力，勒勒车在哪一桌面上行走得更快	□光滑的桌面　□有沙子的桌面
在光滑的桌面上拉勒勒车时，力越大，则勒勒车的速度越快	□大　□小

分任务五：小组交流、互评。按照表8-21进行汇报，按照表8-22进行小组互评。

表8-21　汇报主要内容表

1. 该勒勒车的用途。 2. 搭建时，进行小组分工，完成任务过程中出现的问题和解决办法。

表8-22　小组互评表

	评价项	好	中	差
小组X	能够实现预计效果			
	外观漂亮			
	语言表达准确			

分析：本环节以项目的形式让学生小组合作完成勒勒车的设计及制作。

第一，该项目的工作过程融合了本课的教学目标中的知识目标、探究目标和态度目标，包含明确的教学内容，即《义务教育小学科学课程标准》（2017年版）中："①物质科学领域内容：1.1　物体具有质量、体积等特征。""4.2　通常用速度大小描述物体运动的快慢。""5.1　有的力直接施加在物体上，有的力可以通过看不见的物质施加在物体上。""5.2　物体运动的改变和施加在物体上的力有关。"

第二，该课题能够将科学知识（S）、技术（T）、工程（E）、数学（M）有机结合起来，如下表8-23所示。

表8-23　S、T、E、M目标表

目标分类	目标描述
S	能够使用直尺测量物体的长度、用量杯测量液体的体积，并使用恰当的计量单位进行记录（1.1） 能够用速度的大小来描述物体运动的快慢（4.2） 通过自主查找资料，能够查找到自行车、火车、飞机等常用交通工具的速度范围（4.2） 知道日常生活中常见的摩擦力都是直接施加在物体上的力（5.1） 能够举例说明给物体施加力，可以改变物体运动的快慢，也可以使物体启动或停止（5.2）
T	了解常用交通工具的设计和发明过程（17.1） 知道使用工具可以更加精确、便利和快捷（17.3）
E	知道工程设计的基本步骤包括明确问题、确定方案、设计制作、改进完善等（18.2） 能够针对一个具体任务，按照设计的基本步骤来设计一个产品或完成指定的任务（18.2） 对自己或他人设计的想法、草图、模型等提出改进建议，并说明理由（18.3） 在制作过程中及完成后进行相应的测试和调整（18.3）
M	能够使用直尺测量物体的长度、用量杯测量液体的体积，并使用恰当的计量单位进行记录

第三，学生有独立进行计划工作的机会，在教师的引导下能够处理项目中出现的困难和问题。这不仅需要学生依据已有的知识和经验解决问题，而且在这个过程还需要学生适当地探究运用新学习的知识、技能去解决过去从未遇到过的问题。

第四，学习结束时，有明确而具体的成果展示。

第五，在整个探究和协作的过程中，教师给学生提供合理的资源。这些资源可以帮助学生理解问题并解决实际问题。

第六，在整个过程要求学生以小组的形式完成任务。整个任务过程可以促进学生相互交流、讨论、协商，共同建构问题的意义。

第七，教师给学生提供了显性的行为建模和隐形的认知过程建模支持。行为建模支持包括教师给学生提出了每个分任务应该完成的内容并给学生提供表格，让学生明确在每一个学习活动阶段应该执行哪些活动以及如何执行这些活动；认知建模则体现在过程指导中，让学生在从事探究活动时按照正确的思路去完成任务。

第八，整个活动很好地采用了支架式教学策略为学生搭建支架。整个活动通过分任务的形式使学生沿着教师搭建的"支架"逐步攀升，从而完成对复杂知识的意义建构。

3．教师总结

反馈各组任务完成情况，教师根据学生的完成情况，总结知识：日常生活中常见的摩擦力都是直接施加在物体上的力；给物体施加力，可以改变物体运动的快慢，也可以使物体启动或停止。

设计意图：本环节采用教师总结的方式，将学生自主探究和小组学习的结果加以呈现，以实现知识领域的目标，包括摩擦力都是直接施加在物体上的力，给物体施加力，可以改变物体运动的快慢，也可以使物体启动或停止等。

（四）针对设计方案的过程性评价

在方案设计的过程中，主要采取了专家、同行评议和一对一评价的形式对方案进行了评价，并据此对方案做了修改。

1．专家、同行评议

专家、同行评议采取了说课的方式，邀请了1名地方特色文化教育专家、1名教育技术专家、1名小学科学教师、1名课程与教学论博士进行评议，在评议前将表8-24提供给专家。

表8-24　专家、同行评议表

评价项目	标准描述	具体建议
选题	适合于STEM课程开发，有效融入地方特色，能够激发学生的兴趣。	
教学目标	涵盖S、T、E、M目标，与小学3-4年级相关课程知识对应。	
教学活动设计	教学活动能够充分发挥教师的主导作用、学生主体作用；能够成功地实现教学目标，符合学生特征。教学活动设计能够做到内容和形式的统一。关于活动要求的表述清楚。	
学习资源和工具的设计	学习资源能够有效支持学生完成任务，达到教学目标。能够有效应用学习环境中的各种学习资源和认知工具。	
评价设计	有明确的评价标准，注重形成性评价，提供了合理的评价工具。	

续表

评价项目	标准描述	具体建议
创新性	教学方法上有创新，能够激发学生的学习兴趣；既符合学生的特征，又能有效地实现STEM目标，注重对学生的自主学习、探究、高级思维能力的培养。	
可实施性	方案简单，可实施，对环境和技术的要求合理，在呼伦贝尔范围内具有可复制性。	
总体建议		

根据专家、同行评议，着重从两个方面对本案例进行了修改，一是STEM教育强调通过学生自主探究获得知识，因此如何在教学活动中让学生通过自主探究获得知识是完善教学设计方案的一个重点；二是对3—4年级学生，必要、合理的引导至关重要，因此在学生自主活动的每一个分任务中，都采取了基于问题的教学方式，用问题指导学生如何去做，从而获得知识、实现目标。

2．一对一评价

项目组成员找了2名3年级和2名4年级学生进行试用，目的是确定和改正教学设计方案中存在的明显错误，主要从明晰度、影响力和可行性三个方面去反思教学设计方案。

学生的反馈显示：教学设计方案明晰度好，所有学生都能够清晰地知道教学内容；学习过程对学生具有很好的影响力，学生能够通过努力完成任务，对这样的学习经历感到有趣和满意，学生学习结束后能回忆起相关知识；方案具有可行性，学生能够在教师的引导下完成任务，而这个"引导"的过程也是在修改设计方案时对如何引导学生完成任务的一个重要依据。

三、《马头琴》教学案例分析

（一）案例基本信息

《马头琴》是针对小学3～4年级设计的STEM案例。马头琴是呼伦贝尔地区的民间拉弦乐器。琴身木制，长约一米，有两根弦，共鸣箱呈梯形，声音圆润，低回宛转，音量较弱，是适合演奏蒙古长调的最好的乐器。它能够准确地表达出呼伦贝尔地区人民的生活。马头琴所演奏的乐曲，具有深沉粗犷、激昂的特点，体现了呼伦贝尔地方的生产、生活和草原风格。

马头琴的制作相对比较简单，只需提供一定的材料，学生便可以进行制作。马头琴可以发出形形色色的声音。本案例可以让学生在制作中探究物体为什么会发出声音，声音是怎么发出来的以及不同的材质所发出的声音间的区别。因此，本案例旨在探索如何将小学科学课程与马头琴相结合。

（二）案例总体教学目标

结合《义务教育小学科学课程标准》（2017年版）中对科学课程总目标的描述，以及在设计STEM教学案例时对目标中科学知识和地方特色乐器的融合，本教学设计方案的目标以知识目标、探究目标、态度目标为引领展开设计。各个维度的目标具体如下。

1. 知识目标

知识目标主要呈现本STEM教学案例中融入了《义务教育小学科学课程标准》（2017年版）中的3—4年级所对应的教学内容。具体如表8-25所示。

表8-25 知识目标

学习领域	学习内容	应达到的学习目标
物质科学领域	6.1.2 声音因物体振动而产生。	举例说明声音因物体振动而产生；知道声音的高低、强弱与物体的振动有关。
	6.1.3 声音的高低、强弱与物体振动有关。	知道声音有高低和强弱之分；制作能产生不同高低、强弱声音的简易马头琴；知道振动的变化会使声音的高低、强弱发生改变。能够区别噪声与音调。知道保护听力的方法。

2. 探究目标

根据《义务教育小学科学课程标准》（2017年版）对科学探究目标的描述，针对3—4年级的学生在这一学段应该达到的水平，将核心目标放在"在教师的引导下完成探究任务"。整个探究过程体现在教学活动的各个环节。在本案例中，各个探究环节学生应能达到的标准如表8-26所示。

表8-26 探究目标

探究阶段	应达到的学习目标
提出问题	在教师的引导下，在对马头琴外形的观察中，提出可探究的科学问题。
做出假设	在教师的引导下，能够依据已有的经验和所学数学知识，从蒲公英种子飞行对降落伞的启示方面提出假设。

续表

探究阶段	应达到的学习目标
制订计划	能够在教师的引导下，制订简单的小组计划，包括每一阶段拟完成的任务和确定小组分工。具体计划为：提出琴弦的数量、粗细、材料等影响马头琴发声的假设，并能在教师的引导下进行验证。
搜集证据	在教师的引导，能运用听觉感官描述不同力度、琴弦的数量、粗细、材料等对影响马头琴发声的影响。
处理信息	在教师的引导下，能够用图表等方式记录不同力度、琴弦的数量、粗细、材料等对影响马头琴发声的影响，陈述证据和结果。
得出结论	在教师的引导下，能够运用分析、比较、概括等方法，分析结果，得出结论。
表达交流反思评价	能够根据教师提供的《汇报主要内容表》，汇报各组探究的情况。 通过小组互评，学生能够意识到自己小组在探究过程、结果等方面有需要改进的地方。

3. 态度目标

这里的态度目标既包括科学态度，也包括传承和弘扬地方特色文化的目标。在本案例中体现在下面两个方面，如表8-27所示。

表8-27　态度目标

态度领域	应达到的学习目标
科学态度	能在好奇心的驱使下，表现出对马头琴如何发出美妙音乐的探究兴趣。
	在探究马头琴琴弦的数量、粗细、不同材质对声音影响的过程中，能以事实为依据；面对有说服力的证据能调整自己的观点。
	能在教师的引导下尝试运用多种方法、多种思路完成探究，体会创新的乐趣。
	能接纳他人的观点，完善自己的探究；能分工协作，进行多人合作的探究学习。
传承和弘扬地方特色文化	通过探究马头琴发音原理，以及制作马头琴，体会本地区地方特色乐器的特点，体会本地区人民的智慧，增强家乡文化自豪感和荣誉感。初步具有传承和弘扬地方特色文化的意识。

（三）学生特征分析

本案例所针对的学生为小学3—4年级的学生，由于学生年龄还小，这一年龄段的学生无意注意占优势，注意力不稳定，容易分心，不善于调节和控制自己的注意力，意志力薄弱，自制力差，容易被外界的一些事情所干扰。因此，教师需要鼓励和指引学生进行学习，用丰富多彩的教学内容和生动灵活的教学方法吸引学生，要让学生在学习中得到精神层次的满足，从而调动学生思维的积极性和对知识的求知欲。通过精心设计，教师可以把内容教得透彻，让课堂变得多动且新鲜，这样可以调动学生的学习动机，引发学生的学习积极性。

（四）教学内容的选择与分析

小学科学课程内容包含物质科学领域、生命科学领域、地球与宇宙科学领域、技术与工程领域这四个领域。本案例内容选自物质科学领域中的声能。具体教学内容为：

1. 声音的产生；

2. 声音的高低、强弱；

3. 不同物体所发出的声音也不同。

在活动过程中，教师应该对学生进行引导和督促，让他们在实践与实验中探索声音是如何产生的、声音是如何传播的以及声音的高低与强弱；通过实验活动，让学生在动手操作中知道，声音是由物体振动产生的，声音的高低、强弱与物体振动有关以及不同材质的振动不同所发出的声音也不同。在教学中，教师可以指导学生开展以下活动：

1. 让学生感知身边的物体所发出的声音，从而了解声音是通过振动而产生的。

2. 使用弦线、皮筋、直尺等物品产生不同高低和强弱声音，让学生知道不同材质所产生的声音也不同。

（五）教学活动设计的分析

教学活动的设计充分依据了建构主义学习理论、"做中学"理论、探究性学习、基于项目式的教学模式等。

根据教学目标、教学内容、学生的基本特征，将本节课的教学活动设计如图8-28。

提出问题   做出假设   制订计划   搜集证据

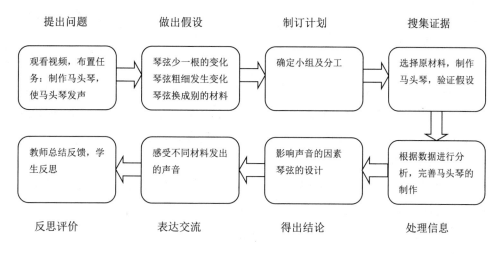

反思评价   表达交流   得出结论   处理信息

图8-28   《马头琴》教学活动设计图

1. 创设情境

播放视频，视频呈现身着传统服饰的小男孩拿着乐器马头琴，然后播放音频。乐器马头琴可以发出柔和优美、洪亮绵厚、悠扬动听的声音。

分析：本环节的主要目的是创设真实的生活情境，激发学生的学习兴趣。建构主义教学观强调学习的主动性、社会性和情境性，认为不能无视学生的已有知识经验。持文化历史观的建构主义学者维果斯基特别强调在人的发展过程中社会文化历史的作用。因此，在本环节创设的呼伦贝尔地区特色乐器情境，是置于学生的已有经验和社会文化背景之下的。

创设演奏地区传统乐器马头琴这样的情境，可以将学生对马头琴的已有经验和社会文化背景相结合，让学生在观看视频的同时，感受呼伦贝尔地方特色文化的魅力，激发对科学探究的热情。视频+音频的方式可以吸引学生的注意力，让学生产生学习兴趣，让他们更好地投入其中。

2. 明确任务

提出与本主题相关的问题：

（1）马头琴的琴弦少一根，声音会有变化吗？

（2）马头琴的琴弦粗细发生变化，声音会发生变化吗？

（3）将马头琴的琴弦换成别的，会发出什么声音？

分析：基于问题的学习理论认为，好的问题都是来自真实的现实生活中的问题，问题一般要与实际生活相关联，让学生觉得所要解决的问题就是自己身边的现实问题，自己与这些问题有一定的关系。因此，本环节在明确任务时，都是从学生的现实生活中提出的。

小学3—4年级的学生好奇心很强，具有非常强烈的探索精神，学生是带着问题去看视频的。因此，应将问题与实际相结合，让学生觉得这些问题就在身边。教师通过对学生进行提问，而不是直接将答案和结论告诉给学生，让学生对学习产生一定的兴趣，将学生带入到学习情境中，激发学生的学习动机。

3. 自主探究

给学生提供下列材料：共鸣箱、琴头、琴杆、弦轴、琴马、琴弦和琴弓、剪刀、橡皮筋、颜料等材料。

分组：将全班同学公平地分为若干小组。

布置任务：小组设计并制作一个简单的马头琴。

任务一：学生自主绘制出马头琴的设计图，选择合适的材料制作马头琴，观察并填写表8-29。

任务二：进行探究并完成表8-29。

表8-29　马头琴的发声

本组制作的马头琴是否可以正常地发出声音：　　　　　　　　　　　　　　　　　□是　　□否
如果不可以，是什么原因导致的？如何改进？
发出的声音是音调，还是噪声：　　　　　　　　　　　　　　　　　　　　　　□音调　　□噪音

任务三：感受力度变化后声音发生的变化，并完成表8-30。

表8-30　声音的高低、强弱

力度越大，振动越大，发出的声音越　　A：高、强　　B：低、弱
力度越小，振动越小，发出的声音越　　A：高、强　　B：低、弱

任务四：感受马头琴的琴弦粗细发生变化后声音发生的变化，并完成表8-31。

表8-31　琴弦发生变化声音所产生的变化

琴弦粗细	粗琴弦	细琴弦
所发声音		

任务五：感受皮筋、普通琴弦、正宗马尾琴弦发出的声音，并完成表8-32。

表8-32　不同材质所发出的声音

琴弦材质	皮筋	普通琴弦	正宗马尾琴弦
所发声音			

分析：本环节以问题和任务的形式让学生探究完成，通过相关表格的填写以引导学生进行探究。

第一，本环节的教学活动融合了本课的教学目标中的知识目标、探究目标和态度目标，包含明确的教学内容，即《义务教育小学科学课程标准》（2017年版）中："①物质科学领域内容：6.1.2声音因物体振动而产生。""6.1.3声音的高低、强弱与物体振动有关。"

第二，该课题能够将科学知识（S）、技术（T）、工程（E）、数学（M）有机结合起来，如下表8-33所示。

表8-33　S、T、E、M目标表

目标分类	目标描述
S	举例说明声音因物体振动而产生（6.1.2） 知道声音的高低、强弱与物体的振动有关（6.1.2） 知道声音有高低和强弱之分（6.1.3） 制作能产生不同高低、强弱声音的简易马头琴（6.1.3） 知道振动的变化会使声音的高低、强弱发生改变（6.1.3） 能够区别噪声与音调（6.1.3） 知道保护听力的方法（6.1.3）
T	体会生活中的技术给人们带来的便利、快捷和舒适（16.2） 能够使用工具对材料进行简单加工（17.3）
E	知道工程设计的基本步骤，能设计制作，改进完善（18.1）
M	用数据记录和分析

第三，学生有独立提出假设、设计验证假设的方案、验证假设的机会，学生能够根据教师的引导，提出琴弦的数量、粗细、材料等影响马头琴发声的假设，独立设计验证假设的方案，并根据方案验证假设。在此过程中学生的探究能力得到了培养。

第四，学习结束时，有明确而具体的成果展示。

第五，在整个探究和协作的过程中，教师既给学生提供必要的引导，如让学生记录不同力度、琴弦的数量、粗细、材料等对马头琴发声的影响，同时又给学生独立探索的机会，让学生自己发现问题、分析问题、解决问题。

第六，整个过程有个人独立探索又有小组协作学习，既培养了学生独立探索的能力，又促进了学生相互交流、讨论、协商，共同进行意义的建构。

第七，教师给学生提供了显性的行为建模和隐形的认知过程建模支持。行为建模支持包括教师给学生提出了每个探究活动应该完成的内容，并提供相应的表格，让学生明确在每一个学习活动阶段应该进行哪些活动以及如何完成这些活动；认知过程建模支持教师在整个过程中起着重要的"引导"作用。

第八，整个活动很好地采用支架式教学策略为学生搭建支架。整个活动通过分任务的形式使学生沿着教师搭建的"支架"逐步攀升，从而完成对复杂知识的意义建构。

4. 展示交流

按照表8-34进行汇报。

表8-34　汇报主要内容表

1. 设计过程。 2. 制作时，进行小组分工，完成任务过程中出现的问题和解决办法。

分析：本环节采用展示交流的方式，将学生自主探究和小组学习的结果加以呈现，一方面可以实现知识领域的目标，包括声音有高低和强弱之分、振动的变化会使声音的高低、强弱发生改变、不同材料发出的声音也不同等，另一方面通过交流，学生可以共享每个小组在提出假设、验证假设过程中有益的做法，互相学习，从而提升学生发现问题、分析问题、解决问题和创新的能力，对提升学生的科学能力和科学态度有非常积极的意义。

（六）针对设计方案的过程性评价

在方案设计的过程中，主要采取了专家、同行评议和一对一评价的形式对方案进行了评价，并据此对方案做了修改。

1. 专家、同行评议

专家、同行评议采取了说课的方式，邀请了1名地方特色文化教育专家、1名教育技术专家、1名小学科学教师、1名课程与教学论博士进行评议，在评议前将表8-35提供给专家。

表8-35　专家、同行评议表

评价项目	标准描述	具体建议
选题	适合于STEM课程开发，有效融入地方特色，能够激发学生的兴趣。	
教学目标	涵盖S、T、E、M目标，与小学3—4年级相关课程知识对应。	
教学活动设计	教学活动能够充分发挥教师的主导作用、学生的主体作用；能够成功地实现教学目标，符合学生特征。教学活动设计能够做到内容和形式的统一。关于活动要求的表述清楚。	
学习资源和工具的设计	学习资源能够有效支持学生完成任务，达到教学目标。能够有效应用学习环境中各种学习资源和认知工具。	
评价设计	有明确的评价标准，注重形成性评价，提供了合理的评价工具。	
创新性	教学方法上有创新，能够激发学生的学习兴趣；既符合学生的特征，又能有效地实现STEM目标，注重对学生的自主学习、探究、高级思维能力的培养。	
可实施性	方案简单，可实施，对环境和技术的要求合理，在呼伦贝尔范围内具有可复制性。	
总体建议		

根据专家、同行评议，着重从两个方面对本案例进行了修改，一是STEM教育强调通过学生自主探究获得知识，因此如何在教学活动中让学生通过自主探究获得知识是完善教学设计方案的一个重点；二是对3—4年级学生，必要、合理的引导至关重要，因此在学生自主活动的每一个分任务中，都采取了基于问题的教学方式，用问题引导学生如何去做，从而获得知识、实现目标。

2. 一对一评价

项目组成员找了2名3年级和2名4年级学生进行试用，目的是确定和改正教学设计方案中存在的明显错误，主要从明晰度、影响力和可行性三个方面去反思教学设计方案。

学生的反馈显示：教学设计方案明晰度好，所有学生都能够清晰地知道教学内容；学习过程对学生具有很好的影响力，学生能够通过努力完成任务，对这样的学习经历感到有趣和满意，学生学习结束后能回忆起相关知识；方案具有可行性，学生能够在教师的引导下完成任务，而这个"引导"过程的也是在修改设计方案时对如何指导学生完成任务的一个重要依据。

四、《射箭》教学案例分析

（一）案例基本信息

《射箭》是针对小学5—6年级设计的STEM案例。射箭在辽阔的草原上广为盛行，这种的箭有60厘米的长度，铁制的箭头极锐利，跟双刃宝剑相似，两面都削尖了。时至今日，射箭依然是内蒙古呼伦贝尔那达慕大会的传统比赛项目之一。

（二）案例总体教学目标

结合《义务教育小学科学课程标准》（2017年版）中对科学课程总目标的描述，以及在设计STEM教学案例时对目标中科学知识和地方特色体育运动的融合，本教学设计方案的目标以知识目标、探究目标、态度目标为引领展开设计。各个维度的目标具体如下。

1. 知识目标

知识目标主要呈现本STEM教学案例中融入了《义务教育小学科学课程标准》（2017年版）中的5—6年级所对应的教学内容。具体如表8-36所示。

表8-36 知识目标

学习领域	学习内容	应达到的学习目标
物质科学领域	4.1 可以用某个物体相对另一个物体的方向和距离来描述该物体在某个时刻的位置。	知道可以用相对另一个物体的方向和距离来描述运动物体在某个时刻的位置。
	4.2 通常用速度大小描述物体运动的快慢。	知道测量距离的常用方法。
	4.3 物体的机械运动有不同的形式。	能够说出射箭过程中，箭的运动是一种曲线运动。

续表

学习领域	学习内容	应达到的学习目标
物质科学领域	5.2 物体运动的改变和施加在物体上的力有关。	能够说明给物体施加力,可以改变物体运动的快慢。
	6.2.2 一种表现形式的能量可以转换为另一种表现形式。	知道能量可以由一种形式转换为另外一种形式。

2. 探究目标

根据《义务教育小学科学课程标准》(2017年版)对科学探究目标的描述,针对5—6年级的学生在这一学段应该达到的水平,将核心目标放在"在教师的引导下完成探究任务"。整个探究过程体现在教学活动的各个环节。本案例中的各个探究环节,学生应能达到的标准如表8-37所示。

表8-37 探究目标

探究阶段	应达到的学习目标
提出问题	在教师的引导下,能基于所学的知识,对那达慕大会的传统比赛项目——射箭的观察中,提出可探究的科学问题。
做出假设	在教师的引导下,能够依据已有的经验和所学数学知识,从射击距离、力度等方面提出假设。
制订计划	能够在教师的引导下,制订简单的小组计划,包括每一阶段拟完成的任务和确定小组分工。具体计划为:提出射击距离、拉弓力度、瞄准位置等影响射箭命中目标的假设,并能在教师的引导下进行验证。
搜集证据	在教师的引导下,能基于所学知识,通过观察、实验等方式运描述射击距离、拉弓力度、瞄准位置等对射箭命中目标的影响。
处理信息	在教师的引导下,能够用图表等方式表述射击距离、拉弓力度、瞄准位置等对射箭命中目标的影响,陈述证据和结果。
得出结论	在教师的引导下,能够运用分析、比较、概括等方法,分析结果,得出结论。
表达交流反思评价	能够根据教师提供的《汇报主要内容表》,汇报各组探究的情况。 通过小组互评,学生能够意识到自己小组在探究过程、结果等方面有需要改进的地方。

3. 态度目标

这里的态度目标既包括科学态度，也包括传承和弘扬地方特色文化的目标。在本案例中体现在下面两个方面，如表8-38所示。

表8-38 态度目标

态度领域	应达到的学习目标
科学态度	能在好奇心的驱使下，表现出对如何提高命中率的探究兴趣。
	在探究射击距离、拉弓力度、瞄准位置等对射箭命中目标影响的过程中，以事实为依据；面对有说服力的证据能调整自己的观点。
	能在教师的引导下，尝试运用多种方法、多种思路完成探究，体会创新的乐趣。
	能接纳他人的观点，完善自己的探究；能分工协作，进行多人合作的探究学习。
传承和弘扬地方特色文化	学生通过探究弓箭原理，以及制作弓箭，体会本地区地方特色运动器材的特点，体会本地区人民的智慧，增强家乡文化自豪感和荣誉感。初步具有传承和弘扬地方特色文化的意识。

（三）学生特征分析

本次设计面向的对象是5—6年级的学生，他们注意力集中的时间比较短，相对理论知识，动手操作学习的动力要强好多。在玩中学习，不仅教学质量可以提高，学生的参与度与学习兴趣也会很高。学生对力的作用也可以掌握得很好，不用死记硬背那些理论知识，这有利于知识的迁移。

1. 已有认知水平分析

学生在五年级的科学课程中已经接触过"生活中的力"这一知识，知道力这一概念与我们的实际生活息息相关，这为接下来学生研究力的作用、弹性势能转动能奠定了基础。

通过之前美术课和数学课的学习，学生已经具备绘制一些简单图形的能力，也知道如何对绘图工具进行使用。因此，在进行STEM教学时，可以让学生设计一些简单的图形，并将这些图形绘制出来。这对学生实践能力的提高，能够起到促进的作用。

2. 探究能力分析

本次设计将五年级的学生作为研究对象。根据皮亚杰的认知发展理论，五年级的学生处于具体运算阶段的后期，他们会更具体化地思考问题，但随着时间的推移，他们会由具体化思考问题转向抽象化思考问题。

由此可知，上五年级的时候，同学们有了进行试验探究的基本水平，也获得了基本的动手设计与制作的能力。因此，基于STEM教育的教学旨在让学生通过已有的信息素养，进行分析问题和搜集信息，来完成本章节的教学设计目标。

3. 学习态度分析

科学课程的目的是提升学生的科学素养，让学生通过参加与科学有关的教学活动，掌握一些科学知识，使自身的实际操作能力得到提升。与此同时，在对科学课程内容进行设计之前，设计者充分考虑了小学生的生活经验，以此来让课程内容与生活实际进行联系。

学生在这个阶段的想象力、好奇心和动手能力都是非常强的。在学习理论知识的同时，学生如果将其与实际生活进行联系，将对学生求知欲的提高产生有利的影响。

（四）教学内容的选择与分析

本案例的内容选自小学科学课程中物质领域"机械运动"这一知识点。将这部分内容与呼伦贝尔地区的地方特色体育运动——射箭相结合，学生可以从射箭中学到力的作用、机械能的转化等知识。案例的设计从学生熟悉的生活经验出发，提出需要解决的问题。本案例对课程中提到的一些生活现象进行观察，结合这些生活现象进行相应的实验，将实验数据信息记录下来，并对这些信息数据进行分析，以此实现对学生创新能力和动手能力的培养与提升。

本案例选取的主要内容有：力的产生、力的大小影响箭发射的远近、机械能的转化。在课堂上，教师一方面让学生自己动手制作弓箭，感受制作弓箭需要哪些步骤；另一方面让学生自己探究力是如何产生的。教师为学生准备物品材料，学生自己去探究力的大小决定箭的远近这一知识。在活动过程中，教师主要是引导、督促学生探究力是怎样产生、力的大小如何影响发射箭的远近以及机械能的转化。

（五）教学活动设计的分析

教学活动的设计充分依据了建构主义学习理论、"做中学"理论、探究性学习、基于项目式的教学模式等。根据教学目标、教学内容、学生的基本特征，将本节课的教学活动设计如图8-39。

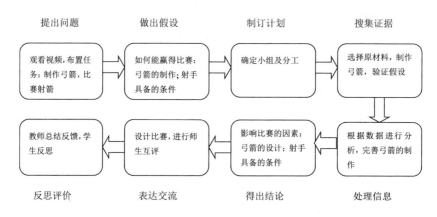

提出问题　　　　做出假设　　　　制订计划　　　　搜集证据

观看视频,布置任务:制作弓箭,比赛射箭 → 如何能赢得比赛:弓箭的制作;射手具备的条件 → 确定小组及分工 → 选择原材料,制作弓箭,验证假设

教师总结反馈,学生反思 ← 设计比赛,进行师生互评 ← 影响比赛的因素;弓箭的设计;射手具备的条件 ← 根据数据进行分析,完善弓箭的制作

反思评价　　　　表达交流　　　　得出结论　　　　处理信息

图8-39 《射箭》教学活动设计图

1. 创设情境

假如说内蒙古呼伦贝尔那达慕大会的传统比赛项目中有射箭这个比赛,让同学自己设计一把属于那达慕大会的弓箭,同学们在设计的过程中都要注意哪些事项?

在设计弓箭的时候,要将呼伦贝尔的特色融入弓箭中。

(1)什么样的弓箭赢得比赛的可能性更大?

(2)射手在射箭时,应该如何瞄准靶心?

(3)射手用的力的大小对射箭的结果有什么影响?

分析:本环节的主要目的是创设真实的生活情境,激发学生的学习兴趣。建构主义教学观强调学习的主动性、社会性和情境性,认为不能无视学生的已有知识经验。持文化历史观的建构主义学者维果斯基特别强调在人的发展过程中社会文化历史的作用。因此,本环节创设的呼伦贝尔地区地方特色体育运动情境,是置于学生的已有经验和社会文化背景之下的。

2. 明确任务

让同学们一起来帮小明一起制作弓箭,并且告诉小明他想知道的问题。

提出问题:

(1)什么样的弓箭赢得比赛的可能性更大?

(2)射手在射箭时,应该如何瞄准靶心?

(3)射手用的力的大小对射箭的结果有什么影响?

分析:基于问题的学习理念认为,好的问题都是来自真实的现实生活中的问题,问题一般要与实际生活相关联,让学生觉得所要解决的问题就是自己身边的现实问题，自己与这些问题有一定的关系。因此，本环节在明确任务时，都是从学生的现实生活中提出的。

3. 自主探究，完成任务

给学生提供下列材料：可弯曲的木条、剪刀、橡皮筋、小木头锯、绳子、可吸附塑料箭、箭靶、颜料、关于射箭制作的书籍等材料。

布置任务：小组设计并制作一把弓。

分任务一：提供给学生主题学习网站，学生自主查找资料，确定赢得射箭比赛可能与哪些因素有关，并填写表8-40。

表8-40　学生小组任务表

小组的名称	
小组成员及分工	
弓的弧度	
射击者瞄准箭靶的位置	
射击者需要的力度大小	

分任务二：学生自主绘制出弓的设计图，选择合适的材料制作弓。

分任务三：进行探究并完成表8-41。

表8-41　弓的射击情况

本组制作的弓是否可以射击到3米的距离：　　□是　　　□否 如果不可以，是什么原因？如何改进？ 弓拉得越满，箭射得越　　□远　　□近

将箭靶位置放在离定点射击起点3米的地方，进行射箭练习，并填写表8-42。

表8-42 射箭

射手瞄准哪个位置更容易将箭射击到靶心	□靶心的位置 □靶心梢上的位置
箭发出去后，做的是	□直线运动 □曲线运动
给科更大的力，箭会飞得	□更快 □不变 □更慢

分任务四：进行射击比赛，并分析每组取得对应成绩的原因。

分任务五：教师引导学生分析出能量是可以互相转化的，并进行总结反馈。

分析：本环节以问题和任务的形式让学生探究完成，通过相关表格的填写进行引导学生进行探究。

第一，本环节的教学活动融合了本课的教学目标中的知识目标、探究目标和态度目标，包含明确的教学内容，即《义务教育小学科学课程标准》（2017年版）中："①物质科学领域内容：4.1 可以用某个物体相对另一个物体的方向和距离来描述该物体在某个时刻的位置。""4.2 通常用速度大小描述物体运动的快慢。""4.3物体的机械运动有不同的形式。""5.2 物体运动的改变和施加在物体上的力有关。""6.2.2一种表现形式的能量可以转换为另一种表现形式。"

第二，该课题能够将科学知识（S）、技术（T）、工程（E）、数学（M）有机结合起来。如下表8-43所示。

表8-43 S、T、E、M目标表

目标分类	目标描述
S	知道可以用相对另一个物体的方向和距离来描述运动物体在某个时刻的位置（4.1） 知道测量距离的常用方法（4.2） 能够说出射箭过程中，箭的运动是一种曲线运动（4.3） 能够说明给物体施加力，可以改变物体运动的快慢（5.2） 知道能量可以由一种形式转换为另外一种形式（6.2.2）
T	能够使用简单的工具对材料做加工（17.3）
E	能根据现实的需要设计简单的器具、生产物品（18.2） 在制作过程中及完成作品后能够进行相应的测试和调整（18.3）
M	用数据对比去说明问题的思维

第三，学生有独立提出假设、设计验证假设的方案、验证假设的机会，学生能够提出射击距离、拉弓力度、瞄准位置等影响射箭命中目标的假设，能够根据教

师提供的材料、表格等，独立设计验证假设的方案，并根据方案验证假设。在此过程中，学生的探究能力得到培养。

第四，学习结束时，有明确而具体的成果展示。

第五，在整个探究和协作的过程中，教师既给学生提供必要的引导，如让学生记录射击距离、拉弓力度、瞄准位置与射箭命中目标的关系，同时又给学生独立探索的机会，让学生自己发现问题、分析问题、解决问题。

第六，整个过程既有个人独立探索又有小组协作学习，既培养了学生独立探索的能力，又促进了学生相互交流、讨论、协商，共同进行意义的建构。

第七，教师给学生提供了显性的行为建模和隐形的认知过程建模支持。行为建模支持包括教师给学生提出了每个探究活动应该完成的内容，并提供相应表格，让学生明确在每一个学习活动阶段应该进行哪些活动以及如何完成这些活动；认知过程建模支持教师在整个过程中起着重要的"引导"作用。

第八，整个活动很好地采用支架式教学策略为学生搭建支架。整个活动通过分任务的形式使学生沿着教师搭建的"支架"逐步攀升，从而完成对复杂知识的意义建构。

4. 展示交流

按照表8-44进行汇报。

表8-44　汇报主要内容表

1. 展示自己制作的弓箭。描述制作步骤，遇到的问题及解决办法。 2. 描述射手在射箭时，应该如何瞄准靶心，并说明原因。 3. 射手用的力的大小对射箭的结果有什么影响及原因。

分析：本环节采用展示交流的方式，将学生自主探究和小组学习的结果加以呈现，一方面可以实现知识领域的目标，包括箭的运动是一种曲线运动，能量可以由一种形式转换为另外一种形式等，另一方面通过交流，学生可以共享每个小组在提出假设、验证假设过程中有益的做法，互相学习，从而提升学生发现问题、分析问题、解决问题和创新的能力，对提升学生的科学能力和科学态度有非常积极的意义。

（六）针对设计方案的过程性评价

在方案设计的过程中，主要采取了专家、同行评议和一对一评价的形式对方案进行了评价，并据此对方案做了修改。

1. 专家、同行评议

专家、同行评议采取了说课的方式，邀请了1名地方特色文化教育专家、1名教育技术专家、1名小学科学教师、1名课程与教学论博士进行评议，在评议前将下表8-45提供给专家。

表8-45 专家、同行评议表

评价项目	标准描述	具体建议
选题	适合于STEM课程开发，有效融入地方特色，能够激发学生的兴趣。	
教学目标	涵盖S、T、E、M目标，与小学5—6年级相关课程知识对应。	
教学活动设计	教学活动能够充分发挥教师的主导作用、学生的主体作用；能够成功地实现教学目标，符合学生特征。教学活动设计能够做到内容和形式的统一。关于活动要求的表述清楚。	
学习资源和工具的设计	学习资源能够有效支持学生完成任务，达到教学目标。能够有效应用学习环境中各种学习资源和认知工具。	
评价设计	有明确的评价标准，注重形成性评价，提供了合理的评价工具。	
创新性	教学方法上有创新，能够激发学生的学习兴趣；既符合学生的特征，又能有效地实现STEM目标，注重对学生的自主学习、探究、高级思维能力的培养。	
可实施性	方案简单，可实施，对环境和技术的要求合理，在呼伦贝尔范围内具有可复制性。	
总体建议		

根据专家、同行评议，对案例的修改着重从两个方面进行，一是STEM教育强调通过学生自主探究获得知识，因此如何在教学活动中让学生扎实地实现知识、探究、态度领域的目标是修改案例时的重点；二是对5—6年级学生，需要培养学生独立探究的能力，因此如何做到"适度"：既给学生足够的自由，又提供给学生必要的引导是案例修改时的另一个重点。

2. 一对一评价

项目组成员找了2名5年级和2名6年级学生进行试用，目的是确定和改正教学设计方案中存在的明显错误，主要从明晰度、影响力和可行性三个方面去反思教学设计方案。

　　根据学生的反馈，对方案可行性进行了微调，通过与学生的交流，对部分问题做了相应的改动，使得学生能够在教师的引导下独立完成任务。再次，学习过程对学生具有很好的影响力，学生能够通过努力完成任务，对这样的学习经历感到有趣和满意，学生学习结束后能回忆起相关知识。

五、《牛奶大变身》教学案例分析

（一）案例基本信息

　　奶制品作为一种草原上颇具地方特色的食品，其制作工艺与地区传统文化和观念及地方特色信仰密切相关，集中反映了呼伦贝尔地区的居民在生产生活方式、风俗习惯等方面的情形，展现了呼伦贝尔人民对草原的热爱，以及对美好生活的追求。通过在生活中体验、观察牛奶如何变身为不同奶制品的过程，学生可以感受地方特色食品加工工艺的特殊性，体会其中所蕴含的人与自然和谐相处的生态智慧。

　　以牛奶大变身为主线，既可以追溯牛奶的来源，即奶牛，将胎生和卵生动物的区别、动物后代与亲代的异同、灭绝生物与当今生物的异同融入教学，又可以让学生通过亲自动手将牛奶制作为酸奶、奶皮子、奶豆腐，将这些过程融入学习过程，将微生物与生活的关系、物质状态的改变、物体的三态纳入到项目研究中。

（二）案例总体教学目标

　　结合《义务教育小学科学课程标准》（2017年版）中对科学课程总目标的描述，以及在设计STEM教学案例时对目标中科学知识和地方特色食品的融合，本教学设计方案的目标以知识目标、探究目标、态度目标为引领展开设计。各个维度的目标具体如下。

1. 知识目标

　　知识目标主要呈现本STEM教学案例中融入了《义务教育小学科学课程标准》（2017年版）中的5—6年级所对应的教学内容，具体如表8-66所示。

表8-66　知识目标表

学习领域	学习内容	应达到的学习目标
物质科学领域	1.3　物质一般有三种状态：固态、液态和气态。	知道奶豆腐/奶皮子是固体，有确定的形状、体积和质量；牛奶和酸奶是液体，有确定的体积和质量，液体的表面在静止时会保持水平；牛奶蒸发掉的水蒸气属于气体，气体有确定的质量，但没有确定的形状和体积。

续表

学习领域	学习内容	应达到的学习目标
物质科学领域	6.3.2 加热和冷却也可以改变某些物质的状态。	描述加热或冷却时常见物质发生的状态变化。牛奶可以做成奶豆腐、奶皮子等奶制品。
生命科学领域	7.5 地球上有多种多样的微生物与我们的生活密切相关。	知道地球上有多种多样的微生物与我们的生活密切相关。其中，酸奶中的益生菌对我们的身体有益。
	11.2 生物繁衍后代的方式有多种。	描述和比较牛、羊等胎生和鸡、鸟等卵生动物繁殖后代方式的不同。
	11.3 生物体的后代与亲代非常相似，但也有一些细微的不同。	描述和比较牛的后代与亲代的异同，如毛皮的颜色、躯体的大小、外形和外貌等。
	11.4 有些曾生活在地球上的植物和动物现在已经不复存在，而有些现今存活的生物与它们具有相似之处。	通过对猛犸的调查，描述和比较灭绝生物和当今某些生物的相似之处。

2. 探究目标

根据《义务教育的小学科学课程标准》（2017年版）对科学探究目标的描述，针对5—6年级的学生在这一学段应该达到的水平，将核心目标放在"学生自主完成探究任务"。整个探究过程体现在教学活动的各个环节。在本案例中各个探究环节学生应能达到的标准如表8-67所示。

表8-67 探究目标表

探究阶段	应达到的学习目标
提出问题	能够基于生活经验，从牛奶的形态变化中提出可探究的科学问题。
做出假设	能够基于所学的知识，从牛奶的形态变化中提出假设：牛奶的质量变化的原因，并能说明问题。
制订计划	能够基于所学的知识，制订比较完整的探究计划，初步具备实验设计的能力。具体计划为：提出牛奶制作成奶皮子/奶豆腐等奶制品后质量是否会改变，提出质量改变的假设，并进行验证。
搜集证据	学生能够基于所学的知识，通过观察、实验、查阅资料、调查的方式分析信息，验证假设。

探究阶段	应达到的学习目标
处理信息	能够基于所学的知识，用数据去表述探究结果，在制作奶制品的过程中，牛奶的质量变化情况。
得出结论	能够基于所学知识，运用分析、比较、推理、概括等方法得出科学探究的结论，判断结论与假设是否一致。
表达交流反思评价	能够根据教师提供的《汇报主要内容表》，汇报任务完成情况。完善探究任务。

3. 态度目标

这里的态度目标既包括科学态度，也包括传承和弘扬地方特色文化的目标。在本案例中体现在下面两个方面，如表8-68所示。

表8-68　态度目标表

态度领域	应达到的学习目标
科学态度	具有科学探究的兴趣。对动物出生的方式不同表现出兴趣，对牛奶制成奶制品有相应的兴趣。
	具有实事求是的精神。对将牛奶制成奶皮子/奶豆腐时其质量产生变化的现象提出假设，分析原因，通过实验的方式验证假设，以事实为依据做判断。
	在学习中追求创新。能从多种角度提出验证由牛奶到奶制品物质形态变化、质量变化等的原因，进行探究，培养创新精神。
	具有合作精神。能够接受别人的批评意见，反思、调整自己的探究。
传承和弘扬地方特色文化	学生通过制作奶制品，体会本地区人民的智慧，增强家乡文化自豪感和荣誉感。初步具有传承和弘扬地方特色文化的意识。

（三）教学活动设计的分析

教学活动的设计充分依据了建构主义学习理论、"做中学"理论、探究性学习、基于项目式的教学模式等。

根据教学目标、教学内容、学生的基本特征，将本节课的教学活动设计如图8-69。

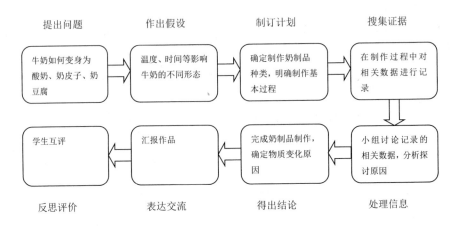

图8-69 教学活动设计流程图

1. 创设情境

通过"舌尖上的中国"，得出中国食物中的黄豆可以加工成豆腐、豆干、豆皮、豆芽、豆筋等不同豆制品的结论。呼伦贝尔作为中国三大黄金奶源之一，盛产纯天然牛奶。牛奶除了可以制作日常的奶茶外，还可以变身为具有地方特色的奶酪、奶皮子、奶豆腐、奶渣子、酸奶等奶制品。

分析：本环节的主要目的是创设真实的生活情境，激发学生的学习兴趣。建构主义教学观强调学习的主动性、社会性和情境性，认为不能无视学生的已有知识经验。持文化历史观的建构主义学者维果斯基特别强调在人的发展过程中社会文化历史的作用。因此，在本环节创设的呼伦贝尔地区特色食物奶制品情境，是置于学生的已有经验和社会文化背景之下的。

2. 明确任务

提出与本主题相关的问题：

（1）奶牛妈妈随时都可以产奶吗？奶牛宝宝是怎么出生的？

（2）牛奶是如何变身为我们日常中的酸奶、奶皮子、奶豆腐的？

分析：基于问题的学习理论认为，好的问题都是来自真实的现实生活中的问题，问题一般要与实际生活相关联，让学生觉得所要解决的问题就是自己身边的现实问题，自己与这些问题有一定的关系。因此，本环节在明确任务时，都是从学生的现实生活中提出的。

3. 自主探究

（1）学生探究牛奶的来源

通过查阅资料、访谈家长、实地考察等方式，探究奶牛妈妈是否随时可以产奶，并填写表8-70。

表8-70　观察记录表

	是否随时可以产奶	一般产奶期多久
奶牛妈妈		

（2）胎生和卵生的区别

教师呈现鸡宝宝、鸟宝宝、牛宝宝、羊宝宝等动物的出生方式，提出胎生、卵生的概念。学生通过观察、讨论等方式，对比二者的不同，并填写表8-71。

表8-71　观察记录表

	在妈妈体内长大	由母体提供营养	需要孵化
胎生	□是　□否	□是　□否	□是　□否
卵生	□是　□否	□是　□否	□是　□否

（3）比较奶牛宝宝和奶牛妈妈的异同

教师呈现图片，引导学生比较奶牛宝宝和奶牛妈妈的异同，并填写表8-72。

表8-72　观察记录表

	毛皮颜色	躯体大小	外形	食物
牛妈妈				
牛宝宝				

（4）说一说猛犸与当今哪种动物相像，有哪些异同。

参观扎拉诺尔猛犸公园，观察猛犸象化石的形态，填写表8-73。

表8-73　对比表

	相同之处	不同之处
猛犸		
相像的动物		

4．动手制作

（1）学生与家长一起动手制作。使用1斤牛奶，用最简便的方法制作酸奶、奶皮子、奶豆腐中的任意一种或几种，体验传统制作过程。

（2）记录物体状态的变化、物体重量的变化、需要的温度、时间。

（3）小组讨论牛奶重量变化的原因和制作奶制品的基本步骤，填写表8-74、表8-75和表8-76。

表8-74 酸奶制作记录表

物体状态变化：
制作前，牛奶是　□气态　□液态　□固态
制作后，酸奶是　□气态　□液态　□固态

物体重量的变化：
制作前，牛奶的重量是＿＿＿＿＿＿＿斤
制作后，酸奶的重量是＿＿＿＿＿＿＿斤
制作后，酸奶的重量＿＿＿＿＿＿（增加/减少/不变）

需要的温度：＿＿＿℃——＿＿＿℃
需要的时间：＿＿＿分钟
简要制作步骤：

表8-75 奶皮子制作记录表

物体状态变化：
制作前，牛奶是　□气态　□液态　□固态
制作后，奶皮子是　□气态　□液态　□固态

物体重量的变化：
制作前，牛奶的重量是＿＿＿＿＿＿＿斤
制作后，奶皮子的重量是＿＿＿＿＿＿＿斤
制作后，奶皮子的重量＿＿＿＿＿＿（增加/减少/不变）
原因是＿＿＿＿＿＿
验证方式是＿＿＿＿＿＿＿＿＿＿＿＿＿＿＿＿＿＿＿＿

需要的时间：＿＿＿分钟
简要制作步骤：

表8-76 奶豆腐制作记录表

物体状态变化： 制作前，牛奶是 □气态 □液态 □固态 制作后，奶豆腐是 □气态 □液态 □固态 物体重量的变化： 制作前，牛奶的重量是＿＿＿＿＿斤 制作后，奶豆腐的重量是＿＿＿＿＿斤 制作后，奶豆腐的重量＿＿＿＿＿（增加/减少/不变） 原因是＿＿＿＿＿ 验证方式是＿＿＿＿＿＿＿＿＿＿＿＿＿＿＿＿＿＿＿＿ 需要的时间：＿＿＿＿分钟 简要制作步骤：

分析：本环节以问题和任务的形式让学生探究完成，通过相关表格的填写引导学生进行探究。

第一，本环节的教学活动融合了本课的教学目标中的知识目标、探究目标和态度目标，包含明确的教学内容，即《义务教育小学科学课程标准》（2017年版）中："①物质科学领域内容：1.3物质一般有三种状态：固态、液态和气态。""6.3.2 加热和冷却也可以改变某些物质的状态。""②生命科学领域内容：7.5 地球上有多种多样的微生物与我们的生活密切相关。""11.2 生物繁衍后代的方式有多种。""11.3 生物体的后代与亲代非常相似，但也有一些细微的不同。""11.4 有些曾生活在地球上的植物和动物现在已经不复存在，而有些现今存活的生物与他们具有相似之处。"

第二，该课题能够将科学知识（S）、技术（T）、工程（E）、数学（M）有机结合起来，如下表8-77所示。

表8-77 S、T、E、M目标表

目标分类	目标描述
S	描述和比较胎生和卵生动物繁殖后代方式的不同。 描述和比较动物后代与亲代的异同。 描述和比较灭绝生物和当今某些生物的相似之处。 知道奶皮子、奶豆腐属于固体，有确定的质量。 知道牛奶、酸奶有确定的体积和质量；知道在将牛奶制作成奶皮子/奶豆腐的过程中，有一部分水分蒸发掉，蒸发掉的水分有确定的质量，但没有确定的形状。 知道加热和冷却也可以改变某些物质的状态。

续表

目标分类	目标描述
T	体会生活中的技术给人们带来的便利、快捷和舒适。 能够使用工具对材料进行简单加工。 能够使用简单仪器进行观察。
E	利用日常生活中的材料和工具，体验奶制品制作工艺的过程及原理。
M	能够使用温度计测量物体的温度、重量。

第三，学生有独立提出假设、设计验证假设的方案、验证假设的机会。学生能够根据教师提供的表格在制作奶制品过程中发现牛奶的质量有变化，从而根据实际情况提出牛奶质量变化的原因的假设，独立设计验证假设的方案，并根据方案验证假设。在此过程中，学生的探究能力得到培养。

第四，学习结束时，有明确而具体的成果展示。

第五，在整个探究和协作的过程中，教师既给学生提供必要的引导，如让学生记录由牛奶制作成奶制品后质量的改变，同时又给学生独立探索的机会，让学生自己发现问题、分析问题、解决问题。

第六，整个过程既有个人独立探索又有小组协作学习，既培养了学生独立探索的能力，又促进了学生相互交流、讨论、协商，共同进行意义的建构。

第七，教师给学生提供了显性的行为建模和隐形的认知过程建模支持。行为建模支持包括教师给学生提出了每个探究活动应该完成的内容，并提供相应表格，让学生明确在每一个学习活动阶段应该进行哪些活动以及如何完成这些活动；认知过程建模支持教师在整个过程中起着重要的"引导"作用。

第八，整个活动很好地采用支架式教学策略为学生搭建支架。整个活动通过分任务的形式使学生沿着教师搭建的"支架"逐步攀升，从而完成对复杂知识的意义建构。

5. 展示交流

按照表8-78进行汇报。

表8-78 汇报主要内容表

1. 展示自己制作的酸奶/奶皮子/奶豆腐。描述制作步骤，遇到的问题及解决办法。 2. 描述牛奶制作成酸奶/奶皮子/奶豆腐后状态和质量的变化，并说明重量变化的原因。 3. 描述如何验证牛奶制作成其他奶制品质量变化的原因。 4. 描述酸奶/奶皮子/奶豆腐的功效。

设计意图：本环节采用展示交流的方式，将学生自主探究和小组学习的结果加以呈现，一方面可以实现知识领域的目标，包括物质状态变化的原因，酸奶中的益生菌与生活的关系等，另一方面通过交流，学生可以共享每个小组在提出假设、验证假设过程中有益的做法，互相学习，从而提升学生发现问题、分析问题、解决问题和创新的能力，对提升学生的科学能力和科学态度有非常积极的意义。

（四）针对设计方案的过程性评价

在方案设计的过程中，主要采取了专家、同行评议和一对一评价的形式对方案进行了评价，并据此对方案做了修改。

1. 专家、同行评议

专家、同行评议采取了说课的方式，邀请了1名地方特色文化教育专家、1名教育技术专家、1名小学科学教师、1名课程与教学论博士进行评议，在评议前将表8–79提供给专家。

表8–79　专家、同行评议表

评价项目	标准描述	具体建议
选题	适合于STEM课程开发，有效融入地方特色，能够激发学生的兴趣。	
教学目标	涵盖S、T、E、M目标，与小学5—6年级相关课程知识对应。	
教学活动设计	教学活动能够充分发挥教师的主导作用、学生的主体作用；能够成功地实现教学目标，符合学生特征。教学活动设计能够做到内容和形式的统一。关于活动要求的表述清楚。	
学习资源和工具的设计	学习资源能够有效支持学生完成任务，达到教学目标。能够有效应用学习环境中各种学习资源和认知工具。	
评价设计	有明确的评价标准，注重形成性评价，提供了合理的评价工具。	
创新性	教学方法上有创新，能够激发学生的学习兴趣；既符合学生的特征，又能有效地实现STEM目标，注重对学生的自主学习、探究、高级思维能力的培养。	
可实施性	方案简单，可实施，对环境和技术的要求合理，在呼伦贝尔范围内具有可复制性。	
总体建议		

根据专家、同行评议，着重从两个方面对案例进行修改，一是STEM教育强调学生通过自主探究获得知识。因此，如何在教学活动中让学生能扎实地实现知识、探究、态度领域的目标是修改案例时的重点；二是对5—6年级学生，需要培养学生独立探究的能力，因此如何做到"适度"：既给学生足够的自由，又提供给学生必要的引导，是案例修改时的另一个重点。

2. 一对一评价

项目组成员找了2名5年级和2名6年级学生进行试用，目的是确定和改正教学设计方案中存在的明显错误，主要从明晰度、影响力和可行性三个方面去反思教学设计方案。

根据学生的反馈，做了以下修正：首先修正了方案的明晰度，学生反应教学设计方案中关于奶制品探究过程中需要记录的内容需要更加明确，因此对表8-74、表8-75、表8-76做了修改，使得明晰度更好；其次，对方案可行性进行了微调，通过与学生的交流，对部分问题做了相应的改动，使得学生能够在教师的引导下独立完成任务。再次，学习过程对学生具有很好的影响力，学生能够通过努力完成任务，对这样的学习经历感到有趣和满意，学生学习结束后能回忆起相关知识。

第二节 生命科学领域相关案例分析

一、《桦树皮盒的制作》教学案例分析

（一）案例基本信息

《桦树皮盒的制作》是针对小学3—4年级设计的STEM案例。桦树皮器物曾经在大兴安岭的狩猎地区中被广泛使用。今天，我们仍然可以在大兴安岭的一些地区中找到桦树皮器物的影子。对生活在大兴安岭地区的狩猎人们来说，桦树皮器物是一种不可或缺的生活必需品。桦树皮制作技艺已经被列入国家级非物质文化遗产名录。现在，本书带领大家领略桦树皮工艺品的制作技艺，感受古老、淳朴的桦树皮文化。

（二）案例总体教学目标

结合《义务教育小学科学课程标准》（2017年版）中对科学课程总目标的描

述，以及在设计STEM教学案例时对目标中科学知识和地方特色桦树皮制品的融合，本教学设计方案的目标以知识目标、探究目标、态度目标为引领展开设计。各个维度的目标具体如下。

1. 知识目标

知识目标主要呈现本STEM教学案例中融入的《义务教育小学科学课程标准》（2017年版）中的3—4年级所对应的教学内容，具体如表8-80所示。

表8-80 知识目标

学习领域	学习内容	应达到的学习目标
物质科学领域	1.1 物体具有质量、体积等特征。	能够测量物体的长度，并使用恰当的计量单位进行记录。
	1.2 材料具有一定的性能。	能够描述材料的性能，并判断、选择合适材料设计制作简易器皿。
生命科学领域	7.3 地球上存在不同的植物，不同的植物具有许多不同的特征，同一种植物也存在个体差异。	列举当地的植物资源，尤其是与人类生活密切相关的植物。

2. 探究目标

根据《义务教育小学科学课程标准》（2017年版）对科学探究目标的描述，针对3—4年级的学生在这一学段应该达到的水平，将核心目标放在"在教师的引导下完成探究任务"。整个探究过程体现在教学活动的各个环节。本案例中，各个探究环节学生应能达到的标准如表8-81所示。

表8-81 探究目标

探究阶段	应达到的学习目标
提出问题	在教师的引导下，能从桦树皮制品的观察、比较中，提出可探究的科学问题。
做出假设	在教师的引导下，能够依据已有的经验和所学数学知识，从桦树皮盒的体积方面提出假设。
制订计划	能够在教师的引导下，制订小组计划，包括每一阶段拟完成的任务和确定小组分工。具体计划为：提出同样大小的桦树皮分别制作成正方体、圆柱体，哪个盛的大米更多的假设，并能在教师的引导下进行验证。
搜集证据	在教师的引导下，能选择恰当的工具，观察并描述不同形状桦树皮盒盛装大米的情况。

续表

探究阶段	应达到的学习目标
处理信息	在教师的引导下，能够用图表等方式记录不同形状桦树皮盒盛装大米的多少，陈述证据和结果。
得出结论	在教师的引导下，能够运用分析、比较、概括等方法，分析结果，得出结论。
表达交流反思评价	能够根据教师提供的《汇报主要内容表》，汇报各组探究的情况。 通过小组互评，学生能够意识到自己小组在探究过程、结果等方面有需要改进的地方。

3. 态度目标

这里的态度目标既包括科学态度，也包括传承和弘扬地方特色文化的目标。在本案例中体现在下面两个方面，如表8-82所示。

表8-82 态度目标

态度领域	应达到的学习目标
科学态度	能在好奇心的驱使下，表现出对制作不同形状桦树皮盒盛装物体多少过程的探究兴趣。
	在探究影响不同形状桦树皮盒盛装物体多少的过程中，能以事实为依据；面对有说服力的证据能调整自己的观点。
	能在教师的引导下尝试运用多种方法、多种思路完成探究，体会创新的乐趣。
	能接纳他人的观点，完善自己的探究；能分工协作，进行多人合作的探究学习。
传承和弘扬地方特色文化	学生通过制作桦树皮盒，体会本地区各文化的智慧，增强地域文化自豪感和荣誉感。初步具有传承和弘扬地方特色文化的意识。

（三）教学活动设计的分析

教学活动的设计充分依据了建构主义学习理论、"做中学"理论、探究性学习、基于项目式的教学模式等。

根据教学目标、教学内容、学生的基本特征，将本节课的教学活动设计如图8-83。

1. 创设情境

老师课堂展示桦树皮生活品和艺术品，包括撮罗子、桦树皮船、碗、驮箱、火种盒、皮筒、皮盒、摇篮、刀鞘等，让学生进入真实的生活情境中，激发学生的学习兴趣。

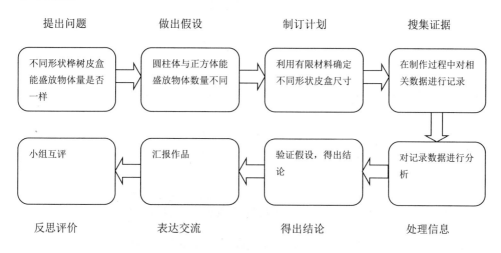

图8-83　《桦树皮盒的制作》教学活动设计图

分析：本环节的主要目的是创设真实的生活情境，激发学生的学习兴趣。建构主义教学观强调学习的主动性、社会性和情境性，认为不能无视学生的已有知识经验。持文化历史观的建构主义学者维果斯基特别强调在人的发展过程中社会文化历史的作用。因此，在本环节创设的呼伦贝尔地区特色桦树皮制品情境，是置于学生的已有经验和社会文化背景之下的。

2. 明确任务

提出与本主题相关的问题：

（1）我们身边的树皮，如松树皮、桦树皮都能制作成盒子吗？

（2）桦树皮盒可以制作成哪些形状？不同形状的桦树皮盒可以盛放的大米是否一样多？

分析：基于问题的学习理论认为，好的问题都是来自真实的现实生活中的问题，问题一般要与实际生活相关联，让学生觉得所要解决的问题就是自己身边的现实问题，自己与这些问题有一定的关系。因此，本环节在明确任务时，都是从学生的现实生活中提出的。

3. 自主探究

（1）教师准备呼伦贝尔最常见的两种树木：樟子松和白桦树的树皮，学生通过观察、触摸、弯折等，试对比二者的不同，思考哪个更适合做器皿，找出原因，并填写表8-84。

表8-84　观察记录表

	重量	表面粗糙程度	柔韧性	透水性	是否适合做器皿及原因
樟子松树皮					
白桦树皮					

（2）教师呈现不同形状的桦树皮盒（图8-85），用同样大小的材料分别制作正方体和圆柱体形状的桦树皮盒，探索它们可以盛放的大米是否一样。

图8-85　桦树皮盒

（3）教师示范（圆柱体形状的盒子）

制作盒底、盒盖。

制作盒身：引导学生分析盒身长与底部圆的关系。

（4）学生动手探究

提供给学生下列材料：40*20厘米、仿真桦树皮两张、剪刀、直尺、胶水、纸、笔、1升容量的量杯、大米等材料。

分任务一：提出假设，讨论在最大化利用现有材料的基础上如何制作正方体和圆柱体，并填写表8-86。

表8-86　记录表

正方体的边长最长为： 圆柱体的高和底部圆的直径最大为：

分任务二：根据上述讨论结果，初步绘制设计图。

分任务三：选择合适材料，按照设计图进行制作。

（5）验证假设，并填写表8-87。

表8-87　探究结果

	盛大米（升）	盛大米（升）
正方体		
圆柱体		

分析：本环节以问题和任务的形式让学生探究完成，通过相关表格的填写引导学生进行探究。

第一，本环节的教学活动融合了本课的教学目标中的知识目标、探究目标和态度目标，包含明确的教学内容，即《义务教育小学科学课程标准》（2017年版）中："①物质科学领域内容：1.1　物体具有质量、体积等特征。""1.2　材料具有一定的性能。""②生命科学领域内容。""7.3　地球上存在不同的植物，不同的植物具有许多不同的特征，同一种植物也存在个体差异。"

第二，该课题能够将科学知识（S）、技术（T）、工程（E）、数学（M）有机结合起来，如下表8-88所示。

表8-88　S、T、E、M目标表

目标分类	目标描述
S	能够测量物体的长度，并使用恰当的计量单位进行记录（1.1） 能够描述材料的性能（1.2） 列举当地的植物资源，尤其是与人类生活密切相关的植物（7.3）
T	了解常见器皿的设计、制作过程（17.1） 设计和制作简易的器皿（17.3）
E	知道工程设计的基本步骤 能按设计思想设计制作、改进完善（18.1）
M	灵活运用周长、面积的计算公式解决实际问题 能够使用直尺测量物体的长度

第三，学生有独立提出假设、设计验证假设的方案、验证假设的机会。学生

能够根据教师提供的表格在制作桦树皮盒的过程中，知道如何在最大化利用现有材料的基础上制作正方体和圆柱体，从而提出不同形状的桦树皮盒盛装物体不同的假设，独立设计验证假设的方案，并根据方案验证假设。在此过程中，学生的探究能力得到了培养。

第四，学习结束时，有明确而具体的成果展示。

第五，在整个探究和协作的过程中，教师既给学生提供必要的引导，如让学生记录不同形状桦树皮盒最大的边长或直径，同时又给学生独立探索的机会，让学生自己发现问题、分析问题、解决问题。

第六，整个过程，既有个人独立探索又有小组协作学习，既培养了学生独立探索的能力，又促进了学生相互交流、讨论、协商，共同进行意义的建构。

第七，教师给学生提供了显性的行为建模和隐形的认知过程建模支持。行为建模支持包括教师给学生提出了每个探究活动应该完成的内容，并提供相应表格，让学生明确在每一个学习活动阶段应该进行哪些活动以及如何完成这些活动；认知过程建模支持教师在整个过程中起着重要的"引导"作用。

第八，整个活动很好地采用支架式教学策略为学生搭建支架。整个活动通过分任务的形式使学生沿着教师搭建的"支架"逐步攀升，从而完成对复杂知识的意义建构。

（6）小组交流、互评。

按照表8-89汇报。

表8-89　小组汇报表

1. 设计过程。 2. 制作时，进行小组分工，完成任务过程中出现的问题和解决办法。

按照表8-90进行小组互评。

表8-90　小组互评表

	评价项	好	中	差
小组X	能够实现预计效果			
	外观漂亮			
	语言表达准确			

分析：本环节采用展示交流的方式，将学生自主探究和小组学习的结果加以呈现，一方面可以实现知识领域的目标，包括描述物体的性能、当地的植物资源，尤其是与人类生活密切相关的植物等，另一方面通过交流，学生可以共享每个小组在提出假设、验证假设过程中有益的做法，互相学习，从而提升学生发现问题、分析问题、解决问题和创新的能力，对提升学生的科学能力和科学态度有非常积极的意义。

（7）拓展探索

查阅呼伦贝尔地区特色的图腾，利用水彩笔、橡皮泥等工具对桦树皮盒进行装饰。

分析：本环节采用地方特色图腾元素装饰桦树皮盒，使学生在自主学习的过程中体会本地区地方特色的智慧，增强地方特色文化自豪感和荣誉感，同时培养学生的创新意识。

（四）针对设计方案的过程性评价

在方案设计的过程中，主要采取了专家、同行评议和一对一评价的形式对方案进行了评价，并据此对方案做了修改。

1. 专家、同行评议

专家、同行评议采取了说课的方式，邀请了1名地方特色文化教育专家、1名教育技术专家、1名小学科学教师、1名课程与教学论博士进行评议，在评议前将表8-91提供给专家。

表8-91　专家、同行评议表

评价项目	标准描述	具体建议
选题	适合于STEM课程开发，有效融入地方特色，能够激发学生的兴趣。	
教学目标	涵盖S、T、E、M目标，与小学3—4年级相关课程知识对应。	
教学活动设计	教学活动能够充分发挥教师的主导作用、学生的主体作用；能够成功地实现教学目标，符合学生特征。教学活动设计能够做到内容和形式的统一。关于活动要求的表述清楚。	
学习资源和工具的设计	学习资源能够有效支持学生完成任务，达到教学目标。能够有效应用学习环境中各种学习资源和认知工具。	
评价设计	有明确的评价标准，注重形成性评价，提供了合理的评价工具。	

评价项目	标准描述	具体建议
创新性	教学方法上有创新，能够激发学生的学习兴趣；既符合学生的特征，又能有效地实现STEM目标，注重对学生的自主学习、探究、高级思维能力的培养。	
可实施性	方案简单，可实施，对环境和技术的要求合理，在呼伦贝尔范围内具有可复制性。	
总体建议		

根据专家、同行评议，着重从两个方面对案例进行修改，一是STEM教育强调学生通过自主探究获得知识，因此如何在教学活动中让学生能扎实地实现知识、探究、态度领域的目标是修改案例时的重点；二是对3—4年级的学生，必要、合理的引导至关重要，因此在学生自主活动的每一个分任务中，都采取了基于问题的教学方式，用问题引导学生如何去做，从而获得知识、实现目标

2．一对一评价

项目组成员找了2名3年级和2名4年级学生进行试用，目的是确定和改正教学设计方案中存在的明显错误，主要从明晰度、影响力和可行性三个方面去反思教学设计方案。

根据学生的反馈，做了以下修正：教学设计方案明晰度好，所有学生都能够清晰地知道教学内容；学习过程对学生具有很好的影响力，学生能够通过努力完成任务，对这样的学习经历感到有趣和满意，学生学习结束后能回忆起相关知识；方案具有可行性，学生能够在教师的指导下完成任务，而这个"引导"过程的也是在修改设计方案时对如何指导学生完成任务的一个重要依据。

二、《羊毛毡靴子的制作》教学案例分析

（一）案例基本信息

《羊毛毡靴子的制作》是针对小学5—6年级设计的STEM案例。自然环境不仅决定着人们衣着形制的繁简、宽窄、长短等，而且也制约着人们生产、生活方式以及衣饰材料的选用。北方草原的气候条件是冬季较长，春夏秋季较短，而草原游牧生活在长年风吹日晒、草长水深的环境中，也只有那些既保暖又厚实耐用的服装才比较适合。呼伦贝尔辽阔无垠的草原和高原地带，其自然条件非常适合放牧牲畜，因此牧民们的服饰多用畜皮直接缝制，或通过将畜毛搓捻成线织成布或碾轧成毡的

方式制作而成。

（二）案例总体教学目标

结合《义务教育小学科学课程标准》（2017年版）中对科学课程总目标的描述，以及在设计STEM教学案例时对目标中科学知识和地方特色靴子的融合，本教学设计方案的目标以知识目标、探究目标、态度目标为引领展开设计。各个维度的目标具体如下。

1. 知识目标

知识目标主要呈现本STEM教学案例中融入了《义务教育小学科学课程标准》（2017年版）中的5—6年级所对应的教学内容，具体如表8-92所示。

表8-92 知识目标

学习领域	学习内容	应达到的学习目标
物质科学领域	6.3.3 热可以在物体内核物体间传递，通常热从温度高的物体传向温度低的物体。	能够说出生活中常见的热传递现象；能够理解热传递现象在日常生活中的应用。
	6.6.1 自然界中存在多种能量的表现形式。	知道热能是自然界中存在的能量形式。
生命科学领域	9.2 动物能够适应季节的变化。	举例说出动物适应季节变化的方式；说出这些变化对维持动物生存的作用。

2. 探究目标

根据《义务教育小学科学课程标准》（2017年版）对科学探究目标的描述，针对5—6年级的学生在这一学段应该达到的水平，将核心目标放在"学生自主完成探究任务"。整个探究过程体现在教学活动的各个环节。本案例中，各个探究环节学生应能达到的标准如表8-93所示。

表8-93 探究目标

探究阶段	应达到的学习目标
提出问题	能够基于生活经验，从草原羊如何御寒中提出可探究的科学问题。
做出假设	能够基于所学的知识，从草原羊如何御寒中提出假设：夏季、冬季羊毛量的变化，并能说明问题。

探究阶段	应达到的学习目标
制订计划	能够基于所学的知识，制订比较完整的探究计划，初步具备实验设计的能力。具体计划为：根据夏季、冬季羊毛量的变化，提出羊毛的保暖性比其他物质更好的假设，并进行验证。
搜集证据	学生能够基于所学的知识，通过观察、实验、查阅资料、调查的方式分析信息，验证假设。
处理信息	能够基于所学的知识，用数据去表述探究结果，在制作羊毛毡的过程中，探究其保暖性情况。
得出结论	能够基于所学知识，运用分析、比较、推理、概括等方法得出科学探究的结论，判断结论与假设是否一致。
表达交流反思评价	能够根据教师提供的《汇报主要内容表》，汇报任务完成情况。完善探究任务。

3. 态度目标

这里的态度目标既包括科学态度，也包括传承和弘扬地方特色文化的目标。在本案例中体现在下面两个方面，如表8-94所示。

表8-94　态度目标

态度领域	应达到的学习目标
科学态度	具有科学探究的兴趣。对草原羊如何御寒表现出兴趣，对羊毛与其他物质相比保暖性如何有相应的兴趣。
	具有实事求是的精神。在发现夏季、冬季羊毛量的变化时，提出假设，分析原因，通过实验的方式验证假设，以事实为依据做判断。
	在学习中追求创新。能从多种角度提出验证草原羊御寒的原因，进行探究，培养创新精神。
	具有合作精神。能够接受别人的批评意见，反思、调整自己的探究。
传承和弘扬地方特色文化	学生通过制作羊毛毡，体会本地区人民的智慧，增强家乡文化自豪感和荣誉感。初步具有传承和弘扬地方特色文化的意识。

（三）教学活动设计的分析

教学活动的设计充分依据了建构主义学习理论、"做中学"理论、探究性学习、基于项目式的教学模式等。

根据教学目标、教学内容、学生的基本特征，将本节课的教学活动设计如图8-95。

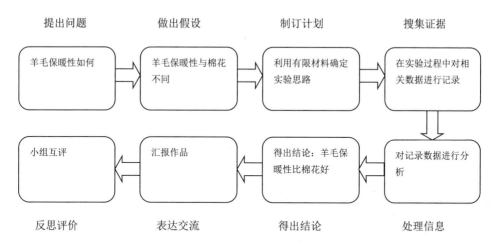

图8-95 《羊毛毡靴子的制作》教学活动设计图

1. 创设情境

近日受较强极低冷空气影响，连日来呼伦贝尔部分地区气温再次走低。牙克石市最低气温达-45.3℃，创今冬气温新低。据统计，在呼伦贝尔境内的186个气象站中，有18个站记录的气温达-40℃以下，出现了极寒天气。那么面对如此寒苦的天气，在这个中国最冷的地方，生活在草原上的牧民，他们如何御寒呢？

本案例旨在让学生进入真实的生活情境中，激发学生的学习兴趣。

分析：本环节的主要目的是创设真实的生活情境，激发学生的学习兴趣。建构主义教学观强调学习的主动性、社会性和情境性，认为不能无视学生的已有知识经验。持文化历史观的建构主义学者维果斯基特别强调在人的发展过程中社会文化历史的作用。因此，本环节创设的呼伦贝尔地区的特色羊毛制品情境，是置于学生的已有经验和社会文化背景之下的。

2. 明确任务

提出与本主题相关的问题：

（1）在极寒的环境下，草原上的动物，如羊、牛等，会不会被冻死？它们是如何御寒的？

（2）羊毛比其他物质，如棉花等，保暖性更好吗？

（3）如何制作牧民的御寒装备之一——羊毛毡靴子呢？

分析：基于问题的学习理论认为，好的问题都是来自真实的现实生活中的问题，问题一般要与实际生活相关联，让学生觉得所要解决的问题就是自己身边的现实问题，自己与这些问题有一定的关系。因此，本环节在明确任务时，都是从学生的现实生活中提出的。

3. 自主探究

（1）学生通过观察、查阅资料等方法，研究夏季、冬季呼伦贝尔草原上的羊及羊圈的变化与不同，并填写表8-96；讨论羊如何抵御寒冷，填写表8-97。

表8-96 观察记录表

	身上羊毛量的变化	羊圈的防风性	羊圈的保暖性	食量
冬季				
夏季				

表8-97 讨论过程记录表

个体	
群体	
对人类御寒的启发	

（2）学生探究羊毛与棉花哪个保暖性更好？

给学生提供下列材料：相同重量的棉花和羊毛各一、冰块、100℃的水、温度计、容器各一、秒表等。

分任务一：确定小组，提出假设，讨论方案。

分任务二：根据上述讨论结果，设计验证方法。

分任务三：选择合适材料，进行实验，并填写表8-98。

表8-98 实验过程记录表

实验思路	
实验数据	
实验结论	

（3）如何制作简易羊毛毡靴子呢？

提供给学生下列材料：羊毛毡一张、戳针、线、剪刀、纸、宝宝鞋模、各种颜色的羊毛若干、皮尺。

教师示范：

根据鞋模画出鞋底、鞋帮样式图。

裁剪羊毛毡。

缝制。

装饰。

分组设计、制作

分任务一：确定小组成员，通过查阅资料，确定靴子的样式。

分任务二：确定小组分工，并填写表8-99。

表8-99　学生小组任务表

小组成员	分工

分任务三：根据讨论结果，初步绘制设计图。

分任务四：选择合适材料，按照设计图进行制作。

分析：本环节以问题和任务的形式让学生探究完成，通过相关表格的填写引导学生进行探究。

第一，本环节的教学活动融合了本课的教学目标中的知识目标、探究目标和态度目标，包含明确的教学内容，即《义务教育小学科学课程标准》（2017年版）中："①物质科学领域内容：6.3.3　热可以在物体内核物体间传递，通常热从温度高的物体传向温度低的物体。""6.6.1　自然界中存在多种能量的表现形式。""②生命科学领域内容：9.2　动物能够适应季节的变化。"

第二，该课题能够将科学知识（S）、技术（T）、工程（E）、数学（M）有机结合起来，如下表8-100所示。

表8-100　S、T、E、M目标表

目标分类	目标描述
S	能够说出生活中常见的热传递现象（6.3.3） 能够理解热传递现象在日常生活中的应用（6.3.3） 知道热能是自然界中存在的能量形式（6.6.1） 举例说出动物适应季节变化的方式（9.2） 说出这些变化对维持动物生存的作用（9.2）

目标分类	目标描述
T	知道技术会对人类生活带来影响（16.2） 能够设计和制作简易的御寒物（17.3）
E	能按设计思想设计制作、改进完善（18.1） 能将根据现实需要设计简单物品（18.2）
M	能够实验温度计测量物体温度，并使用恰当的计量单位进行记录 能够使用直尺测量物体的长度，使用恰当的计量单位进行记录

第三，学生有独立提出假设、设计验证假设的方案、验证假设的机会。学生能够根据教师提供的表格记录夏季、冬季呼伦贝尔草原上的羊及羊圈的变化与不同，从而根据实际情况提出羊毛保暖性的假设，独立设计验证假设的方案，并根据方案验证假设，在此过程中学生的探究能力得到培养。

第四，学习结束时，有明确而具体的成果展示。

第五，在整个探究和协作的过程中，教师既给学生提供必要的引导，如让学生记录比较羊毛与棉花保暖性，同时又给学生独立探索的机会，让学生自己发现问题、分析问题、解决问题。

第六，整个过程既有个人独立探索又有小组协作学习，既培养了独立探索的能力，又促进了学生相互交流、讨论、协商，共同进行意义的建构。

第七，教师给学生提供了显性的行为建模和隐形的认知过程建模支持。行为建模支持包括教师给学生提出了每个探究活动应该完成的内容，并提供相应表格，让学生明确在每一个学习活动阶段应该进行哪些活动以及如何完成这些活动；认知过程建模支持教师在整个过程中起着重要的"引导"作用。

第八，整个活动很好地采用支架式教学策略为学生搭建支架。整个活动通过分任务的形式使学生沿着教师搭建的"支架"逐步攀升，从而完成对复杂知识的意义建构。

（4）小组交流、互评。按照表8-101进行汇报，按照表8-102进行小组互评。

表8-101 汇报主要内容表

1. 设计过程。 2. 制作时，进行小组分工，完成任务过程中出现的问题和解决办法。

表8-102　小组互评表

	评价项	好	中	差
小组X	能够实现预计效果			
	外观漂亮			
	语言表达准确			

分析：本环节采用展示交流的方式，将学生自主探究和小组学习的结果加以呈现，一方面可以实现知识领域的目标，包括动物适应季节变化的方式，这些变化对维持动物生存的作用等；另一方面通过交流，学生可以共享每个小组在提出假设、验证假设过程中有益的做法，互相学习，从而提升学生发现问题、分析问题、解决问题和创新的能力，对提升学生的科学能力和科学态度有非常积极的意义。

（5）拓展探索

不同品种的羊毛，如澳洲羊毛、呼伦贝尔羊毛保暖性是否一样。

分析：本环节探索澳洲羊毛、呼伦贝尔羊毛保暖性哪个更好，使学生在自主学习的过程中增强地方特色的自豪感和荣誉感，同时培养学生的创新意识，初步具有传承和弘扬地方特色文化的意识。

（四）针对设计方案的过程性评价

在方案设计的过程中，主要采取了专家、同行评议和一对一评价的形式对方案进行了评价，并据此对方案做了修改。

1. 专家、同行评议

专家、同行评议采取了说课的方式，邀请了1名地方特色文化教育专家、1名教育技术专家、1名小学科学教师、1名课程与教学论博士进行评议，在评议前将表8-103提供给专家。

表8-103　专家、同行评议表

评价项目	标准描述	具体建议
选题	适合于STEM课程开发，有效融入地方特色，能够激发学生的兴趣。	
教学目标	涵盖S、T、E、M目标，与小学5—6年级相关课程知识对应。	
教学活动设计	教学活动能够充分发挥教师的主导作用、学生的主体作用；能够成功地实现教学目标，符合学生特征。教学活动设计能够做到内容和形式的统一。关于活动要求的表述清楚。	

续表

评价项目	标准描述	具体建议
学习资源和工具的设计	学习资源能够有效支持学生完成任务，达到教学目标。能够有效应用学习环境中各种学习资源和认知工具。	
评价设计	有明确的评价标准，注重形成性评价，提供了合理的评价工具。	
创新性	教学方法上有创新，能够激发学生的学习兴趣；既符合学生的特征，又能有效地实现STEM目标，注重对学生的自主学习、探究、高级思维能力的培养。	
可实施性	方案简单，可实施，对环境和技术的要求合理，在呼伦贝尔范围内具有可复制性。	
总体建议		

根据专家、同行评议，着重从两个方面对本案例进行修改，一是STEM教育强调学生通过自主探究获得知识，因此如何在教学活动中让学生能扎实地实现知识、探究、态度领域的目标是修改案例时的重点；二是对5—6年级的学生，需要培养学生独立探究的能力，因此如何做到"适度"：既给学生足够的自由又提供给学生必要的引导是案例修改时的另一个重点。

2．一对一评价

项目组成员找了2名5年级和2名6年级学生进行试用，目的是确定和改正教学设计方案中存在的明显错误，主要从明晰度、影响力和可行性三个方面去反思教学设计方案。

根据学生的反馈，做了以下修正：首先修正了方案的明晰度，学生反应教学设计方案中关于羊毛与棉花保暖性探究过程中需要记录的内容需要更加明确，因此对表8-98做了修改，使得明晰度更好；其次，对方案可行性进行了微调，通过与学生的交流，对部分问题做了相应的改动，使得学生能够在教师的引导下独立完成任务。再次，学习过程对学生具有很好的影响力，学生能够通过努力完成任务，对这样的学习经历感到有趣和满意，学生学习结束后能回忆起相关知识。

三、《小小降落伞》教学案例分析

（一）案例基本信息

《小小降落伞》是针对小学3—4年级设计的STEM案例。小小的蒲公英很平凡，不引人注意。可是，微风一吹，蒲公英就在湛蓝湛蓝的天空下翩翩起舞。它们四海为家，风姑娘一吹，它们就出发了，风姑娘把它们吹到哪里，它们就在哪里安家扎营，培育下一代。科学家发现了蒲公英随风飘扬的特性，反复研究，反复实践，终于发明了降落伞。

（二）案例总体教学目标

结合《义务教育小学科学课程标准》（2017年版）中对科学课程总目标的描述，以及在设计STEM教学案例时对目标中科学知识和地方特色植物的融合，本教学设计方案的目标以知识目标、探究目标、态度目标为引领展开设计。各个维度的目标具体如下。

1. 知识目标

知识目标主要呈现本STEM教学案例中融入了《义务教育小学科学课程标准》（2017年版）中的3-4年级所对应的教学内容。具体如表8-104所示。

表8-104　知识目标

学习领域	学习内容	应达到的学习目标
物质科学领域	4.2　通常用速度的大小描述物体运动的快慢。	知道测量距离和时间的常用方法；知道用速度的大小来描述物体运动的快慢；能说明判断运动快慢的依据。
生命科学领域	7.3　地球上存在不同的植物，不同的植物具有许多不同的特征，同一种植物也存在个体差异。 8.1　植物具有获取和制造养分的结构。	能够简述蒲公英的组成、营养价值和药用价值。
	11.1　生物有生有死；从生到死的过程中，有不同的发展阶段。 11.2　生物繁衍后代的方式有多种。	描述蒲公英通过产生足够的种子来繁衍后代，蒲公英从生到死的生命过程。

2. 探究目标

根据《义务教育小学科学课程标准》（2017年版）对科学探究目标的描述，针对3—4年级的学生在这一学段应该达到的水平，将核心目标放在"在教师的引导下完成探究任务"。整个探究过程体现在教学活动的各个环节。本案例中，各个探究环节学生应能达到的标准如表8-105所示。

表8-105　探究目标

探究阶段	应达到的学习目标
提出问题	在教师的引导下，在对蒲公英外形的观察中，提出可探究的科学问题。
做出假设	在教师的引导下，能够依据已有的经验和所学数学知识，从蒲公英种子飞行对降落伞的启示方面提出假设。
制订计划	能够在教师的引导下，制订简单的小组计划，包括每一阶段拟完成的任务和确定小组分工。具体计划为：提出伞面大小、绳长短影响降落的速度和距离的假设，并能在教师的引导下进行验证。
搜集证据	在教师的引导下，能选择恰当的工具，观察并描述不同伞面大小、绳长短的降落伞从同一高度落下的时间、距离。
处理信息	在教师的引导下，能够用图表等方式记录不同伞面大小、绳长短的降落伞从同一高度落下的时间、距离，陈述证据和结果。
得出结论	在教师的引导下，能够运用分析、比较、概括等方法，分析结果，得出结论。
表达交流反思评价	能够根据教师提供的《汇报主要内容表》，汇报各组探究的情况。通过小组互评，学生能够意识到自己小组在探究过程、结果等方面有需要改进的地方。

3. 态度目标

这里的态度目标既包括科学态度，也包括传承和弘扬地方特色文化的目标。在本案例中体现在下面两个方面，如表8-106所示。

表8-106　态度目标

态度领域	应达到的学习目标
科学态度	能在好奇心的驱使下，表现出对制作降落伞如何平稳降落的探究兴趣。
	在探究影响不同伞面大小、绳长短的降落伞从同一高度落下的时间、距离的过程中，能以事实为依据；面对有说服力的证据能调整自己的观点。
	能在教师的引导下尝试运用多种方法、多种思路完成探究，体会创新的乐趣。
	能接纳他人的观点，完善自己的探究；能分工协作，进行多人合作的探究学习。
传承和弘扬地方特色文化	学生通过探究蒲公英的营养价值和药用价值，以及制作降落伞，体会本地区植物的功用，增强家乡文化自豪感和荣誉感。初步具有传承和弘扬地方特色文化的意识。

（三）教学活动设计的分析

教学活动的设计充分依据了建构主义学习理论、"做中学"理论、探究性学习、基于项目式的教学模式等。

根据教学目标、教学内容、学生的基本特征，将本节课的教学活动设计如下：

1. 创设情境

播放蒲公英的动画短片：我是蒲公英的种子，秋天到了，我们该飞向远方，另外找一个家了。妈妈联系好了秋风婆婆，我们怀着喜忧参半的心情起程了。小朋友们，想不想和我一起去旅行啊？那就让我们一起准备装备吧。

分析：本环节的主要目的是创设真实的生活情境，激发学生的学习兴趣。建构主义教学观强调学习的主动性、社会性和情境性，认为不能无视学生的已有知识经验。持文化历史观的建构主义学者维果斯基特别强调在人的发展过程中社会文化历史的作用。因此，本环节创设的呼伦贝尔地区特色植物情境，是置于学生的已有经验和社会文化背景之下的。

2. 自主探究

教师提出问题：

（1）小朋友们知道蒲公英从哪里来又到哪里去吗？

（2）看图8-107，指出蒲公英的根、茎、叶、花。

图8-107　蒲公英

（3）蒲公英是否可以食用？是否可以用来治病？

学生自主探究，完成下列任务：

（1）画出"蒲公英从哪里来又到哪里去"的示意图。

（2）在图片上标出蒲公英的根、茎、叶、花。

（3）自主收集资料，完成下面填空。

蒲公英_____（可以/不可以）食用，_____（可以/不可以）用来治病。

分析：基于问题的学习理论认为，好的问题都是来自真实的现实生活中的问题，问题一般要与实际生活相关联，让学生觉得所要解决的问题就是自己身边的现实问题，自己与这些问题有一定的关系。因此，本环节在明确任务时，都是从学生的现实生活中提出的。

3. 动手制作

（1）本环节教学活动按如下图8-108流程设计：

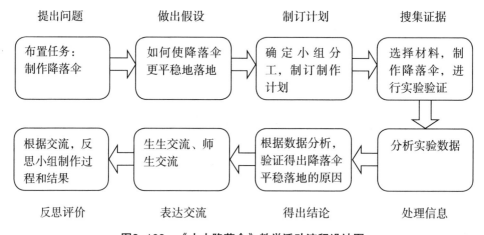

图8-108 《小小降落伞》教学活动流程设计图

（2）提出问题：

①小朋友们，蒲公英的种子为什么会随风飞行？它飞行时的样子像什么？

教师引导：人类就是从蒲公英种子上得到启示，制作了降落伞。

②降落伞由哪几部分组成的。

③学生观察得结论，由伞面和绳子组成。

（3）实操制作降落伞

任务一：根据提供的材料讨论，如何制作小小的降落伞。

材料：

①一块红色的20厘米正方形轻薄塑料薄膜

②一块黄色的30厘米正方形轻薄塑料薄膜

③一块绿色的40厘米正方形轻薄塑料薄膜

④4根5厘米长的棉线

⑤塑料小玩具熊

⑥秒表

学生思考后分享制作方法。

教师完善，用四根棉线做绳子，一头系在塑料薄膜的四个角上，另一头打结后系在小熊上。小组合作动手制作。

任务二：让降落伞从同一高度降落，每个降落伞试验3次，并记录降落时间，并填写字表8-109。

思考问题：哪个降落伞更平稳？为什么？

表8-109　记录表

红色降落伞落地所用时间（　　）秒、（　　）秒、（　　）秒，平均时间为（　　）秒 绿色降落伞落地所用时间（　　）秒、（　　）秒、（　　）秒，平均时间（　　）秒

学生讨论总结：绿色的更平稳。因为它的伞面更大。

任务三：再给大家发一些棉线，填写表8-110，与表8-109单做比较，看看能否做出更平稳的降落伞。

表8-110　记录表

用8根5厘米长的棉线做伞绳，降落伞落地所用时间（　　）秒、（　　）秒、（　　）秒，平均时间为（　　）秒 用4根10厘米的长棉线做伞绳，降落伞落地所用时间（　　）秒、（　　）秒、（　　）秒，平均时间为（　　）秒

任务四：阅读资料，总结真正的降落伞是用什么材料做的。

教师提供相应材料。

任务五：知识扩展。

查阅资料，思考问题：

在我们生活的地区，天气寒冷，风力较强。这些会影响材料的选用和降落伞的平稳度吗？

分析：本环节以问题和任务的形式让学生探究完成，通过相关表格的填写引导学生进行探究。

第一，本环节的教学活动融合了本课的教学目标中的知识目标、探究目标和态度目标，包含明确的教学内容，即《义务教育小学科学课程标准》（2017年版）中："①物质科学领域内容：4.2　通常用速度的大小描述物体运动的快慢。""②生命科学领域内容：7.3　地球上存在不同的植物，不同的植物具有许多不同特征，同一种植物也存在个体差异。""8.1　植物具有获取和制造养分的结构。""11.1　生物有生有死；从生到死的过程中，有不同的发展阶段。""11.2　生物繁衍后代的方式有多种。"

第二，该课题能够将科学知识（S）、技术（T）、工程（E）、数学（M）有机结合起来，如下表8-111所示。

表8-111　S、T、E、M目标表

目标分类	目标描述
S	知道测量距离和时间的常用方法（4.2） 知道用速度的大小来描述物体运动的快慢（4.2） 能说明判断运动快慢的依据（4.2） 能够简述蒲公英的组成、营养价值和药用价值。（7.3、8.1） 描述蒲公英通过产生足够的种子来繁衍后代，蒲公英从生到死的生命过程（11.1、11.2）
T	知道很多发明可以在自然界找到原型能说出利用原理发明的实例（17.1）
E	知道工程设计的基本步骤，能设计制作，改进完善（18.1）
M	用数据记录和分析

第三，学生有独立提出假设、设计验证假设的方案、验证假设的机会。学生能够根据教师的引导在制作降落伞的过程中提出伞面大小、绳长短影响降落的速度和距离的假设，独立设计验证假设的方案，并根据方案验证假设。在此过程中，学生的探究能力得到了培养。

第四，学习结束时，有明确而具体的成果展示。

第五，在整个探究和协作过程中，教师既给学生提供必要的引导，如让学生记录不同伞面大小、绳长短的降落伞从同一高度落下的时间、距离，同时又给学生独立探索的机会，让学生自己发现问题、分析问题、解决问题。

第六，整个过程，既有个人独立探索又有小组协作学习，既培养了独立探索的能力，又促进了学生相互交流、讨论、协商，共同进行意义的建构。

第七，教师给学生提供了显性的行为建模和隐形的认知过程建模支持。它包括教师给学生提出了每个探究活动应该完成的内容，并提供相应表格，让学生明确在每一个学习活动阶段应该进行哪些活动以及如何完成这些活动；教师在整个过程中起着重要的"引导"作用。

第八，整个活动很好地采用支架式教学策略为学生搭建支架。整个活动通过分任务的形式使学生沿着教师搭建的"支架"逐步攀升，从而完成对复杂知识的意义建构。

（4）交流互评

小组交流、互评。按照表8-112进行汇报，按照表8-113进行小组互评。

表8-112　小组汇报主要内容表

1. 设计过程。 2. 制作时，进行小组分工，完成任务过程中出现的问题和解决办法。

表8-113　小组互评表

	评价项	好	中	差
小组X	能够实现预计效果			
	外观漂亮			
	语言表达准确			

分析：本环节采用展示交流的方式，将学生自主探究和小组学习的结果加以呈现，一方面可以实现知识领域的目标，包括用速度的大小来描述物体运动的快慢，蒲公英通过产生足够的种子来繁衍后代等；另一方面通过交流，学生可以共享每个小组在提出假设、验证假设过程中有益的做法，互相学习，从而提升学生发现问题、分析问题、解决问题和创新的能力，对提升学生的科学能力和科学态度有非常积极的意义。

（四）针对设计方案的过程性评价

在方案设计的过程中，主要采取了专家、同行评议和一对一评价的形式对方案进行了评价，并据此对方案做了修改。

1. 专家、同行评议

专家、同行评议采取了说课的方式，邀请了1名地方特色文化教育专家、1名教育技术专家、1名小学科学教师、1名课程与教学论博士进行评议，在评议前将表

8-114提供给专家。

表8-114 专家、同行评议表

评价项目	标准描述	具体建议
选题	适合于STEM课程开发,有效融入地方特色,能够激发学生的兴趣。	
教学目标	涵盖S、T、E、M目标,与小学1-2年级相关课程知识对应。	
教学活动设计	教学活动能够充分发挥教师的主导作用、学生的主体作用;能够成功地实现教学目标,符合学生特征。教学活动设计能够做到内容和形式的统一。关于活动要求的表述清楚。	
学习资源和工具的设计	学习资源能够有效支持学生完成任务,达到教学目标。能够有效应用学习环境中各种学习资源和认知工具。	
评价设计	有明确的评价标准,注重形成性评价,提供了合理的评价工具。	
创新性	教学方法上有创新,能够激发学生的学习兴趣;既符合学生的特征,又能有效地实现STEM目标,注重对学生的自主学习、探究、高级思维能力的培养。	
可实施性	方案简单,可实施,对环境和技术的要求合理,在呼伦贝尔范围内具有可复制性。	
总体建议		

根据专家、和同行评议,着重从两个方面对本案例进行了修改,一是STEM教育强调学生通过自主探究获得知识,因此如何在教学活动中让学生在自主探究获得知识是完善教学设计方案的一个重点;二是对3—4年级的学生,必要、合理的引导至关重要,因此在学生自主活动的每一个分任务中,都采取了基于问题的教学方式,用问题引导学生如何去做,从而获得知识、实现目标。

2. 一对一评价

项目组成员找了2名3年级和2名4年级学生进行试用,目的是确定和改正教学设计方案中存在的明显错误,主要从明晰度、影响力和可行性三个方面去反思教学设计方案。

学生的反馈显示:教学设计方案明晰度好,所有学生都能够清晰地知道教学内容;学习过程对学生具有很好的影响力,学生能够通过努力完成任务,对这样的学习经历感到有趣和满意，学生学习结束后能回忆起相关知识；方案具有可行性，学生能够在教师的指导下完成任务，而这个"指导"过程的也是在修改设计方案时对如何指导学生完成任务的一个重要依据。

四、《植物种子的秘密》教学案例分析

（一）案例基本信息

呼伦贝尔岭东地区寒地玉米种植已有60多年的历史。阿荣旗是内蒙古自治区呼伦贝尔市的一个旗，位于大兴安岭东麓，阿荣旗境内分布着黑土、暗棕壤、草甸土、和沼泽土等4种土壤类型，境内土质以暗棕壤和黑土为主，总面积达317多万亩，腐殖质厚度40—100厘米，土质疏松肥沃，有机质含量5.2%，pH值6.23，呈弱酸性至中性，适宜种植玉米。是名副其实的中国玉米之乡。探究玉米种子的结构，调查其与当地人类生活、环境的密切关系，可以在促进学生掌握知识的同时，激发学生对家乡文化的热爱之情。

（二）教学内容分析

本课教学基于STEM教学理念，将生物、数学、化学、科学和社会等内容进行整合，有目的地锻炼学生探究、实验设计、小组合作能力和问题解决能力，提升学生的基本科学素养。

本课内容以生物为主，与人教版七年级《生物》上册教材中的第三单元相关联。本课旨在让学生认识种子的基本结构，在此基础上探究种子萌发所需要的条件。本课一方面帮助学生建立生物的结构与功能相统一的生命观念，另一方面发展学生提出假设、控制变量、设计对照实验和分析实验结论的能力。本课的探究内容是生物学探究实验的基础，为后面的探究奠定基础。

本课要教授的课程知识还包括碘遇淀粉能够变蓝、计算种子出芽率等与化学和数学学科相关的知识，学生需利用多学科知识解决问题。

（三）学情分析

本案例的对象是初中二年级的学生，他们在日常生活中对植物结构的了解很少，关于植物种植的经验也很少。甚至对本地的植物资源也不是很清楚，但他们有强烈的求知欲和好奇心。本课的探究内容涉及三个变量。如何确定变量、设计对照实验等对学生来说是难点。

（四）教学设计与实施

第1课　时认识种子的结构

1. 教学目标

认识种子的主要结构，描述玉米种子和菜豆种子的相同点和不同点。

解剖观察种子的内部结构，提高实验能力，学会简单的观察方法，培养观察能力。

通过学习种子的结构，学生初步树立结构和功能相统一的生命观点，培养团结与互助精神，体验在交流合作中共同成长的快乐。

2. 材料和工具

浸泡过的玉米和菜豆、碳液、解剖针、解剖刀、放大镜、硬纸板、多种植物的种子和果实。

3. 重要概念

生命体具有不同的结构和功能，这些结构和功能有助于它们生命的进程、发展和繁殖。

种子的主要结构有种皮、胚及贮存营养物质的胚乳或肥大子叶。

4. 教学实施

（1）创设情境，引入主题

老师在课堂上展示呼伦贝尔地区丰富的植物资源，如红皮云杉、樟子松、赤芍、油菜花、蒲公英、玉米、稠李等，让学生进入真实的生活情境中，激发学生的学习兴趣。

引导学生思考，在这个美丽的世界上，绿色植物以生产者的身份扮演着举足轻重的角色，自然界中千姿百态甚至高大健壮的绿色植物大多是从一粒小小的种子开始生命之旅的。引入主题，带领学生进入探索的世界。

设计意图：本环节的主要目的是创设真实的生活情境，激发学生的学习兴趣。建构主义教学观强调学习的主动性、社会性和情境性，认为不能无视学生的已有知识经验。持文化历史观的建构主义学者维果斯基特别强调在人的发展过程中社会文化历史的作用。因此，在本环节创设的呼伦贝尔地区特色植物种子的情境，是置于学生的已有经验和社会文化背景之下的。

（2）明确任务

提出与本主题相关的问题：

①阿荣旗为什么被称为"优质玉米之乡"？

②玉米种子生长需要经历哪些阶段？玉米种子的结构是什么样的？它与菜豆种子的结构有何异同？

设计意图：基于问题的学习理论认为，好的问题都是来自真实的现实生活中的问题，问题一般要与实际生活相关联，让学生觉得所要解决的问题就是自己身边的现实问题，自己与这些问题有一定的关系。因此，本环节在明确任务时，都是从学生的现实生活中提出的。

（3）自主探究

任务一：调查阿荣旗玉米的生长与当地的土壤、气候、降水之间的关系。

任务二：认识玉米种子的内部结构。

①观察不同种子的颜色、形状、大小及外部结构。

②观察玉米种子和菜豆种子的内部结构。

教师向学生简介需准备的实验材料和观察注意事项。

各学生小组一起观察菜豆种子。认识种皮、种脐、种孔，然后去掉种皮，观察内部结构。明确哪里是胚芽、胚轴、胚根和子叶。讨论哪部分是未来的生物体、哪部分为种子萌发提供营养。

各学生小组先观察玉米种子的外形，认识玉米种子的种脐和种孔，然后尝试剥开果皮和种皮，了解玉米种皮和果皮紧密贴合的特点。教师解释种皮和果皮合在一起，分不开，因此一粒玉米既是一粒种子，又是一个果实。

设计意图：这部分是本节课的核心，要给学生充足的时间去解剖、观察和对比。主要意图是以问题和任务的形式让学生进行探究，通过子问题支架进行引导学生进行探究。通过让学生主动参与、亲自动手解剖及亲自观察、思考，让学生提高观察、对比能力，树立生物体结构与功能相统一的意识。

（4）任务深化

有胚乳种子和无胚乳种子结构的对比。

通过刚才的实验、观察，引导学生对菜豆种子和玉米种子的结构进行对比，找出异同，进而推广到生活中，并得知其他种子的特点：有的有胚乳，如小麦、水稻、高粱等的种子；有的无胚乳，如花生、蚕豆、豌豆，甚至苹果、桃子的种子等。让学生知道大多数无胚乳种子并有两片子叶，这类植物被称为双子叶植物。大多数有胚乳种子只有一片子叶，这类植物被称为单子叶植物。然后，引导学生通过填写表8-115，比较有胚乳种子和无胚乳种子的结构，让学生学会利用不同方法进行科学对比，提高学生科学观察和对比的能力。

表8-115　有胚乳种子和无胚乳种子的结构

	种皮	胚乳	胚
有胚乳种子			
无胚乳种子			

设计意图：引导学生列表比较有胚乳种子和无胚乳种子的结构。让学生学会利用不同方法进行科学对比，提高学生归纳和总结的能力。

整个过程中既有个人独立探索又有小组协作学习，既培养了学生独立探索的能力，又促进了学生相互交流、讨论、协商，共同进行意义的建构。

第2课　时探究种子萌发的条件

1. 教学目标

说出种子萌发的环境条件和自身条件；说出抽样检测的基本方法；解释生活中的一些相关现象。

通过探究种子萌发的环境条件实验，提高实验设计能力及分析能力。通过学习种子萌发过程，培养爱护粮食、爱护植物的情感。

2. 材料和工具

广口瓶4个、大小相似的新大米种子40粒、温度计1个、水适量、卫生纸适量。

3. 重要概念

种子萌发需要一定的自身和外界条件。

抽样检测是计算种子发芽率的基本方法。

4. 教学实施

（1）创设情境，引入主题

呈现外观晶莹透亮、米粒饱满的扎兰屯大米的图片，说明扎兰屯大米种植的历史悠远，清光绪三十四年（1908年）就开始种植大米，已有百年历史。呼伦贝尔特产扎兰屯大米是内蒙古东北部呼伦贝尔市扎兰屯市特产，获全国农产品地理标志。

提出问题：你们知道大米种子萌发的全过程吗？你们知道种子萌发需要哪些条件吗？

设计意图：本环节的主要目的是创设真实的生活情境，激发学生的学习兴趣。建构主义教学观强调学习的主动性、社会性和情境性，认为不能无视学生的已有知识经验。持文化历史观的建构主义学者维果斯基特别强调在人的发展过程中社会文化历史的作用。因此，本环节创设的呼伦贝尔地区扎兰屯特产——大米情境，是置于学生的已有经验和社会文化背景之下的。同时引导、启发学生进入探究模式。

（2）自主探究

任务一：种子萌发所需的外界条件。

引导学生说出种子萌发的外部条件：阳光、水、空气、温度、营养、土壤等，引导学生一起阅读资料，分析扎兰屯的地理环境特点，了解其对大麦种子萌发的影响，探究生长环境与大麦种子品质的关系。

各小组总结实验结果，完成表8-116，得出种子的萌发条件。

表8-116　有胚乳种子和无胚乳种子的结构

	1号	2号	3号	4号
条件				
推测结果				

任务二：种子萌发所需的自身条件。

呈现不同的图片，引导学生分析找出种子萌发所需要的自身条件，简单介绍休眠期的概念和意义，帮助学生理解相关概念。

任务三：测定种子发芽率。

根据实验小瓶中同等条件下有的种子能够萌发，有的种子不能萌发现象，提出发芽率的问题，引导学生找出计算种子发芽率的方法。重点引导学生思考抽样调查的方法和意义。

回顾原有数学知识，引导学生写出计算种子发芽率的公式。

任务四：种子的萌发过程。

在学生了解种子萌发需要的外界及自身条件后，视频展示种子的萌发过程，引导学生分析和总结种子的萌发过程，培养学生爱护植物、爱护环境的情感。

菜豆种子的萌发过程如下：

①种子吸水后，体积胀大，种皮胀破。

②胚根首先伸长，突破种皮，发育成幼根。

③子叶以下的胚轴伸长，带着两片子叶伸出土面。

④子叶分开，黄白色的胚芽在光下逐渐变绿，发育成茎和叶。

引导学生观察并说出种子中的各部分结构会分别发育成幼苗的哪些结构：胚根—根；胚芽—茎和叶；胚轴—茎和叶的交接处。引导学生重点观察子叶的变化。

玉米种子的萌发过程：

①种子吸水后，胚根先从种子里伸出，发育成幼根。

②胚芽在胚芽鞘的保护下伸出土面，子叶留在种子里。

③胚芽鞘里的胚芽长出新叶。

设计意图：本环节以问题和任务的形式让学生进行探究，通过相关表格的填写引导学生进行探究。

第一，本环节的教学活动融合了本课的教学目标中的知识目标、探究目标和态度目标，包含明确的教学内容，即《初中生物课程标准》（2017年版）中"种子萌发的条件"的内容，同时能够将生物、数学、社会等学科有机结合起来。

第二，整个过程既有个人独立探索又有小组协作学习，既培养了学生独立探索的能力，又促进了学生相互交流、讨论、协商，共同进行意义的建构。

第三，教师给学生提供了显性的行为建模和隐形的认知过程建模支持。行为建模支持包括教师给学生提出了每个探究活动应该完成的内容，并提供相应表格，让学生明确在每一个学习活动阶段应该进行哪些活动以及如何完成这些活动；认知过程建模支持教师在整个过程中起着重要的"引导"作用。

（五）教学反思

案例立足呼伦贝尔地区特色植物种子：阿荣旗玉米、扎兰屯大米，探究其植物种子的外部形态和内部结构及种子萌发需要的外界条件和自身条件。

这部分学习内容是绿色植物一生开始时的生命活动，这些知识和活动与后期设计探究实验相联系，也为后面植物的生长、开花等知识的学习做好了铺垫。

本案例在设计中有机融入了较多的动手实验和探究设计环节，建立与数学相联系的计算、化学的简单实验等跨学科知识，共同解决种子发芽所需的各种条件问题，所以学生能够有效激发学生的学习动机，使学生在收获知识的过程中，增强热爱家乡文化的情怀。

（六）案例点评

本案例能够让学生在活动中学习科学概念、掌握科学探究方法，把科学概念教学与探究能力培养结合了起来；本案例将科学与生物、化学、数学、社会等学科有机融合，增加问题的真实性和复杂程度，有利于培养学生的科学探究思维及解决实际问题的能力。

教学中设计了比较多的让学生参与的学习活动，让学生在活动中发现、思考与学习。教学中教师能够有意识地引导学生运用数学知识，如随机取样、计算种子出芽率等，从而加强了科学与数学的联系。

当然了，整个设计还有提升的空间，教学中还可增加更多的实践活动，如种子萌发过程可以设置为学生的实践活动，让学生观察和记录种子萌发的过程，教师鼓励学生利用现代技术手段（如手机的视频拍摄功能）记录实验结果、鼓励学生运用美术知识绘制种子萌发的过程，鼓励学生撰写实践报告。这些设计的目的是，促进学生科学实践能力的发展等。

第三节　地球与宇宙科学领域相关案例分析

一、《传统服饰制作》教学案例分析

（一）案例基本信息

《传统服饰制作》是针对小学1—2年级设计的STEM案例。内蒙古地区气候变化较大，冷热温差也大。长期以来，生活在此的人们游猎放牧在这片土地上，服饰在他们的生活中起着重要作用。可以说，服饰的产生是人类对自然环境适应的结果。长袍、窄袖、束腰和靴子共同构成该地方的特色服饰，其形成受到蒙古高原的自然环境和草原的马背游牧生活的影响，服饰形制具有对这种自然环境的适应性。

（二）案例总体教学目标

结合《义务教育小学科学课程标准》（2017年版）中对科学课程总目标的描述，以及在设计STEM教学案例时对目标中科学知识和地方特色服饰的融合，本教学设计方案的目标以知识目标、探究目标、态度目标为引领展开设计。各个维度的目标具体如下。

1. 知识目标

知识目标主要呈现本STEM教学案例中融入的《义务教育小学科学课程标准》（2017年版）中的1—2年级所对应的教学内容。具体如表8–117所示。

表8-117 知识目标

学习领域	学习内容	应达到的学习目标
物质科学领域	1.1 物体具有质量、体积等特征。	通过观察，描述物体的轻重、薄厚、颜色、表面粗糙程度、形状等特征。
	1.2 材料具有一定的性能。	辨别生活中常见的布料材质。
地球与宇宙科学领域	13.2 地球每年自西向东围绕太阳公转，形成四季等有规律的自然现象。	描述一年中四季变化的现象，举例说出季节变化对人类服饰的影响。
	14.1 地球被一层大气圈包围着。	描述天气变化对人类服饰的影响。

2. 探究目标

根据《义务教育小学科学课程标准》（2017年版）对科学探究目标的描述，针对1—2年级的学生在这一学段应该达到的水平，将核心目标放在"在教师的指导下完成探究任务"。整个探究过程体现在教学活动的各个环节。本案例中，各个探究环节学生应能达到的标准如表8-118所示。

表8-118 探究目标

探究阶段	应达到的学习目标
提出问题	在教师的指导下，通过观察、比较南方北方服饰的区别，提出感兴趣的问题：天气变化对人类服饰的影响。
做出假设	在教师的指导下，依据已有的经验，对问题做出简单猜想：服饰外形、色彩与地理环境有关。
制订计划	能够在教师的指导下，了解科学探究需要制订小组计划，包括每一阶段拟完成的任务和确定小组分工。具体计划为：探究服饰的外形受哪些地理环境因素的影响、地区传统长袍设计与环境的关系、服饰的色彩与地理环境的关系，动手制作不同季节传统服饰。
搜集证据	在教师的指导下，能利用多种感官观察呼伦贝尔地区传统服饰的外部形态特征。在此过程中，搜集相关信息，验证服饰外形、色彩是否与最初的假设吻合。
处理信息	在教师的指导下，能够用语言去描述所做冬季夏季服饰领口设计特点及原因、所选择原材料的轻重、薄厚、表面粗糙程度等、色彩变化及原因。

续表

探究阶段	应达到的学习目标
得出结论	在教师的指导下，能够运用观察、描述、比较等方法验证所做作品是否与假设一致。
表达交流反思评价	能够根据教师提供的《汇报主要内容表》，汇报探究过程与结论。 通过小组互评，学生能够意识到自己小组在探究过程、结果等方面有需要改进的地方。

3. 态度目标

这里的态度目标既包括科学态度，也包括传承和弘扬地方特色文化的目标。本案例中体现在如下两个方面，如表8-119所示。

表8-119 态度目标

态度领域	应达到的学习目标
科学态度	能在好奇心的驱使下，对南北方不同服饰特点表现出探究兴趣。愿意尝试通过自己亲手制作服饰去探究相关内容。
	学生在小组完成任务时，如果发现事实与原有设想不同，能够尊重事实，养成用事实说话的意识。
	在教师的指导下，围绕地理环境对服饰外形、色彩等影响做出猜想，尝试从多角度、多方式认识事物。具有创新意识。
	学生能够在小组任务中，倾听、分享他人的信息，乐于表达、讲述自己的观点，能够按要求进行合作探究。具有合作分享的态度。
传承和弘扬地方特色文化	学生通过探究地理环境对呼伦贝尔地区传统服饰外形、色彩的影响，体会本地区人民的智慧，增强家乡文化自豪感和荣誉感。初步具有传承和弘扬地方特色文化的意识。

（三）教学活动设计的分析

教学活动的设计充分依据了建构主义学习理论、"做中学"理论、探究性学习、基于项目的教学模式等。

根据教学目标、教学内容、学生的基本特征，将本节课的教学活动设计如图8-120。

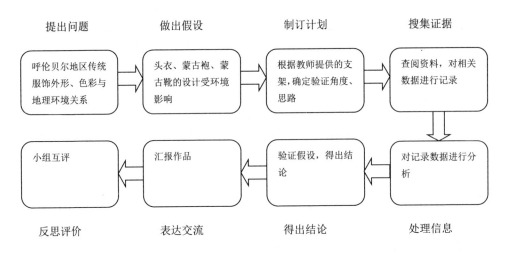

图8-120 《传统服饰制作》教学活动设计图

1. 创设情境

服饰一直以来都是人类必不可少的日用品，由于我国地域辽阔，地形地貌复杂，地理环境差异巨大，因此生活在不同区域的人民身着各式各样绚丽的地方特色服饰，体现着所处地理环境特色和地方特色风情。

教师呈现南方旗袍、青藏高原长袍、呼伦贝尔地区传统长袍的图片，让学生进入真实情境，激发学生的学习动机，带领学生一起探究地区传统服饰与地理环境关系。

分析：本环节的主要目的是创设情境、提出问题。建构主义教学观强调学习的主动性、社会性和情境性，认为不能无视学生的已有知识经验。持文化历史观的建构主义学者维果斯基特别强调在人的发展过程中社会文化历史的作用。因此，在本环节提出的问题都置于学生的已有经验和社会文化背景之下，与呼伦贝尔地区特色服饰结合起来。同时，为了弥补个别学生经验不足的问题，特采取呈现南方、北方不同服饰，让学生丰富相关经验，为开展下一步活动奠定基础。

2. 明确任务

（1）传统服饰的外形与地理环境的关系。

（2）传统服饰的色彩与地理环境的关系。

分析：基于问题的学习理论认为，好的问题都是来自真实的现实生活中的问题，问题一般要与实际生活相关联，让学生觉得所要解决的问题就是自己身边的现实问题，自己与这些问题有一定的关系。因此，本环节在明确任务时，都是从学生的现实生活中提出的。

　　3．自主探究

　　（1）蒙古服饰的外形与地理环境的关系。

　　查阅资料、小组讨论，探究与南方的旗袍、青藏地区长袍相比，呼伦贝尔地区传统长袍的外形受哪些地理环境因素的影响，并填写表8-121、表8-122、表8-123。

表8-121　头衣设计与环境的关系

特点 对环境适应	顶部尖状	两侧卷帘	宽大的帽檐	包裹性好
作用				

表8-122　传统长袍设计与环境的关系

长度是否过膝：　□是　□否

宽度是否宽大：　□是　□否

从天气变化特点及游牧生活角度，考虑这样设计的原因：

领口设计特点：

袖口设计特点：　冬季＿＿＿＿＿＿　夏季＿＿＿＿＿

从季节、大气变化特点及游牧生活角度，考虑这样设计的原因：

材质特点：　冬季＿＿＿＿＿＿夏季＿＿＿＿＿

从季节、天气变化特点及游牧生活角度，考虑这样设计的原因：

表8-123 传统靴设计与环境的关系

特点 对环境适应	高筒	厚底	靴头尖而翘	材质（冬夏）
作用				

传统服饰的色彩与地理环境的关系（表8-124）。

表8-124 传统服饰的色彩与地理环境的关系

夏季色彩主要有： 冬季色彩主要有： 从冷暖色调、气候变化角度，考虑这样设计的原因：

4. 动手制作

分任务一：确定服饰穿戴的季节，选择制作材质。

分任务二：为身高20厘米的玩偶设计传统服饰，形成简单的设计图纸，列出考虑的重点，填写表8-125。

表8-125 设计思路

	设计原因
袍子形状	
袖子长度	
领口	
束腰	
靴子	

分任务三：裁剪、缝制。

给学生提供下列材料：布料、毛料、纸、画笔、线、针、尺子等材料。

分析：本环节以项目的形式让学生小组合作探究地理环境与传统长袍外形、色彩设计的关系，然后制作不同季节传统长袍。

第一，该项目的工作过程融合了本课的教学目标中的知识目标、探究目标和态度目标，包含明确的教学内容，即《小学科学课程标准》（2017年版）中："①物质科学领域内容：1.1　物体具有质量、体积等特征。""1.2　材料具有一定的性能。""地球与宇宙科学领域：13.2　地球每年自西向东围绕太阳公转，形成四季等有规律的自然现象。""14.1　地球被一层大气圈包围着。"

第二，该课题能够将科学知识（S）、技术（T）、工程（E）、数学（M）有机结合起来，如下表8-126所示。

表8-126　S、T、E、M目标表

目标分类	目标描述
S	辨别生活中常见的布料材质（1.2） 描述材质的颜色、薄厚、形状等（1.1） 描述季节变化对人类服饰的影响（13.2） 描述天气变化对人类服饰的影响（14.1）
T	体会生活中的技术给人们带来的便利、快捷和舒适（16.2） 能够使用工具对材料进行简单加工（17.3）
E	利用日常生活中的材料和工具，体验地区传统服饰制作的过程及原理（18.3）
M	能够辨别物体形状、长度、高度、宽度等

第三，学生有独立进行计划工作的机会，在教师的指导下能够处理项目中出现的困难和问题。这不仅需要学生依据已有的知识和经验解决问题，而且在这个过程中还需要适当地探究运用新学习的知识、技能去解决过去从未遇到过的问题。

第四，学习结束时，有明确而具体的成果展示。

第五，在整个探究和协作的过程中，教师给学生提供合理的资源。这些资源可以帮助学生理解问题并解决实际问题。

第六，整个过程要求学生以小组的形式完成任务，在完成任务过程中，可以促进学生相互交流、讨论、协商，共同建构问题的意义。

第七，教师给学生提供了显性的行为建模和隐形的认知过程建模支持。行为建模支持包括教师给学生提出了每个分任务应该完成的内容并提供给表格，让学生明确在每一个学习活动阶段应该执行哪些活动以及如何执行这些活动；认知建模则体现在过程指导中，让学生在从事探究活动时按照正确的思路去完成任务。

第八，整个活动很好地采用了支架式教学策略为学生搭建支架。整个活动通过分任务的形式使学生沿着教师搭建的"支架"逐步攀升，从而完成对复杂知识的

意义建构。

5. 展示交流

每个学生介绍自己制作的服饰，说明设计理念。

分析：本环节采用展示交流的方式，将学生自主探究和小组学习的结果加以呈现，一方面可以实现知识领域的目标，包括季节变化对服饰影响，天气变化对服饰影响等；另一方面通过交流，学生可以共享每个小组在提出假设、验证假设过程中有益的做法，互相学习，从而提升学生发现问题、分析问题、解决问题和创新的能力，对提升学生的科学能力和科学态度有非常积极的意义。

（四）针对设计方案的过程性评价

在方案设计的过程中，主要采取了专家、同行评议和一对一评价的形式对方案进行了评价，并据此对方案做了修改。

1. 专家、同行评议

专家、同行评议采取了说课的方式，邀请了1名地方特色文化教育专家、1名教育技术专家、1名小学科学教师、1名课程与教学论博士进行评议，在评议前将表8-127提供给专家。

表8-127　专家、同行评议表

评价项目	标准描述	具体建议
选题	适合于STEM课程开发，有效融入地方区域特色，能够激发学生的兴趣。	
教学目标	涵盖S、T、E、M目标，与小学1—2年级相关课程知识对应。	
教学活动设计	教学活动能够充分发挥教师的主导作用、学生的主体作用；能够成功地实现教学目标，符合学生特征。教学活动设计能够做到内容和形式的统一。关于活动要求的表述清楚。	
学习资源和工具的设计	学习资源能够有效支持学生完成任务，达到教学目标。能够有效应用学习环境中各种学习资源和认知工具。	
评价设计	有明确的评价标准，注重形成性评价，提供了合理的评价工具。	
创新性	教学方法上有创新，能够激发学生的学习兴趣，既符合学生的特征，又能有效地实现STEM目标，注重对学生的自主学习、探究、高级思维能力的培养。	

评价项目	标准描述	具体建议
可实施性	方案简单，可实施，对环境和技术的要求合理，在呼伦贝尔范围内具有可复制性。	
总体建议		

根据专家、同行评议，着重从两个方面对本案例进行了修改，一是STEM教育强调学生通过自主探究获得知识，因此如何在教学活动中让学生在自主探究中获得知识是完善教学设计方案的一个重点；二是对1—2年级的学生，必要、合理的指导至关重要，因此在学生自主活动的每一个分任务中，都采取了基于问题的教学方式，用问题指导学生如何去做，从而获得知识、实现目标。

2. 一对一评价

项目组成员找了2名1年级和2名2年级学生进行试用，目的是确定和改正教学设计方案中存在的明显错误，主要从明晰度、影响力和可行性三个方面去反思教学设计方案。

学生的反馈显示：教学设计方案明晰度好，所有学生都能够清晰地知道教学内容；学习过程对学生具有很好的影响力，学生能够通过努力完成任务，对这样的学习经历感到有趣和满意，学生学习结束后能回忆起相关知识；方案具有可行性，学生能够在教师的指导下完成任务，而这个"指导"过程的也是在修改设计方案时对如何指导学生完成任务的一个重要依据。

二、《风光互补发电装置》教学案例分析

（一）案例基本信息

《风光互补发电装置》是针对小学3—4年级设计的STEM案例。草原上牧民居住分散，距离电源点遥远，从发挥草原深处风能和太阳能资源丰富的优势和对生态的保护角度出发，草原牧民一般选用单户式风光储发电设备。常规电网需要架设较长的输电线路，经济性差，对草原的破坏也很大。而草原的风能和太阳能蕴藏量十分丰富，采用风能、太阳能这些可再生清洁能源发电，可基本满足牧民们的生活及照明用电需求。利用单户式风光互补发电设备既可以有效地解决牧民的用电问题，又能保证草原不被破坏。

（二）案例总体教学目标

结合《义务教育小学科学课程标准》（2017年版）中对科学课程总目标的描

述，以及在设计STEM教学案例时对目标中科学知识和地方特色发电装置的融合，本教学设计方案的目标以知识目标、探究目标、态度目标为引领展开设计。各个维度的目标具体如下。

1. 知识目标

知识目标主要呈现本STEM教学案例中融入的《义务教育小学科学课程标准》（2017年版）中的3—4年级所对应的教学内容，具体如表8-128所示。

表8-128 知识目标

学习领域	学习内容	应达到的学习目标
物质科学领域	6.6.1 自然界中存在多种能量的表现形式。	知道光、电等都是自然界中存在的能量形式。
	6.6.2一种表现形式的能量可以转换为另一种表现形式。	简单描述能量转化的过程，电的输送方式以及不同地理环境适用什么样的形式供电；知道太阳光的照射会携带能量，能量可以相互转化。
生命科学领域	12.4 自然或人为干扰能引起生物栖息地的改变，这种改变对生活在该地的植物和动物种类、数量可能产生影响。	认识到人与自然环境应该和谐相处。
地球与宇宙科学领域	13.1 地球每天自西向东围绕地轴自转，形成昼夜交替等有规律的自然现象。	知道地球自转，形成昼夜交替等有规律的自然现象。
	13.2 地球每年自西向东围绕太阳公转，形成四季等有规律的自然现象。	知道地球绕太阳公转，形成四季等有规律的变化。

2. 探究目标

根据《义务教育的小学科学课程标准》（2017年版）对科学探究目标的描述，针对3—4年级的学生在这一学段应该达到的水平，将核心目标放在"在教师的引导下完成探究任务"。整个探究过程体现在教学活动的各个环节。本案例中，各个探究环节学生应能达到的标准如表8-129所示。

表8-129 探究目标

探究阶段	应达到的学习目标
提出问题	在教师的引导下，基于现实生活草原用电的观察提出可探究的科学问题。
做出假设	在教师的引导下，能够依据牧区实际供电情况的了解提出假设。
制订计划	能够在教师的引导下，制订简单的小组计划，包括每一阶段拟完成的任务和确定小组分工。具体计划为：牧区实际供电情况的调查，提出风力发电、太阳能发电的假设，并能在教师的引导下进行验证。
搜集证据	在教师的引导下，能选择恰当的工具和材料，探究风力发电的原理。
处理信息	在教师的引导下，能够用图表等方式记录风力发电各个部件的作用，陈述证据和结果。
得出结论	在教师的引导下，能够运用分析、比较、概括等方法，分析结果，得出结论。
表达交流反思评价	能够根据教师提供的《汇报主要内容表》，汇报各组探究的情况。 通过小组互评，学生能够意识到自己小组在探究过程、结果等方面有需要改进的地方。

3. 态度目标

这里的态度目标既包括科学态度，也包括传承和弘扬地方特色文化的目标。在本案例中体现在下面两个方面，如表8-130所示。

表8-130 态度目标

态度领域	应达到的学习目标
科学态度	能在好奇心的驱使下，表现出对地广人稀的草原如何用电的探究兴趣。
	在探究草原供电方式、风力发电原理的过程中，能以事实为依据；面对有说服力的证据能调整自己的观点。
	能在教师的引导下尝试运用多种方法、多种思路完成探究，体会创新的乐趣。
	能接纳他人的观点，完善自己的探究；能分工协作，进行多人合作的探究学习。
传承和弘扬地方特色文化	学生通过探究风力发电的原理，体会科技给人类带来的便利，增强区域地方特色文化使命感。初步具有发明创造的意识。

（三）教学活动设计的分析

教学活动的设计充分依据了建构主义学习理论、"做中学"理论、探究性学习、基于项目的教学模式等。

根据教学目标、教学内容、学生的基本特征，将本节课的教学活动设计如图8-131。

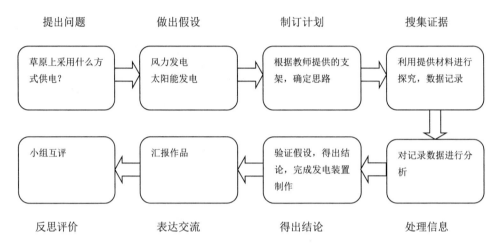

图8-131 《风光互补发电装置》教学活动设计图

1. 创设情境

播放视频：六月的内蒙古大草原春意盎然，野花竞相开放，香气扑鼻。置身于"满眼无边绿，千里快哉风"的"天堂草原"，牧民开始陆续赶着近30万头（只）牛羊前往夏牧场。一年中声势浩大的游牧转场大幕在这片规模较大、保存完好的原生态草原游牧区开启。在迁徙中，牧民们以嘎查或小组为单位，从定居地出发经过1天到3天的跋涉，到5个游牧片区安营扎寨、放养牛羊，迁徙距离从几十公里至上百公里不等。

2. 提出问题

在牧民迁徙过程中，如何保证生活用电？如何保障现代电气化、信息化的幸福生活？

（1）哪些供电方式既可以满足牧民们的生活用电，又没有破坏大草原？

（2）哪种供电方式适用于牧民们在移动迁徙中的用电需求？

3. 自主探究

任务一：广袤的草原上可以采用什么方式供电？

小组合作调查周边牧区实际供电方式，填写表8-132。

表8-132　供电方式

	优势	可能存在的问题
架设电线		
采用风车发电		
太阳能发电		
其他...		

任务二：输电线路占用破坏草原情况的调查。

小组合作调查周边牧区输电线路占用破坏草原情况，填写表8-133。

表8-133　输电线破坏草原情况

	数量/公里	对草原的影响情况
移动通信基站		
输电线路		

任务三：初步探究风能可以转化为电能。

实验材料：小风车、电线、灯泡、电吹风机。

让学生用电吹风机吹动风车，使风车叶片转运后，小灯泡发光。

提出问题：小灯泡为什么会发光？通过演示实验，使学生认识用风力可以发电。

任务四：初步探究风力发电的原理。

引导学生理解风力发电的能量转化过程及基本的原理。

让学生观察风力发电装置，填写表8-134。

表8-134　风力发电装置组成

组成	名称	作用
部件一		
部件二		
部件三		
......		

任务五：查阅资料或实地考察，了解风力发电机的关键部件，填写表8-135。

表8-135 风力发电机的关键部件

实验部件名称	风力发电机的部件

4．制作模型

学生利用教师提供的小型风力发电机模型、LED灯、电压表、电吹风机、剪刀、双面胶、画纸和笔，制作风力发电装置，加深对风力发电原理的理解。

（1）利用现有材料完成风车的制作。

（2）将制作好的风车安装在风力发电机组的模型上。

（3）将发电机组的引线与LED灯相连。

（4）用电吹风机吹动风车，观察LED灯是否点亮。若不点亮，寻找原因。

分析：本环节以项目的形式让学生小组合作完成风力发电模型的制作。

第一，该项目的工作过程融合了本课的教学目标中的知识目标、探究目标和态度目标，包含明确的教学内容，即《义务教育小学科学课程标准》（2017年版）中："①物质科学领域内容：6.6.1 自然界中存在多种能量的表现形式。""6.6.2 一种表现形式的能量可以转换为另一种表现形式。""生命科学领域：12.4 自然或人为干扰能引起生物栖息地的改变，这种改变对生活在该地的植物和动物种类、数量可能产生影响。""地球与宇宙科学领域：13.1 地球每天自西向东围绕地轴自转，形成昼夜交替等有规律的自然现象。""13.2 地球每年自西向东围绕太阳公转，形成四季等有规律的自然现象。"

第二，该课题能够将科学知识（S）、技术（T）、工程（E）、数学（M）有机结合起来，如下表8-136所示。

表8-136　S、T、E、M目标表

目标分类	目标描述
S	知道光、电等都是自然界中存在的能量形式（6.6.1） 简单描述能量转化的过程，电的输送方式以及不同地理环境适用什么样的形式供电（6.6.2） 知道太阳光的照射会携带能量，能量可以相互转化（6.6.2） 认识到人与自然环境应该和谐相处（12.4） 知道地球自转，形成昼夜交替等有规律的自然现象（13.1） 知道地球绕太阳公转，形成四季等有规律地变化（13.2）
T	知道采用一定的方法可以将太阳能和风能转化为电能并存储起来（17.1） 能够说出发明实例所使用的原理（17.1）
E	知道工程设计的基本步骤（18.2） 能按设计思想设计制作、改进完善（18.3）
M	知道电的测量方法

第三，学生有独立进行计划工作的机会，在教师的指导下能够处理项目中出现的困难和问题。这不仅需要学生依据已有的知识和经验解决问题，而且在这个过程中还需要适当的探究运用新学习的知识、技能去解决过去从未遇到过的问题。

第四，学习结束时，有明确而具体的成果展示。

第五，在整个探究和协作的过程中，教师给学生提供合理的资源。这些资源可以帮助学生理解问题并解决实际问题。

第六，在整个过程要求学生以小组的形式完成任务，在完成任务过程中，可以促进学生相互交流、讨论、协商，共同建构问题的意义。

第七，教师给学生提供了显性的行为建模和隐形的认知过程建模支持。行为建模支持包括教师给学生提出每个分任务应该完成的内容，并给学生提供表格，让学生明确在每一个学习活动阶段应该执行哪些活动以及如何执行这些活动；认知建模则体现在"指导"过程中，教师让学生在从事探究活动时按照正确的思路去完成任务。

第八，整个活动很好地采用了支架式教学策略为学生搭建支架。整个活动通过分任务的形式使学生沿着教师搭建的"支架"逐步攀升，从而完成对复杂知识的意义建构。

5. 扩展探索

查询一些资料，了解太阳能发电的原理。

分析：本环节通过了解太阳能发电的原理，进一步拓展学生的对不同能量转换的认识。

（四）针对设计方案的过程性评价

在方案设计的过程中，主要采取了专家、同行评议和一对一评价的形式对方案进行了评价，并据此对方案做了修改。

1. 专家、同行评议

专家、同行评议采取了说课的方式，邀请了1名地方特色文化教育专家、1名教育技术专家、1名小学科学教师、1名课程与教学论博士进行评议，在评议前将表8–137提供给专家。

表8–137　专家、同行评议表

评价项目	标准描述	具体建议
选题	适合于STEM课程开发，有效融入地方特色，能够激发学生的兴趣。	
教学目标	涵盖S、T、E、M目标，与小学3—4年级相关课程知识对应。	
教学活动设计	教学活动能够充分发挥教师的主导作用、学生的主体作用；能够成功地实现教学目标，符合学生特征。教学活动设计能够做到内容和形式的统一。关于活动要求的表述清楚。	
学习资源和工具的设计	学习资源能够有效支持学生完成任务，达到教学目标。能够有效应用学习环境中各种学习资源和认知工具。	
评价设计	有明确的评价标准，注重形成性评价，提供了合理的评价工具。	
创新性	教学方法上有创新，能够激发学生的学习兴趣；既符合学生的特征，又能有效地实现STEM目标，注重对学生的自主学习、探究、高级思维能力的培养。	
可实施性	方案简单，可实施，对环境和技术的要求合理，在呼伦贝尔范围内具有可复制性。	
总体建议		

根据专家、同行评议，着重从两个方面对本案例进行了修改，一是STEM教育强调通过学生自主探究获得知识，因此如何在教学活动中让学生在自主探究获得知识是需完善教学设计方案的一个重点；二是对3—4年级的学生，必要、合理的引

导至关重要，因此在学生自主活动的每一个分任务中，都采取了基于问题的教学方式，用问题引导学生如何去做，从而获得知识、实现目标。

2．一对一评价

项目组成员找了2名3年级和2名4年级学生进行试用，目的是确定和改正教学设计方案中存在的明显错误，主要从明晰度、影响力和可行性三个方面去反思教学设计方案。

学生的反馈显示：教学设计方案明晰度好，所有学生都能够清晰地知道教学内容；学习过程对学生具有很好的影响力，学生能够通过努力完成任务，对这样的学习经历感到有趣和满意，学生学习结束后能回忆起相关知识；方案具有可行性，学生能够在教师的指导下完成任务，而这个"引导"过程的也是在修改设计方案时对如何指导学生完成任务的一个重要依据。

三、《家乡的能源》教学案例分析

（一）案例基本信息

《家乡的能源》是针对初中三年级设计的STEM案例。呼伦贝尔市矿产资源丰富，是自治区重要的矿产资源大市。以煤、石油、天然气为主的能源矿产丰富，是国家重要的能源开发基地。金属矿产以铁、铜、铅、锌、钼、银为主，大中型矿产地多，具备规模化开发利用条件。非金属矿产种类齐全，分布广泛，资源潜力大，优势明显。探究本地区能源的使用状况、能源对环境的影响等问题，可以让学生在学习知识的同时，增加学生为家乡发展献计献策的使命感。

（二）案例总教学目标

1．初中化学

（1）知道化石燃料是人类社会重要的自然资源，能说出化石燃料主要是指煤、石油、天然气，了解海洋中蕴藏着丰富的资源。

（2）了解使用氢气、天然气（或沼气）、液化石油气、煤气、酒精、汽油和煤等燃料对环境的影响，懂得选择对环境污染最小的燃料。

（3）认识资源综合利用和新能源开发的重要意义。

（4）调查当地燃料的来源和使用情况，提出合理使用燃料的建议。

2．初中地理

（1）运用资料，说出我国水资源时空分布的特点及其对社会经济发展的影响。

（2）通过资料，说出我国土地资源的主要特点，理解我国的土地国情。

（3）运用资料，说出我国工业分布特点，了解我国高新技术产业的发展状况。

（4）根据资料，了解区域环境保护与资源开发利用的成功经验。

3. 初中物理

（1）能量守恒定律：能量既不会凭空产生，也不会凭空消失，只能从一个物体传递给另一个物体，而且能量的形式也可以互相转换

（2）有持续电流的条件：有电源和闭合电路。会连接电路。

（3）干电池将化学能转化成电能。

（三）理论基础

在大力提倡素质教育的时代，提升学生核心素养和未来竞争力成为学生发展的目标，因此，作为一名教师需要打破常规传统的教学方式，勇于改革创新。

STEM是强调科学、技术、工程和数学等多学科的跨学科交叉融合。科学是认识世界、解释自然界的客观规律，技术和工程则是在尊重自然规律的基础上对世界进行改造，实现对自然界的控制和利用，解决社会发展过程中遇到的难题。数学则是科学、技术与工程学科的基础工具。生活中发生的大多数问题需要应用多种学科的知识来共同解决，因此近年来STEM教育的重要性在我国逐渐成为各界的共识。

随着社会的发展，能源问题越来越受到关注。本案例在设计时将化学学科知识与社会知识紧密联系，内容涉及能源、环境等社会问题，它们与地理、物理、信息技术等学科关系密切。因此，本案例旨在利用学科融合，以大量的实例和丰富的活动引发学生们的头脑风暴，积极调动学生学习的积极性，突出体现学习的应用价值。

（四）学生分析

在教学设计的过程中，我们不仅要知道学生认知发展的起点，还要知道学生认知发展的终点，更要清楚学生认知发展的路径，以及学生的认知发展从起点到终点会经过哪几个重要的阶段，在每个阶段会有哪些障碍点。其中，如何确定学生认知发展的终点是至关重要的。

STEM案例的教学与传统教学的不同之处在于，设计教学时确定的是认知终点，不是知识与技能所达到的目标，而是对学生的化学学习会产生重大影响的过程与方法。通过分析以往教学经验以及对学生的访谈，我们发现，学生已经知道自然界存在着很多能源，知道煤、石油和天然气的能源种类，以及燃烧化石燃料对环境

会造成一定的影响。这是学生的认知起点。

学生这节课的认知障碍在于他们并不清楚如何运用这些知识解决实际问题。因此，设计STEM案例时，创设的问题情境、学生活动的设计、深度问题的提出都应围绕学生的认知障碍点来设置。最后，对学生学习化学能力的培养应该体现在学生解决实际问题的能力上，让学生能够利用大量的信息提炼出分析问题、解决问题的一般思路，做到学以致用。

（五）教学设计与实施

1. 教学目标

认识能源，知道不同形式能量之间可以互相转化。

知道本地能源发展现状。

利用信息、整合信息、推理分析，得出解决能源问题的一般思路。

帮助学生在实验和研讨交流的活动中，培养科学精神和科学思维能力；培养保护能源、开发新能源的观念，在小组活动中培养交流、合作的意识和能力，养成严谨的科学态度。

2. 材料和工具

平板电脑、卡纸、彩笔、水果、材料包、多媒体、太阳能小车、接线板、烤灯、桌子。

3. 重要概念

能量既不会凭空产生，也不会凭空消失，只能从一个物体传递给另一个物体，而且能量的形式也可以互相转换。

煤、石油、天然气是常见的化石能源，它们不可再生。人类社会的发展需要能源作为支撑。

4. 教学实施

（1）创设情境，引入课题

呈现呼伦贝尔大草原风景宣传片，引起学生的兴趣，同时提出问题：众所周知，呼伦贝尔草原是世界著名的天然牧场，是世界四大草原之一，被称为世界上最好的草原，是全国旅游二十胜景之一。那大家是否知道呼伦贝尔大草原同时蕴藏着丰富的能源？这些能源都有哪些种类？本地区常用的能源有哪些？

设计意图：

本环节的主要目的是创设真实的生活情境，激发学生的学习兴趣。建构主义教学观强调学习的主动性、社会性和情境性，认为不能无视学生的已有知识经验。

持文化历史观的建构主义学者维果斯基特别强调在人的发展过程中社会文化历史的作用。因此，本环节创设的本地区能源的情境，是置于学生的已有经验和社会文化背景之下的。同时，能源分类的标准有很多，而学生了解得比较少，教师应引导学生依据不同分类标准进行分类，而不仅仅是用一种分类标准，从而让学生对能源有更多的认识。

（2）明确任务

①不同能量的转化。

②化石燃料对环境的影响。

③地区能源问题的解决。

设计意图：

基于问题的学习理论认为，好的问题都是来自真实的现实生活中的问题，问题一般要与实际生活相关联，让学生觉得所要解决的问题就是自己身边的现实问题，自己与这些问题有一定的关系。因此，本环节在明确任务时，都是从学生的现实生活中提出的。

（3）自主探究

任务一：实验探究不同形式能量的转化。

问题1：能源是含有能量的资源，使用能源的过程存在能量的转化。上述列举的本地区的能源中哪些可以相互转化？

问题2：太阳能小车原本一动不动，但用光照太阳能小车，过一会儿小车便会向前移动。在这个实验中哪些能量发生了转化？

问题3：人类所使用的能源中，有一类重要的能量转化涉及燃料的燃烧。这类化学变化所释放的能量称之为化学能，化学能可转化为很多日常生活需要的能量，如热能、光能、电能等。请同学们举例。

学生动手实验：做水果电池实验。接通电路后，可以看到表芯显示时间，听到音乐芯片发出声音。

任务二：探究化石燃料对环境的影响。

问题1：随着社会的发展，能源需求剧增，我国逐渐成为化石燃料的进口大国。这些能源的使用给日常生活带来便利的同时，还带来什么问题？为什么？

问题2：作为在呼伦贝尔本地长期生活的人，有没有感受到温室效应给环境带来的影响。假如你是环境治理专家，你可以提出哪些可行性方法，以减少二氧化碳的排放？

任务三：提出解决地区能源问题的方案。

学生根据上课入座情况和桌上的标签自然分成不同小组：内蒙古、山西、上海、西藏、新疆、浙江。

问题1：我们现在可以利用的能源有化石能源和多种新能源。如果你是能源专家，你会如何选择本地工业生产所需的哪种能源？

问题2：要想解决这个实际问题，你需要提前了解哪些信息？

资料1：我国不同地域资源能源分布等。

资料2：中国主要矿产分布、中国新能源分布、中国各水系水能资源比重分布、中国主要电站及"西气东送"和"三峡水电站"等工程介绍、中国主要气候类型及分布，还有六个省、直辖市、自治区的具体信息，以及学生各组都可以利用的公共资料，如多种能源的价格对比、不同能源对环境的影响和能源相关政策等。

学生认真倾听地理教师的介绍，各小组学生自主获得本组所在地区现有能源结构的信息，讨论结合经济发展水平、成本、所处地理条件以及对环境的影响等方面因素，提出选择本地工业生产所需能源的初步策略。绘制小报。

设计意图：

本环节以问题和任务的形式让学生进行探究，通过相关问题引导学生进行探究。

第一，本环节的教学活动融合了本课的教学目标中的能量的转换、化石燃料对环境的影响、本地区能源问题的解决等内容。

第二，该课题能够将科学、化学、地理、数学等知识有机结合起来。

第三，整个过程既有个人独立探索又有小组协作学习，既培养了学生独立探索的能力，又促进了学生相互交流、讨论、协商，共同进行意义的建构。

第四，教师给学生提供了显性的行为建模和隐形的认知过程建模支持。行为建模支持包括教师给学生提出了每个探究活动应该完成的内容，并提供相应表格，让学生明确在每一个学习活动阶段应该进行哪些活动以及如何完成这些活动；认知过程建模支持教师在整个过程中起着重要的"引导"作用。

第五，整个活动很好地采用支架式教学策略为学生搭建支架。整个活动通过分任务的形式使学生沿着教师搭建的"支架"逐步攀升，从而完成对复杂知识的意义建构。

（4）交流与反馈

各组用平板电脑拍照上传讨论结果并分享交流。向其他组阐述理由，并得到认可。

学生利用平板电脑做课堂练习题，教师利用平板电脑统计学生回答问题的情况，考查评估学生对知识的掌握情况。

利用平板电脑的抢答功能设计问题，考查学生对知识和能力的掌握情况并及时提供反馈。

设计意图：

本环节采用展示交流的方式，将学生自主探究和小组学习的结果加以呈现，一方面可以实现知识领域的目标；另一方面通过交流，学生可以共享每个小组在有益的做法，互相学习，从而提升学生发现问题、分析问题、解决问题和创新的能力，对提升学生的科学能力和科学态度有非常积极的意义。

（六）案例点评

本案例将初中化学、地理等学科进行了有机融合。从化学和地理的课程标准中可以看到，化学与地理学科在有关能源方面的教学有着直接的联系。例如，化学课程标准中的"了解我国能源与资源短缺的国情，认识资源综合利用和新能源开发的重要意义""调查当地燃料的来源和使用情况，提出合理使用燃料的建议"；与地理课程标准中的"说出我国水资源等资源分布的特点及其对社会经济发展的影响"的要求紧密相关。这些都支持化学教师与地理教师进行联合教学。

本案例创设了真实的情境，基于呼伦贝尔地区的能源状况激发了学生的学习动机，进而引出能源的利用、能源对环境的影响、我国能源的现状及新能源的使用等；接着围绕学生的生活经验和社会文化背景提出若干个问题，在问题解决过程中赋予学生一定的角色（专家），给学生提供必要的资料，引导学生在复杂的问题提出解决问题的方案。在让学生学习知识的同时，也培养、提高了学生解决问题的能力。

针对学生解决问题的成果、协作交流的过程，本案例借助信息技术对它们进行了有效评价，实现了评价的有效性和多元性。

参考文献

[1]中华人民共和国教育部.义务教育小学科学课程标准（2017版）[M].北京：北京师范大学出版社，2017.

[2]李腾.STEM教育渗透小学科学课程的教学案例设计与实施[D].济南：山东师范大学，2019.

[3]李龙.教学设计[M].北京：高等教育出版社，2010.

[4]赖宁，雷纳.认知风格与学习策略[M].庞维国，译.上海：华东师范大学出版社，2003.

[5]桑新民.学习科学与技术：信息时代大学生学习能力培养[M].北京：高等教育出版社，2004.

[6]皮亚杰.教育科学与儿童心理学[M].杜一维，钱心婷，译.北京：教育科学出版社，2018.

[7]马特林.认知心理学[M].李永娜，译.北京：机械工业出版社，2016.

[8]乔纳森.学会解决问题支持问题解决的学习环境手册[M].刘名卓，金慧，陈维超，译.上海：华东师范大学出版社，2015.

[9]诺瓦克.学习、创造与使用知识概念图促进企业和学校的学习变革[M].赵国庆，吴金闪，等，译.上海：人民邮电出版社，2016.

[10]皮连生.学与教的心理学[M].上海：华东师范大学出版社，2003.

[11]蔡海云.STEM教学模式的设计与时间研究[D].上海：华东师范大学出版社，2017.

[12]黄光扬.教育统计与测量评价新编教程[M].上海：华东师范大学出版社，2013.

[13]何克抗，林君芬，张文兰.教学系统设计[M].北京：高等教育出版社，2006.